Günther W. Gellermann

Geheime Reichssache – Geheime Kommandosache

Günther W. Gellermann

Geheime Reichssache – Geheime Kommandosache

Rätselhafte Fälle aus der Zeit des Zweiten Weltkrieges

Seit 1789

Verlag E.S. Mittler & Sohn GmbH
Hamburg · Berlin · Bonn

Ein Gesamtverzeichnis der lieferbaren Titel der
Verlagsgruppe Koehler/Mittler schicken wir Ihnen gern zu.
Sie finden uns auch im Internet unter www.koehler-mittler.de

Die Deutsche Bibliothek – CIP-Einheitsaufnahme

Gellermann, Günther W.:
Geheime Reichssache - geheime Kommandosache : rätselhafte Fälle aus der Zeit des Zweiten Weltkrieges / Günther W. Gellermann. - Hamburg : Mittler, 2002

ISDN 3-8132-0784-6

ISBN 3 8132 0784 6

Layout und Produktion: Bettina Schumacher
Druck und Weiterverarbeitung: Humbach & Nemazal, Pfaffenhofen
Printed in Germany

Inhaltsverzeichnis

Einleitung

Für die Zeit des Zweiten Weltkrieges gibt es auch heute noch viele offene Fragen. Einigen von ihnen soll hier nachgegangen werden.

Warum beschäftigte sich der Stellvertreter Hitlers, Rudolf Heß, so ausführlich mit dem Minenkrieg gegen England? Glaubte er durch diese »schonendere« Kriegführung leichter einen Frieden mit Großbritannien zu erreichen?

Nach der Kapitulation blieben die Angehörigen der deutschen Botschaft in Madrid, von einer Ausnahme abgesehen, zunächst in Spanien. Der ehemalige Luftwaffenattaché wich 1946 nach Südamerika aus und kehrte auch später nicht nach Deutschland zurück. Seine ihm als ehemaligem Offizier zustehende, nicht unbeträchtliche Pension wurde von ihm nie beantragt. Weshalb verzichtete er auf diese nicht unerheblichen Bezüge?

Alle Kriegstagebücher wurden in der Regel spätestens nach Beendigung der Feindseligkeiten vernichtet, um sie nicht in die Hand des Gegners fallen zu lassen. Das Kriegstagebuch des Marineattachés der Botschaft in Madrid wurde nicht vernichtet, sondern an die Engländer ausgeliefert. Hierdurch wurde die starke Unterstützung insbesondere der deutschen U-Boote durch die Spanier während des Krieges dem ehemaligen Kriegsgegner gegenüber dokumentiert und die spanische Regierung dadurch unnötig bloßgestellt. Warum wurde ausgerechnet dieses Kriegstagebuch nicht vernichtet?

Als außergewöhnlich muß der Aufruf Admiral v. Friedeburgs an alle U-Boot-Kommandanten vom Oktober 1944 bewertet werden. Ein solcher Appell überrascht und wirft die Frage auf, ob er in dieser Form überhaupt erforderlich war. Dieses und andere bislang auch nicht bekannte Dokumente befanden sich an Bord eines von seiner Besatzung vor der irischen Küste selbst versenkten deutschen U-Bootes. Wie gelangten aber diese Papiere in die Hand der irischen Armee?

Dem japanischen Verbündeten sollte durch deutsche U-Boote offensichlich neben Uranium auch schweres Wasser geliefert werden. Beide Materialien sind für die Atomforschung sehr wichtig und deuten darauf hin, daß die Japaner auf diesem Gebiet offenbar intensiv gearbeitet haben. Waren die Japaner dabei, erfolgreich Atomwaffen zu entwickeln?

Mindestens zwei weitere U-Boot-gestützte Unternehmen weisen darauf hin, daß die deutsche Abwehr in weiteren Gebieten des afrikanischen Kontinents Agenten absetzte. Waren diese Unternehmen Teile einer sorgfältig geplanten größeren Gesamtoperation?

Weshalb entschied sich Hitler unmittelbar vor seinem Ende dafür, den Amerikanern das »Reichsprotektorat« zur kampflosen Besetzung anzubieten und so seinen Plan durchzusetzen, eine Inbesitznahme dieses Gebietes durch die Sowjets zu verhindern? Erhoffte er sich dadurch, den von ihm unterstellten Streit zwischen den Westalliierten und der UdSSR zum Ausbruch zu bringen?

Weshalb befaßte sich Rudolf Heß so ausführlich mit dem Minenkrieg gegen England?

Bereits am 9. September 1939 übergab Hitler seinem Marineadjutanten KK v. Puttkamer kommentarlos ein an ihn gerichtetes, als »Geheime Reichssache« eingestuftes Schreiben seines Stellvertreters Rudolf Heß[1], der es an den Chef des Stabes der Seekriegsleitung, Konteradmiral Schniewind, weiterleitete.

In diesem Schreiben an Hitler schlug Heß unter anderem vor: »Solange keine weiteren Grundminen in feindlichen Gewässern auszulegen,... bis endgültig feststeht, in welche Richtung die Entwicklung geht.«[2] Hiermit meinte Heß »einen baldigen Friedensschluß ...«[3] Er begründete seinen Vorschlag damit, daß nach einem, von ihm offensichtlich nicht ausgeschlossenen, nahen Frieden diese Minen geräumt werden müßten und sich dabei die Engländer durch die spezielle Art der Räumung ein Bild von der sehr geheimen neuen, vielleicht sogar kriegsentscheidenden deutschen Waffe machen könnten. Die neue Mine sei aber dann ihres Überraschungsmomentes beraubt und daher wertlos.

Wahrscheinlich Ende November 1939[4] übersandte Heß eine als »Geheime Reichssache« eingestufte Denkschrift »Abwurfminen gegen England« an den Oberbefehlshaber der Kriegsmarine, Großadmiral Raeder. In seinem Begleitschreiben teilte Heß dem Großadmiral mit, daß er diese Denkschrift in Ergänzung zu einer weiteren von ihm am 17. Juli 1938 verfaßten[5] vor einiger Zeit Generalfeldmarschall Göring übermittelt habe. In diesem Raeder übersandten Schriftstück setzte sich Heß sehr ausführlich mit dem Abwurf von Magnetminen in den Gewässern um England auseinander. Er stellte hier vor allem die Vorteile heraus, die nach seiner Meinung der Minenabwurf gegenüber der Bombardierung von Landzielen bot und begründete seine Auffassung unter anderem damit: »... Minenflüge fordern den Gegner nicht zu Bombenflügen auf deutsches Gebiet heraus, gegen die kein absoluter Schutz besteht. Für den Fall, daß das Interesse daran, eigene Anlagen vor jedem Bombenwurf zu bewahren, entsprechend groß ist, bietet der Minenflug die Möglichkeit, den Gegner aufs Schwerste zu treffen, ohne daß dieser Bombenflüge ausführt. Die Angst vor dann zu erwartenden deutschen Bombenflügen hält ihn vermutlich hiervon ab ...«[6]

Es stellt sich die Frage, weshalb sich Heß als Nichtmilitär so ausführlich, und zwar offensichtlich mehrfach, mit dem Minenkrieg gegen England auseinandergesetzt hat.

Hierbei fällt auf, daß diese von ihm vorgeschlagene Art der Kriegführung den britischen Gegner zwar hinsichtlich seines Nachschubs über See erheblich zu schädigen imstande gewesen wäre, nicht aber die Zivilbevölkerung so unmittelbar in Mitleidenschaft gezogen hätte, wie es dann durch spätere Luftangriffe geschah. Auch die

Zerstörung von Wohnhäusern und Industrieanlagen wäre bei einer Intensivierung des Minen- als Ergänzung des U-Boot-Krieges unterblieben.[7] Es kann vermutet werden, daß Heß bei dieser Art der Kriegführung gegen England große Vorteile für einen späteren Friedensschluß mit Großbritannien sah. Der Krieg wäre bis dahin »schonender« und ohne die spätere Verbitterung geführt worden. Haben Heß solche Überlegungen zu seinen Denkschriften veranlaßt? Stellte er erst, nachdem sich diese Vorschläge von ihm nicht durchsetzten, Überlegungen an, aktiver einen Friedenschluß mit England herbeizuführen, die letztlich zu seinem Flug am 10. Mai 1941 nach England führten?

Welche Kampfaufträge hatte U-179?

Das Boot war ein IXD-2-Schiff, das wegen seiner Größe auch mit dem Spitznamen »Seekuh« oder »Überseekuh« bezeichnet wurde. Seine Länge betrug 87,6, die Breite 7,5 Meter. Es verfügte über eine Wasserverdrängung von 1610 t über und 1804 t unter Wasser. Der Aktionsradius betrug 31.500 sm. Das Boot lief 19,2 kn über und 6,9 kn unter Wasser. Seine Indienststellung erfolgte am 7. März 1942.

Zu seinem Kommandanten wurde Fkpt. Ernst Sobe (geb. 1904) ernannt. Sobe war von Juni 1938 bis zum Dezember 1939 Chef der 5. U-Flottille, von Januar 1940 bis Juni 1941 Chef der Taktischen U-Boot-Ausbildungsflottille und von Juli bis Dezember 1941 Chef der 27. U-Flottille gewesen. Im Februar und März 1942 erhielt Sobe eine Baubelehrung und wurde im Februar 1942 zum Kommandanten von U-179 ernannt. Der Fkpt. verfügte über keine Fronterfahrung im Zweiten Weltkrieg. Sobe war lediglich mit seinem damaligen U-34 während des spanischen Bürgerkrieges eingesetzt gewesen.

Die Offiziere: Zum 1. WO wurde Oblt. Karl Hintz (geb. 1908), zum 2. WO Oblt.d.R. Heinz Neumeyer (geb. 1908), zum L.I Kkpt. Paul Welsch (geb. 1906) und zum Bordarzt Marinestabsarzt Dr. Klingelhöfer (geb. 1908) ernannt. Alle Offiziere waren für die ihnen gestellte Aufgabe zu alt. Es kann vermutet werden, daß Sobe aber diese Offiziere aus dem spanischen Bürgerkrieg kannte und daher ihre Versetzung auf sein Boot veranlaßte. Die Besatzung: Hier fällt die kurzfristige Kommandierung des Matrosengefreiten Paul Temme (geb. 1913) auf. Dieser war erst am 5. Januar 1942 zur U-Boot-Ausbildung befohlen und am 1. Oktober, als das Boot bereits tief im Atlantik stand, zum Steuermannsmaat befördert worden. Der Matrosenobergefreite Johann Jobus (geb. 1913) war von Beruf Koch. Er hatte zur Zeit des Spanieneinsatzes von Sobe eine Wehrübung auf einem bei Spanien stehenden U-Boot abgeleistet. Es kann vermutet werden, daß Sobe ihn daher kannte und seine Versetzung auf U-179 veranlaßte.[8] Es muß verwundern, daß U-179 einem Kommandanten und weiteren Offizieren anvertraut wurde, die im Zweiten Weltkrieg keine ausreichende Fronterfahrung erworben hatten. Paul Temme wurde wahrscheinlich deshalb an Bord kommandiert, weil er ein hervorragender Navigator war und über ausgezeichnete Kenntnisse der südafrikanischen Westküste verfügte. Er hatte die deutsche Segelyacht KYLOE unter dem Kommando des Kapitäns Nissen für die deutsche Abwehr nach Südafrika navigiert. Dieses »Unternehmen Weisdorn« begann am 1. April 1941 und hatte zum Ziel, den südafrikanischen Boxer Robby Leibbrandt, der in Deutschland eine Sabotageausbildung erhalten hatte, in seine Heimat zurückzubringen.[9]

U-179 lief am 15. August 1942 von Kiel zu seiner ersten und letzten Feindfahrt aus. Das Operationsgebiet des Bootes war wahrscheinlich der Südatlantik und der Indische Ozean.[10]

Am Kap der Guten Hoffnung vereinigten sich die atlantischen mit den aus dem Orient kommenden Schiffsrouten. Nach Agentenmeldungen, die dem BdU vorlagen, sollten häufig bis zu fünfzig Schiffe auf der Reede von Kapstadt liegen. Admiral Dönitz stellte daher die Gruppe »Eisbär« zum Einsatz gegen diese Schiffsansammlungen zusammen. Sie bestand aus folgenden Booten: U-172, 68, 504, 156 und der »Milchkuh« U-459. Der Plan des BdU sah vor, daß zunächst nur zwei Boote diese Operation vor Kapstadt beginnen sollten. Erst bei einem Erfolg dieser Boote sollte auch der Rest der Gruppe eine Angriffserlaubnis erhalten.[11]

Das Operational Intelligence Center (OIC) der britischen Flotte konnte aber bereits Mitte August das Auslaufen der für diesen Einsatz bestimmten Boote feststellen. Die Briten schlossen bei ihren Beobachtungen nicht aus, daß diese deutschen Boote auch auf Ziele am Kap der Guten Hoffnung eingesetzt sein könnten.[12] Eine gewisse Bestätigung ihrer Vermutung erhielten die Engländer, als U-156 am 12. September 1942 südlich des Äquators den Passagierdampfer LACONIA versenkte und sich außer diesem Boot Hartensteins weitere deutsche U-Boote an der Rettung der Schiffbrüchigen beteiligten. Es handelte sich hierbei um Soldaten, Frauen, Kinder und 1800 italienische Kriegsgefangene.

Der Versenkungsort der LACONIA gab den Briten zwar keinen sicheren Anhalt dafür, ob die deutschen Boote den östlichen oder westlichen Südatlantik ansteuern würden; das OIC teilte jedoch dem Oberbefehlshaber Südatlantik vorsorglich mit, daß »... ein Vorstoß von deutschen U-Booten nach Süden bevorzustehen scheine ...«[13] Daraufhin wurden in Kapstadt angemessene Vorsichtsmaßnahmen eingeleitet. Als U-68 und U-172 die Reede der Stadt erreichten, lag dort kein Schiff mehr. Beide Boote gingen in Lauerstellung und warteten. Der Gruppe »Eisbär« gelang es vor Kapstadt dennoch, zwischen dem 8. und 13. Oktober 1942 zehn Schiffe mit insgesamt mehr als 78.000 BRT zu versenken.

»Gleichzeitig mit der aus IX-C-Booten bestehenden Gruppe ›Eisbär‹ war auch das erste Fern-U-Boot des Typs IX-D2 – U-179 Fkpt. Sobe – im Seeraum des Kaps der Guten Hoffnung eingetroffen ...«[14] Sobe versenkte am 8. Oktober 1942 um 17.31 Uhr den britischen Dampfer CITY OF ATHENS. Um 23.28 Uhr desselben Tages wurde das gestoppt liegende U-179 60 Meilen von »Daßens Island« vom Radar des britischen Zerstörers ACTIVE in einer Entfernung von 2735 Metern erfaßt. Das gegnerische Schiff nahm sofort Kurs auf das Boot Sobes. In einer Entfernung von 1750 Metern wurde U-179 auch noch vom Adisc-Gerät des Zerstörers ausgemacht. Das gegnerische Schiff lief mit 25 kn auf das deutsche U-Boot zu, das immer noch keine Fahrt aufgenommen hatte. Auf eine Entfernung von 875 Metern wurde U-179 von den Scheinwerfern des Gegners erfaßt, der auch sofort das Feuer eröffnete, ohne jedoch Treffer auf dem deutschen Boot zu erzielen. Erst als sich die ACTIVE dem deutschen Boot auf 547 Meter genähert hatte, tauchte Sobe weg. Der Zerstörer warf, nachdem er die Tauchstelle erreicht hatte, Wasserbomben. U-179 wurde dabei durch die Wucht der Explosion noch einmal emporgehoben, bevor das Boot endgültig versank. Überlebende und Wrackteile wurden nicht gefunden. Nur ein großer Fleck Dieselöl konnte an der Versenkungsstelle beobachtet werden.[15]

Oblt. Hoffmann, der zu dieser Zeit 1.WO auf U-172 war, gibt an, daß die Boote der Gruppe »Eisbär« voneinander wußten, ihnen aber nicht bekannt war, daß U-179 in ihrem Operationsraum auftauchen könnte. Sie hätten das Boot weder gesehen noch Kontakt zu ihm gehabt. Er vermutet, daß Sobe ihre Verfolger auf sich gezogen hätte. Nach der zitierten Darstellung hat die Brückenwache von U-179 den sich nähernden Zerstörer zunächst offensichtlich überhaupt nicht bemerkt, so daß Sobe erst wegzutauchen versuchte, als es dazu bereits zu spät war. Ein fronterfahrener Kommandant mit ebensolchen Offizieren hätte sich wahrscheinlich anders verhalten.

Die Rätsel: Weshalb wurde Paul Temme, der bei der deutschen Abwehr dringend als Navigator für die Agenteneinsätze mit Segelschiffen gebraucht wurde, zu einer Zeit auf U-179 kommandiert, in der auch Garbers sein Unternehmen »Mercator I«[16] vorbereitete.[17] Hierdurch sollten drei Agenten nach Afrika gesegelt werden. Zwei von ihnen mußten an der Küste vor der Namib-Wüste, der dritte in der Mossamedes-Bucht abgesetzt werden.[18] Die Anlandung dieser Männer hatte daher an Küsten zu erfolgen, die Temme als Navigator sehr gut bekannt waren. Garbers stach mit der PASSIM am 2. August 1942 zu seiner geplanten Unternehmung von Archacon aus in See. U-179 lief am 15. August 1942 von Kiel aus. Die Unternehmen beider Schiffe überschnitten sich zeitlich. Die Kommandierung Temmes auf U-179 deutet sehr stark darauf hin, daß der Auftrag Sobes als offensichtlich erheblich wichtiger als der von Garbers angesehen wurde.

Aus diesem Grund gelang es dem Fregattenkapitän wahrscheinlich auch, die Kommandierung des für die südafrikanische Westküste hochspezialisierten Navigators Temme auf sein Boot durchzusetzen. Das ist aber wiederum ein Indiz dafür, daß Sobe diesen Navigator zur Durchführung einer wichtigen Sonderaufgabe in dem Gebiet brauchte, für das Paul Temme ein ausgewiesener Spezialist war, was er durch das fast punktgenaue Absetzen von Robby Leibbrandt bewiesen hatte. Wozu aber wurde ein solcher Navigator von Sobe gebraucht, wenn nicht für eine Anlandeoperation. Hätte Fkpt. Sobe lediglich den Befehl gehabt, sich vor Kapstadt der Gruppe »Eisbär« anzuschließen oder an der Ostküste Afrikas zu operieren, wäre Temme an Bord von U-179 nicht gebraucht worden, sondern wahrscheinlich zur selben Zeit als Navigator mit Garbers gesegelt.

Leibbrandt war zwar, das war der Abwehr bereits bekannt, im Dezember 1941 verhaftet worden. Es existierten aber in Südafrika, daß wußte auch der deutsche Geheimdienst, eine Reihe weiterer englandfeindlicher Gruppen mit zahlreichen Anhängern. Daher mußte vermutet werden, daß die Abwehr über Kontakte zu diesen burischnationalistischen Kreisen verfügte. Es kann daher nicht ausgeschlossen werden, daß durch U-179 für diesen Personenkreis Material nachgeführt werden sollte. In diesem Fall war es für Sobe außerordentlich wichtig, einen Navigator an Bord zu haben, der die südafrikanische Westküste sehr gut kannte. Es ist nicht sehr wahrscheinlich, daß Sobe auch Agenten absetzen sollte. Hierfür gibt die Besatzungsliste keine entsprechenden Hinweise.[19] Agenten sollten offensichtlich erst im Juni 1943 von U-200 nach Südafrika gebracht werden.[20]

Am 20. September 1942 wurde um 16.30 Uhr ein U-Boot von zwei Fischern aus zwei verschiedenen Booten in der »Michell's Bay« beobachtet. Das U-Boot befand sich zu diesem Zeitpunkt 1,5 km von der Küste entfernt. Gleichzeitig bemerkten die Fischer auch acht Männer an der Küste. Dieses ereignete sich in derselben Gegend, von der angenommen wurde, daß Leibbrandt dort abgesetzt worden war.[21] Um das Boot Sobes konnte es sich hier deshalb nicht handeln, weil U-179 gemäß einer Funkmeldung am 17. September erst am Äquator stand[22] und daher nicht in der Lage war, die von den Fischern bezeichnete Stelle innerhalb von drei Tagen zu erreichen.[23] Es kann nicht ausgeschlossen werden, daß englandfeindlichen Kreisen in Südafrika mehrfach durch U-Boote Unterstützung zugeführt wurde. Auch die auf U-200 eingeschiffte Gruppe von Leutnant Brügmann mit ihrem Einsatzauftrag in Südafrika war vielleicht von Sympathisanten irgendwo an der Küste dieses Landes erwartet worden. Warum Paul Temme an Bord von U-179 kommandiert wurde, bleibt deshalb rätselhaft, weil es keine letzten Beweise für ein Anlandungsunternehmen von Sobe an der südafrikanischen Westküste gibt. Daß U-179 einen entsprechenden Auftrag hatte, kann allerdings auch nicht ausgeschlossen werden. Südafrika hatte im Zweiten Weltkrieg insbesondere für den Nachschub der Alliierten nach Asien und Afrika eine große Bedeutung. Die deutsche Abwehr konnte daher offensichtlich bei Agenteneinsätzen in diesem Land an die dort noch starken antibritischen Strömungen anknüpfen, der sich auch Leibbrandt bediente. Es darf daher vermutet werden, daß der Einsatz von Leibbrandt in seiner Heimat, die wahrscheinlichen weiteren Anlandeoperationen deutscher U-Boote dort und das geplante Absetzen der Gruppe Brügmann an der südafrikanischen Küste jeweils Teil eines von der Abwehr geplanten Gesamtunternehmens war. Die Zielsetzung einer solchen Operation hätte insbesondere darin bestanden, die für den alliierten Nachschub wichtigen südafrikanischen Häfen mit ihrem Hinterland unsicher zu machen und die deutschen Gegner dadurch zu zwingen, dort zusätzliche Land- und Seestreitkräfte einzusetzen, die ihnen an anderen Fronten gefehlt hätten.

Militärisch bleibt es allerdings völlig unverständlich, weshalb der BdU mit Fkpt. Sobe und seinen Offizieren eine frontunerfahrene Führungscrew mit einem neuen, wertvollen XID-2-Boot nach Kapstadt geschickt hat. Die Tatsache, daß Admiral Dönitz Sobe bereits sehr lange persönlich gut kannte, dürfte für seine sachlich wenig verständliche Entscheidung keine ausreichende Erklärung sein. Auch daß Sobe aus seiner bisherigen ausschließlichen »Etappenverwendung« nach einem Fronteinsatz drängte, weil er vielleicht »Halsschmerzen«[24] hatte, mag zwar verständlich sein, sollte jedoch die Entscheidung des BdU nicht beeinflußt haben.

Worin bestand der Auftrag von Sonderführer Herbert Specht an Bord von U-43?

Das IX-a-Boot war bereits am 26. August 1939 in Dienst gestellt worden. Seine Länge betrug 76,5, die Breite 6,5 Meter, der Gesamtfahrbereich 8100 Seemeilen bei einer Marschfahrt von 12 kn. Zum ersten Kommandanten wurde Kptlt. Wilhelm Ambrosius ernannt. Im November 1940 übernahm Oblt. Wolfgang Lüth als zweiter Kommandant U-43.[25] Er führte das Boot bis zum April 1942. Am 4. Februar 1942 stieß das Boot in Lorient mit dem Dampfer ISERE zusammen. Hierbei lief das Achterschiff voll Wasser. Die E-Maschinen mußten daher ausgewechselt werden.[26] Im März 1943 übernahm Oblt. Hans Joachim Schwandtke als neuer Kommandant das Schiff. U-43 lief nach einem Einsatz im Mittelatlantik und im Raum der Kanarischen Inseln am 31. März 1943 in Lorient ein[27] und von dort erst wieder am 13. Juli 1943 zu seinem letzten Einsatz aus. Die lange Werftliegezeit deutet darauf hin, daß das Boot sehr gründlich überholt und in vielen Teilen wahrscheinlich sogar erneuert werden mußte. Während seines letzten Einsatzes hatte U-43 zwei Sonderaufgaben zu erfüllen: zwölf Minen vor Lagos zu legen und einen V-Mann in diesem Raum abzusetzen.[28] Bereits am 30. Juli 1943 wurde U-43 beim Anmarsch auf sein Einsatzgebiet von Flugzeugen des US-Trägers SANTEE versenkt. Den Untergang des Bootes überlebte kein Besatzungsmitglied. Der BdU koppelte U-43, das wahrscheinlich befehlsgemäß zwischenzeitlich keine Passiermeldungen abgegeben hatte, bis zum 18. August weiter.[29] Offenbar wurde erst zu diesem Zeitpunkt, nach Beendigung der Sonderaufgaben, vom BdU eine Meldung des Bootes erwartet.

»... U-43 erhält nach Durchführung seiner Sonderaufgaben freies Manöver im genannten Küstengebiet zwischen Freetown und Spanisch-Guinea (noch keine Meldung/handschriftlicher Zusatz).«[30]

Unmittelbar vor dem Auslaufen des Bootes war der Sonderführer Leutnant z.S.d.R. Herbert Specht an Bord gekommen. Dieser war als Schiffsoffizier der Handelsmarine bereits zur See gefahren und besaß das Funkpatent II. Klasse. Er hatte seine Wehrpflicht bei der Kriegsmarine in der Zeit vom 1. Oktober 1935 bis zum 30. September 1936 abgeleistet. Danach war er ins Ausland gegangen.[31] Ob Specht allein an Bord kam oder ihn zur Durchführung seiner Aufgabe weitere Soldaten begleiteten, ist nicht bekannt.[32]

Da U-200 bereits am 12. Juni 1943 zu einem Einsatz im afrikanischen Raum ausgelaufen[33] war, kann nicht ausgeschlossen werden, daß auch der Auftrag, den Specht zu erfüllen hatte, zusammen mit dem des Kommandos von Leutnant Brügmann an Bord von U-200 Teil einer Gesamtoperation der deutschen Abwehr war, zu der vielleicht bereits auch schon der Einsatz von U-179 gehört hatte. Waren die Einsätze von U-43 und U-200 Operationen im Rahmen des Unternehmens »Reisernte«?

Hierzu waren der Seekriegsleitung von der Division Brandenburg bereits am 22. März und 27. April 1943 entsprechende Vorschläge gemacht worden.[34] Da die Division in ihrer Küstenjägerabteilung über eine Anzahl »an der westafrikanischen Küste ... ortskundiger Soldaten, die entsprechende Sprachkenntnisse besitzen,...«[35] verfügte, schlug sie dort Einsätze mit folgender Zielsetzung vor:

»1. Störungsunternehmen, möglichst Versenkung in feindlichen Häfen;

2. Störungs- bzw. Zerstörungsunternehmen gegen jede Art lohnender Küstenobjekte;

3. dadurch Erzielung von Beunruhigung des Gegners und erhöhter Einsatz seiner Sicherungskräfte.«[36]

Zunächst hatte die Division Brandenburg der Seekriegsleitung zwar vorgeschlagen, diese Einsätze mit Hilfe zweier Hochseesegler durchzuführen, sie nahm gleichzeitig aber auch Kontakt zur Operationsabteilung des BdU auf, um von dort für ihre geplanten Unternehmen U-Boote zur Verfügung gestellt zu bekommen.[37] Ein solches Transportmittel konnte die Küstenjäger wetterunabhängiger als Hochseesegler zu ihren Einsatzzielen transportieren. Der Einsatz von U-200 ist wahrscheinlich ein Unternehmen dieser Art gewesen. Hatte U-43 eine ähnliche Aufgabe im Rahmen des Unternehmens »Reisernte« zugewiesen bekommen? Der Einsatzraum dieses Bootes und des mitgeführten Sonderführers Specht war offensichtlich die westafrikanische Küste.[38] Ein Gebiet also, das der Seekriegsleitung auch als bevorzugter Einsatzraum von der Division Brandenburg für die Küstenjäger vorgeschlagen worden war.

Ist der Sonderführer Specht ein Langzeitagent gewesen, der bereits nach Beendigung seines Wehrdienstes von der Abwehr zur Erkundung zukünftiger Einsatzgebiete ins Ausland geschickt worden war?[39] Hatte Specht zur Durchführung seines Auftrages weitere Küstenjäger bei sich? Worin bestand sein Auftrag? Hatte U-43 den Befehl, den

Sonderführer nach Erledigung seiner Aufgabe wieder aufzunehmen oder war dafür ein anderes Boot vorgesehen?

Sollte U-549 weitere deutsche Agenten nach Südamerika bringen?

U-549 war ein IX-C/40-Boot, das am 14. Juli 1943 in Dienst gestellt worden war. Zum Kommandanten wurde Kapitänleutnant Detlev Krankenhagen ernannt. Das Boot verließ am 14. Mai 1944 den Hafen von Lorient und gab am 22. Mai aus dem Marinequadrat CG 17 eine Passiermeldung ab.[40] Das Boot hatte nach dieser Meldung auch die portugiesische Küste sicher passiert. Der weitere Befehl für Krankenhagen lautete: das Marinequadrat FB 90 anzusteuern und am 26. Juni vor der nordbrasilianischen Stadt Macau und am 1. Juli vor Fortaleza zu stehen. Von dort sollte er mit dem Strom unter der Küste nach Nordwesten zu operieren[41], um dann durch die Karibik ohne Zusatzversorgung nach Bergen zurückzulaufen. Von der US-Küste durch die Karibik zur nordbrasilianischen Küste aber verliefen Nachschublinien der Amerikaner für den Transport von Kriegsmaterial, das über die Natalenge nach Afrika und Asien gebracht werden sollte.[42] Der Einsatz nur eines Einzelbootes gegen den amerikanischen Nachschubverkehr in diesem Gebiet machte allerdings wenig Sinn. Die US-Marine hätte nach den ersten Versenkungen die Überwachung dieser Nachschubrouten erheblich verstärkt, was ihr aufgrund ihrer Stärke ohne Schwierigkeiten möglich gewesen wäre. Der Ansatz von U-549 für eine solche Aufgabe wäre nur dann sinnvoll gewesen, wenn der BdU gleichzeitig an verschiedenen Punkten dieser Nachschubwege zwischen der US-Küste und Nordbrasilien mehrere Boote eingesetzt und diese etwa zur gleichen Zeit schlagartig hätte angreifen lassen.[43] Es ergibt sich daher die Frage, ob der Hauptzweck dieses Einsatzes von Krankenhagen nicht ein anderer als die ohnehin kaum sehr erfolgversprechende Störung des amerikanischen Nachschubverkehrs in diesem Raum war?

Die Engländer waren im Mai 1944 aufgrund abgehörter deutscher Funksprüche zu dem Ergebnis gelangt, daß sich zwei deutsche U-Boote des Typs IX auf dem Weg in den Südatlantik befanden. Eines dieser Schiffe sollte Agenten für einen Einsatz in Argentinien an Bord haben.[44] Bei den Booten konnte es sich zu diesem Zeitpunkt nur um U-549 oder U-846 handeln. Agenten aber wurden weniger in Argentinien gebraucht, wo die deutschen Abwehrringe noch relativ intakt waren. Sie wurden vielmehr nach der Zerschlagung der deutschen Spionageorganisationen im Frühjahr 1942 in Brasilien benötigt, hier aber insbesondere im Norden des Landes. Der BdU brauchte für den Einsatz seiner U-Boote gegen den US-Nachschub die Ein- und Auslaufzeiten dieser Schiffe sowie Angaben über deren Ladung. Diese Informationen konnten aber nur, wenn überhaupt, direkt in brasilianischen Häfen beschafft werden, die von diesen Schiffen häufig als Zwischenstation angelaufen wurden.[45] Aus diesem Grund war es sehr wichtig, daß trotz aller möglichen Schwierigkeiten, wozu auch die Umgehung der zwischenzeitlich in Brasilien aufgebauten Funküberwachung gehörte, ein weiterer Versuch zur Anlandung eines Agenten unternommen wurde.

In der vorliegenden Besatzungsliste von U-549 konnten solche Agenten zwar nicht nachgewiesen werden, wenn sie aber unmittelbar vor dem Auslaufen des Bootes an Bord gekommen sein sollten, ist es allerdings auch möglich, daß sie nicht mehr in diese Liste aufgenommen wurden. Es kann daher nicht ausgeschlossen werden, daß sich solche Männer trotzdem an Bord befanden. Die dem Kapitänleutnant vorgegebenen Kurse lassen daher die Vermutung zu, daß er im Raum Forteleza und Macau durchaus die in Brasilien dringend benötigten Agenten hätte absetzen können.

Am 26. Mai funkte der BdU: »... U-516, U-549, U-530 ... besondere Vorsicht im Gebiet von 500 Seemeilen um Marinequadrat DH 15 (Kanarische Inseln) mit Auftreten von Land-, Trägerluft- und U-Jagdgruppen zu rechnen ...«[46]

Am 28. Mai wurde das aufgetaucht laufende U-549 kurz nach Mitternacht durch das Radar eines Grumman-Flugzeuges des Trägers BLOCK ISLAND erfaßt.[47] Es gelang Krankenhagen aber wegzutauchen. Die U-Boot-Jagdgruppe suchte nunmehr gezielt weiter nach dem Boot. In den Abendstunden des 29. Mai war Krankenhagen wahrscheinlich zu der Auffassung gelangt, daß er sich nicht davonschleichen und entkommen konnte. Er griff daher den weit überlegenen Gegner an. Um 20.15 Uhr gelang es ihm, die BLOCK ISLAND mit zwei Torpedos zu treffen. Der Träger begann sofort zu sinken. Um 20.22 Uhr sichtete der Begleitzerstörer ELMORE das Sehrohr von U-549 und schoß eine volle Geschützsalve auf das getauchte U-Boot. Eine Minute später traf ein dritter Torpedo Krankenhagens den schon sinkenden Träger. Die ELMORE warf jetzt Wasserbomben, die aber das deutsche U-Boot nicht trafen. Jetzt fuhr der Begleitzerstörer BARR einen Angriff gegen U-549. Um 20.33 Uhr wurde dieser Zerstörer von einem weiteren Torpedo Krankenhagens am Heck getroffen und so schwer beschädigt, daß er nach Casablanca abgeschleppt werden mußte. Die Begleitzerstörer AHRENS und PAINE retteten 951 Mann von der Besatzung des Trägers, der vierzig Minuten nach den ersten Torpedotreffern sank. Um 20.38 Uhr gelang es der ELMORE nur knapp, einem weiteren Torpedo Krankenhagens auszuweichen. Die AHRENS konnte U-549 um 21.10 Uhr mit ihrem Radar erfassen und die entsprechenden Daten an die ELMORE weitergeben, die zwei Wasserbombensalven warf. Vier Minuten später nahm die Zerstörerbesatzung Sink- und Berstgeräusche wahr. U-549 war durch diese Wasserbomben vernichtet worden.

Der BdU, der offenbar mit dem Verlust von U-549 nicht rechnete, setzte noch zwei weitere Funksprüche an das Boot ab. Am 12. Juli: »... U-539, U-516, U-530, U-549 ... sobald freien Seeraum außerhalb Bereich Küstenluft Lage melden ...«[48] und am 28. Juli

1944: »... U-530, U-549 ... Bis 2. August Lage melden, Annahme, daß dann auf Rückmarsch.«[49]

Erst am 11. August wurde der Verlust von U-549 durch den BdU angenommen: »... Außerdem ist mit dem Verlust von U-549 zu rechnen ...« Am 23.6., als das Boot nach Kopplung hätte befohlene Position erreicht haben müssen, lag eine B-Meldung über Unterwasserhorchfühlung einer amerikanischen Einheit in FC 7181 vor. Das Boot hätte inzwischen Rückmarsch antreten müssen, um wie befohlen ohne Ergänzung Bergen erreichen zu können. Trotz mehrfacher Aufforderung keine Meldung. Möglicherweise ist der Verlust bereits bei Eintritt in das Operationsgebiet durch U-Boot-Jagdgruppen eingetreten.[50]

Kapitänleutnant Detlev Krankenhagen erzielte mit der Versenkung der BLOCK ISLAND und der schweren Beschädigung eines Begleitzerstörers einen der letzten großen Erfolge der deutschen U-Boote gegen einen weit überlegenen Gegner. Es muß allerdings vermutet werden, daß Krankenhagen zunächst versuchte, den Kampf zu vermeiden, um die Durchführung seiner eigentlichen Aufgabe nicht zu gefährden. Der Kapitänleutnant griff seinen Gegner daher erst, für diesen offenbar völlig überraschend[51], an, als er glaubte, den Amerikanern nicht mehr kampflos entkommen zu können. Auch durch die Vernichtung von U-549 kann das Rätsel nicht mehr gelöst werden, ob sich an Bord dieses Bootes ein Agent befand, der in Brasilien abgesetzt werden sollte. Viele Anzeichen deuten allerdings auf eine solche »Sonderaufgabe« Krankenhagens hin.

Die Rätsel um den Untergang von U-867

Eine der wesentlichen Einsatzvoraussetzungen für Kriegsmarine und Luftwaffe waren zuverlässige Wettermeldungen. Der BdU hatte daher allen U-Boot-Kommandanten befohlen, aus ihren jeweiligen Einsatzgebieten auch Wettermeldungen abzusetzen. Um allerdings regelmäßiger und umfassender über die Wetterentwicklung informiert zu sein, schickte die Kriegsmarine zwischen 1939 und 1945 Wetterexpeditionen mit dem Ziel nach Grönland, Spitzbergen und Franz-Josef-Land, von den dortigen Stützpunkten auch über längere Zeiträume sichere Wettermeldungen zu erhalten. Die vorgeschobenen deutschen Wetterstützpunkte befanden sich allerdings nie westlicher als an der grönländischen Ostküste.[52]

Wollte die Seekriegsleitung noch umfassender über die Wetterentwicklung informiert sein, so mußte der Versuch unternommen werden, noch sehr weit westlicher – auf Feindgebiet – Wetterstationen einzurichten.

Aus diesem Grund erhielt das deutsche U-Boot 537, Kommandant Kptlt. Peter Schrewe, den Befehl, eine automatische Wetterstation an der Ostküste Labradors aufzustellen. Das Boot lief am 30. September 1942 zu dieser Unternehmung aus.[53]

Da die Batterien dieser automatischen Wetterstation aber nur einige Monate arbeiteten[54], befahl der BdU, eine weitere Wetterstation mit einem anderen U-Boot nach Kanada zu bringen. Dieses Gerät sollte aber südlicher als das erste an der Küste der Halbinsel Labrador aufgestellt werden. Gleichzeitig hatte das Boot wahrscheinlich aber auch den Auftrag, einen Abwehragenten nach Kanada zu bringen.[55] Es könnte sich bei ihm um einen weiteren, bereits für Kanada angekündigten Agenten gehandelt haben.[56]

Zur Durchführung dieser Aufgabe wurde U-867 bestimmt.[57] Wegen der Wichtigkeit des Auftrages war das Boot bereits bei seiner Indienststellung am 12. Dezember 1943 mit einem Schnorchel ausgerüstet worden. Zum Kommandanten dieses IX-C-Bootes wurde der Kpt.z.S. Arved v. Mühlendahl ernannt. Dieser war mit vierzig Jahren für ein solches Kommando wahrscheinlich bereits zu alt. Überdies war er bis zum März 1943 ausschließlich in Stabsstellungen verwendet worden. Er erhielt erst von März bis Oktober 1943 seine U-Boot-Ausbildung. Mühlendahl verfügte daher über keine ausreichende U-Boot-Fronterfahrung. Es ist wenig verständlich, daß ein so frontunerfahrener Offizier mit einem solchen Kommando betraut wurde.

U-867 lief am 9. September 1944 von Kiel mit Kurs auf die norwegische Küste aus. Das Boot erreichte Stavanger vier Tage später und die Höhe von Bergen am 15. September.[58] U-867 befand sich am 17. September auf der Höhe des Sogne-Fjordes und lief jetzt in Richtung See. Noch am selben Tag meldete das Boot den Ausfall beider Diesel und bat darum, eingeschleppt zu werden.[59] Mühlendahl hatte seine Lage in einem ausführlichen Funkspruch von 87 Gruppen mit der Folge mitgeteilt, daß er sofort vom Gegner geortet und angegriffen werden konnte.[60]

Da der Kommandant von U-867 sein Boot noch tauchklar gemeldet hatte, erhielt er den Befehl, mit Batteriekraft getaucht die Küste anzulaufen und seinen Standort für den Abend dieses Tages und den Morgen des nächsten Tages anzugeben. Der BdU befahl allen Booten, die aufgrund ihrer Position U-867 erreichen konnten, sich zu melden und den Standort von U-867 anzulaufen.[61] Am 18. September funkte v. Mühlendahl um 6.40 Uhr an die Flottille: »Liege gestoppt in AF 7679 (Marinequadrat). Batterien leer, werde auftauchen von 18.00–20.00 Uhr und morgen von 6.00–8.00 Uhr. Beabsichtige mich, wenn sich das Wetter bessert, einschleppen zu lassen, wenn nicht, wird ein Teil der Mannschaft an Bord bleiben, um bei Wetterbesserung das Boot zurückzubringen ...«[62] Um 21.05 Uhr meldete U-867 einen Fliegerangriff. U-218 und U-858 funkten, daß sie den Havaristen anliefen. Da aufgrund der gegnerischen Luftüberlegenheit und des schlechten Wetters – Windstärke 6 SW – ein Einschleppen nicht möglich war, befahl der BdU den beiden zur Rettung anlaufenden Booten, die Besatzung von U-867 zu retten, das Boot zu versenken und Bergen anzulaufen.

Warum aber griff die eigene Luftwaffe nicht zur Unterstützung der U-Boote ein? U-867 war nicht nur ein großes, wertvolles IX-C-Boot mit einer gut ausgebildeten Besatzung, sondern hatte überdies ein wichtiges Wetterfunkgerät mit den entsprechenden Spezialisten sowie einen Abwehragenten an Bord. Der Marineverbindungsoffizier (MVO) bei der 5. Luftflotte hatte am 1. September 1944 mitgeteilt, daß »... ab sofort für die Strecke Christansund-Süd bis Stavanger weder laufender Begleitschutz bereitgestellt noch Jagdschutz gestellt werden kann«.[63] Es lagen zum Zeitpunkt dieser Ereignisse auf den für einen möglichen Luftwaffeneinsatz in Frage kommenden Flugplätzen Stavanger und Opstal jeweils eine halbe Staffel Me-110Bf-G des ZG 26. Diese Maschinen hätten den etwa 200 km vor der norwegischen Küste liegenden Havaristen ohne Schwierigkeiten erreichen und Luftdeckung geben können.[64] Wenn U-867 bei einer solchen Unterstützung durch die Luftwaffe auch nicht »an den Haken« hätte genommen werden können, so wäre es aber vielleicht möglich gewesen, die Besatzung mit den Spezialisten zu retten. Ohne einen solchen Luftschirm aber wurden die zur Hilfeleistung anlaufenden Boote aufgrund der gegnerischen Lufttätigkeit ständig unter Wasser gedrückt und konnten die Besatzung des Havaristen daher nicht retten.

Es stellt sich hier die grundsätzliche Frage nach der offensichtlich sehr geringen Anzahl deutscher Jagdflugzeuge in Norwegen. Nach dem Verlust der französischen Atlantikhäfen als U-Boot-Basis aufgrund des alliierten Vormarsches mußten fast alle Boote von dort nach Norwegen verlegt werden. Alliierte Luftwaffenverbände, die zuvor gegen die deutschen U-Boot-Stützpunkte in Frankreich eingesetzt waren, griffen jetzt ein- und auslaufende deutsche U-Boote an der norwegischen Küste an. Wenn die deutsche Kriegsführung dem U-Boot-Krieg zu diesem Zeitpunkt noch einen hohen Stellenwert einräumte – und das tat sie wohl –, mußte sie im Rahmen ihrer sicherlich jetzt bereits sehr beschränkten Möglichkeiten für eine verstärkte Luftsicherung der wertvollen ein- und auslaufenden U-Boote an der norwegischen Küste sorgen. Dazu aber hätte es einer Verstärkung der schwachen deutschen Luftwaffenpräsenz in Norwegen insbesondere dann bedurft, wenn die U-Boote mit wertvoller Fracht und wichtigem Personal ein- und ausliefen. Eine zeitweise Verlegung deutscher Jäger zum Schutz dieser Boote hätte für den Gegner vielleicht unauffällig zu »Übungszwecken« erfolgen können. Daß dieses offensichtlich nicht geschah, bleibt unverständlich.

Der BdU befahl am 18. September um 10.00 Uhr: »Stock, Marienfeld, Bode sofort AF 7679 ansteuern. Hier ist Mühlendahl mit leerer Batterie und ausgefallenen Dieseln«, und um 19.34 Uhr: »... An Mühlendahl und zur Hilfe gehende Boote, falls morgen früh kein Treffen zustande kommt, gleiches Verfahren morgen abend und am 20. September morgens. Am 20.9. nicht 0.6–0.8 Uhr, sondern 0.7–0.9 Uhr Mühlendahl innerhalb der gegebenen Zeit Peilzeichen senden.«[65] U-858 wurde, da es befehlsgemäß dem BdU seine Position gemeldet hatte, von den Engländern angepeilt und von einer Sunderland über Wasser angegriffen. Bode tauchte aber nicht weg, weil er glaubte, sich in unmittelbarer

Nähe von U-867 zu befinden, das um diese Zeit auftauchen würde und dessen Besatzung dann sofort zu übernehmen beabsichtigte. Der Kapitänleutnant beschloß, die angreifende britische Maschine mit seinen Flakwaffen zu bekämpfen. Bode mußte sich zu seiner Verteidigung aber nur auf Ausweichmanöver seines Bootes beschränken, denn »... der besten 3,7 cm der Welt war eine im Rohr explodierende Minengranate, und den besten Zwillingen der Welt eine 3 wöchige Schnorchelfahrt sehr zum Nachteil ausgeschlagen, so daß auf dem Turm – bei vollzähliger Flakbedienung – das auf einem U-Boot immerhin seltene Kommando ›Volle Deckung‹ erscholl, was seine Zweckmäßigkeit immerhin dadurch bewies, daß trotz etwa zwanzig Treffern im Turm und an Deck die Nummer 1 als einzigem Opfer dieser Schlacht nur die Fingerkuppe des linken vierten Fingers abgeschossen wurde.«[66]

U-867 meldete am 18.8. um 21.07 Uhr einen Fliegerangriff, der auch durch eine entsprechende Feindmeldung bestätigt wurde. U-858 beobachtete um 20.47 Uhr dieses Tages den Abwurf einer Reihe von Fliegerbomben. Um 23.45 Uhr erkannte Bode beim Näherkommen ein weißes Flackerlicht auf dem Wasser. Es handelte sich dabei um eine von einem Flugzeug abgeworfene Tauchmarkierung, die U-1228 galt, das sich ebenfalls an der Suche nach U-867 beteiligte. Dieses Boot meldete um 22.55 Uhr den Angriff einer Sunderland. U-1228 mußte aufgrund der bei diesem Angriff insbesondere am Schnorchel erlittenen Beschädigungen am 19.9. um 3.20 Uhr wegen völliger Erschöpfung der Besatzung den Rückmarsch antreten. Eine durch die Beschädigungen bedingte Rauchentwicklung, die auch während der Überwasserfahrt andauerte, ließ den größten Teil der Besatzung ausfallen. Der Matrosenobergefreite Mittler starb hierbei infolge einer CO-Vergiftung. Der Kommandant entschloß sich, den Föysjön-Fjord anzulaufen. U-1228 wurde dabei mehrfach von zwei Flugzeugen angeflogen. Es konnte diese Angriffe jedoch abwehren. Ein weiterer Angriff erfolgte beim Einlaufen in den Fjord.[67]

Die offenbar letzte Standortmeldung erhielt der BdU von Mühlendahl am 19.9. um 17.21 Uhr aus AF 7695. Daraus schloß er: »... das Boot hat sich entweder mit dem letzten Batteriestrom in Richtung Küste verholt oder ist durch den Strom vertrieben. U-218 und U-858 suchen weiter. Treffen wie für 18 und 19 befohlen.«[68] U-858 empfing um 17.45 Uhr dieses Tages den offenbar letzten von Mühlendahl abgesetzten Funkspruch: »Mein Standort ist AF 7695.«[69] Zur selben Zeit nahm Stock den Abwurf von Fliegerbomben wahr und vermutete, daß hierbei U-867 verlorenging.[70]

Da später keine weitere Standortmeldung von U-867 einging, erhielt Mühlendahl den Befehl, nach dem Auftauchen am 20.9. abends Standort und Absicht zu melden. Den nach Mühlendahl suchenden Booten wurde befohlen, über den letzten von U-867 gemeldeten Standort hinaus entsprechend der dortigen Abdrift weiterzusuchen. Am 21.9.44 befahl der BdU: »Mühlendahl und an der Suche beteiligte Boote: Falls Mühlendahl bis 22.9. 9.00 Uhr nicht seinen Standort gemeldet oder Peilzeichen gesendet hat, Suche abbrechen und einlaufen.«[71]

Da kein Besatzungsmitglied von U-867 überlebt hat, können nur Vermutungen über die Gründe, die zum Verlust des Bootes geführt haben, angestellt werden. Es sind auch keine Angaben von Mühlendahl über die Art des Maschinenschadens erhalten. Funksprüche von ihm hierüber liegen nicht vor. Es kann allerdings angenommen werden, daß sich U-867 wegen des Wetters – Windstärke 6 SW – und der gegnerischen Luftbedrohung auf Schnorchelfahrt befand.

Das Boot schnitt bei dieser Fahrt unter. Das Schnorchelluftventil schloß nicht. Durch den Schnorchelluftkanal strömte Wasser in den Verbrennungsraum der Dieselmotoren, die dadurch abgewürgt wurden. Ein Vorgang, der als Wasserschlag bezeichnet wurde. Materialschäden oder Sabotage an Nockenwellen und Kolben waren weitere Möglichkeiten eines Maschinenschadens. Wie lange das Boot dann nach dem Auftauchen im E-Maschinenbetrieb laufen konnte, bestimmte die Kapazität der Batterien.[72] Da von Mühlendahl am 19. September um 17.45 Uhr noch eine von U-858 empfangene Standortmeldung abgesetzt hatte, wurde das Boot sicherlich erst nach diesem Zeitpunkt aufgegeben. Um 16.25 Uhr britischer, wahrscheinlich aber 18.25 Uhr deutscher Zeit – also nach Abgabe seiner letzten Standortmeldung, wurde U-867 auf 62 Grad 15'N/01 Grad 50'W von der Liberator »Q« der 224. Staffel angegriffen und mit zwei Bomben belegt, die das Boot aber nicht trafen.[73] Offensichtlich gab v. Mühlendahl der Besatzung erst nach diesem Angriff den Befehl, das Schiff zu verlassen und U-867 selbst zu versenken. Er nahm wahrscheinlich an, daß bei einem neuen Luftangriff auf sein hilfloses Boot die Verluste unter der Besatzung größer sein könnten, als wenn sich die U-Boot-Männer dann in ihren Rettungsbooten befinden würden. Die Besatzung von U-867 ging daher in voller Ordnung in die Boote[74] und kam gut von ihrem Schiff ab.[75] Die weiteren Luftaufnahmen weisen bei starker Vergrößerung aus, daß sich von den insgesamt sechzig Mann der Besatzung fünfzig Männer in den von diesen Aufnahmen erfaßten Booten befanden.

Warum aber setzte v. Mühlendahl zwischen seiner letzten Standortmeldung und dem Zeitpunkt der Aufgabe seines Bootes keine weiteren Meldungen ab?

Am 20. September meldeten um 9.50 Uhr und 12.40 Uhr zwei deutsche Sicherungsflugzeuge: »... kläre verdächtigen Ölfleck auf (beide Standorte ungedeutet, jedoch dicht beisammen).« Einen Tag später meldete um 19.10 Uhr wiederum ein Sicherungsflugzeug: »... kläre verdächtigen Ölfleck auf (in nicht gedeuteter Position).«[76] Es muß vermutet werden, daß diese Maschinen, insbesondere die letzte, den letzten bekannten Standort von U-867 abgeflogen haben, sonst wäre dieser Eintrag im KTB/BdU nicht erfolgt, weil diese Flugeinsätze für Dönitz belanglos gewesen wären.[77] Bei diesen Flügen erstaunt, daß keine der eingesetzten Maschinen Überlebende oder Schlauchboote gesichtet hat.

Aufgrund der Wetterlage gab es Wellen in Höhe von drei bis vier Metern. Die Wassertemperatur betrug 15 Grad, was eine gefährliche Unterkühlungsgefahr für länger im Wasser Schwimmende bedeutete. Aber selbst wenn die großen Schlauchboote und die kleinen Dingis bei dieser Wetterlage umschlugen, konnten sie von ihrer Besatzung relativ leicht wieder aufgerichtet werden.[78]

Es bleibt unklar, weshalb keine Notsignale von den Schiffbrüchigen aus den Schlauchbooten abgesetzt worden sind. Entsprechende Funkgeräte waren für Schlauchboote und Rettungsflöße vorhanden.[79] Mit diesen Geräten abgesetzte Signale konnten von Flugzeugen bis zu einer Entfernung von 450 km und von U-Booten bis zu 300 km empfangen werden. Diese Sender waren von Flugzeugen aus bis zu 300 km, von U-Booten bis zu 100 km anpeilbar.[80] Die zur Rettung von U-867 eingesetzten Boote waren gemäß dem Befehl Nr. 41 gehalten, ihre Funkgeräte in Notfallsituationen auf 500 Kilohertz auf Dauerempfang zu schalten.[81] Entsprechende Notsignale der Schiffbrüchigen wurden aber von keinem der Boote aufgefangen.[82] Aufgrund der Küstennähe der Männer von U-867 hätten auch von Funkstellen an Land solche Signale empfangen werden müssen. Ihr Eingang wäre sicherlich im KTB/BdU vermerkt worden. Dort aber fehlen entsprechende Einträge. Es kann daher angenommen werden, daß die Schiffbrüchigen unmittelbar, nachdem sie in die Boote gegangen waren, die ersten Notsignale hätten abgeben können. Es wurde jedoch von keinem der Schlauchboote weder unmittelbar, nachdem die Besatzung U-867 verlassen hatte, noch später auch nur ein einziges Notsignal aufgefangen. Hierfür bietet sich als Erklärung auch die Vernichtung der Schlauchboote durch britische Flugzeuge an, und zwar unmittelbar nachdem die Männer von U-867 diese bestiegen hatten.[83] Diese Annahme wird auch dadurch gestützt, daß später zwar acht Leichen von Besatzungsangehörigen, aber keine kleinen oder großen Schlauchboote von U-867 an der norwegischen Küste angetrieben worden sind. Letzteres ist außerordentlich verwunderlich. Von der Besatzung sind später die Leichen folgender Soldaten an der norwegischen Küste angetrieben worden.[84] Als erste wurde Ende September 1944 die von Kpt.z.S. v. Mühlendahl angeschwemmt. Ihr fehlte der Kopf.[85]

Der Mech.Gefreite Bruno Hassenkamp wurde am 10. Oktober 1944 bei der Insel Sabue angetrieben. Der Marineassistenzarzt Dr. Sven Mattheides wurde bei Rabenstein geborgen. Das Vorpostenboot 5905 barg den Leutnant z.S. Erwin Kampmann (3.WO) vor der Insel Skerröm. Der Maschinenmaat Johann Kepler wurde am 1. November 1944 bei Halmö angeschwemmt. Der Masch.Obergefr. Alfred Beck wurde am 27. Oktober 1944 nördlich von Husen geborgen. Masch.Obergefr. Ernst Frohwein wurde am 20. Oktober 1944 bei der Insel Wickmar angetrieben. Signal-Obergefr. Ernst Eggemann/keine weiteren Angaben. Der Matr.Obergefr. Birger Andersson wurde am 25. Oktober 1944 bei der Insel Vasöen angeschwemmt.

Der BdU scheint die Rettungsaktion von Beginn an für aussichtslos gehalten zu haben. »... Zu dieser Rettungsaktion wäre noch zu bemerken, daß mir später Hessler[86] sagte, ›wir haben von vornherein gewußt, daß die Sache aussichtslos ist‹. Warum aber setzt man dann drei Tage mehrere Boote an die Sache, die, wie von Berlin zugegeben worden ist, nur wie durch ein Wunder nicht draufgegangen sind, denn alle wurden derartig ›verdroschen‹, daß Godt[87] sagte, selten wäre eine solche Massierung von Luft eingetreten, wie bei dieser Aktion ... von älteren, infolgedessen weiseren Kommandanten als mir wurden deswegen Hessler milde Vorhaltungen gemacht, gegen die er nichts sagen konnte ...«[88]

Worin bestand der Sonderauftrag von U-880?

U-880 war ein bei der AG-Weser in Bremen gebautes IX-C-40-Boot. Seine Indienststellung erfolgte am 11. Mai 1944. Zum Kommandanten wurde Kapitänleutnant Gerhard Schötzau ernannt.

Vom 18.–31. Mai 1944 durchlief das Boot die Erprobungen des Unterseebootabnahmekommandos (U.A.K.) in Kiel.[89] Im Anschluß daran erfolgte die Flakausbildung bei der Flakschule 7 in Swinemünde und Anfang Juni die Meldung bei der Stammflottille (4. U-Flottille in Stettin). Danach durchlief das Boot weitere Erprobungen bei der U.A.K. in Danzig. Vom 14.–18. Juni erfolgte die Hafenausbildung bei der 19. U-Boot-Flottille in Pillau. Daran schloß sich die Ausbildung bei der technischen Ausbildungsgruppe für Front-U-Boote (Agru.-Fron) in Hela an. Danach wurde die Ausbildung bei der 20. U-Boot-Flottille im Bereich der östlichen Ostsee fortgesetzt. Das Torpedoschießen wurde bei der 26. U-Boot-Flottille in der Danziger Bucht durchgeführt. Die taktische Ausbildung erfolgte in der Zeit vom 11.–16. August bei der 26. U-Boot-Flottille im Bereich der mittleren Ostsee. Zu notwendigen Restarbeiten lief U-880 am 15. November 1944 die Oderwerke in Stettin an. Vom 17.–23. November wurde die Gefechtsausbildung bei der Flakschule 7 in Swinemünde fortgesetzt. Die weitere Ausrüstung des Bootes wurde zwischen dem 6. und 10. Dezember 1944 auch in Stettin vorgenommen. Gleichzeitig wurde die Besatzung offensichtlich sehr gründlich durch den Flottillenarzt der 4. U-Flottille untersucht. Hierzu gehörte eine Reihenzahn- und Röntgenuntersuchung sowie eine Gesundheitsmusterung.[90]

Im Anschluß daran wurde bei der Flakschule 7 Gefechtsschießen geübt. Dann lief das Boot zu restlichen Instandsetzungsarbeiten, Restausrüstung und dem Einbau der Oberdeckstuben für den Sonderauftrag zu den Deutschen Werken nach Kiel.[91] Offensichtlich wurde für U-880 am 8. Dezember 1944 der Befehl erteilt, zwei Wetterbojen im Atlantik auszusetzen.[92] Zur Durchführung dieser Aufgabe wurde der Regierungsrat Nagel am 16. Dezember an Bord des Bootes kommandiert. Das Boot lief am 11. Januar mit Dr. Nagel und nur einer Boje an Bord nach Norwegen aus. Am

7. Februar wurde gemeldet, daß der Regierungsrat erkrankt sei. Hierauf erteilte die 6.SKL IIIf den Befehl an U-880, die Boje ohne Dr. Nagel auszuwerfen. Da sich das Auslaufen des Bootes verzögerte, wurde befohlen, die Wetterboje wegen Überschreitung der Lagerfrist auszuschiffen. Die Boje wurde später nach Kiel zurückgebracht. Dort traf sie am 16. April ein. Sie sollte später von U-170[93] von Horten aus in den Atlantik gebracht werden. Hierzu kam es jedoch aufgrund der militärischen Entwicklung nicht mehr.

U-880 verließ Kiel am 11. Januar 1945[94], befand sich am 13. auf dem Marsch nach Norwegen und lief am 15. Januar[95] in Horten ein. Am 25. verließ das Boot Christiansand, um drei Tage später wegen eines Schadens nach Bergen zurückzulaufen.[96] Das Boot lief von Bergen wieder am 7. Februar aus, mußte aber bereits einen Tag später wegen eines Schnorchelschadens zurückmarschieren.[97] U-880 lag jetzt bis zu einem neuerlichen Auslaufen bis zum 15. März 1945 in Bergen fest.

Während dieser Liegezeit des Bootes hatten Angehörige der Besatzung Gelegenheit, in den norwegischen Bergen in Zivil Ski zu laufen.[98] »... hier auf den Bergen hören wir mal nichts vom Krieg. Die Luft ist für uns das wahre Glück, rein und sauber. Das tut mal gut für unseren Körper. Man fühlt sich, als wenn man in den Alpen ist. Wir sind jetzt vierzehn Tage hier ... haltet durch, komme was da will, siegen tun wir doch ...«

Nach Beendigung der Reparaturen verließ U-880 am 15. März 1945 Bergen.[99] Das Boot lief am 24. März durch die Islandpassage[100] und gab Ende des Monats noch eine weitere Meldung ab: »... Passiermeldung im Atlantik U-880 – Standort unklar.«[101]

Zum 28. März 1945 war vom Chef der Operationsabteilung beim BdU, Konteradmiral Godt, die Wiederaufnahme der Angriffe auf den nordatlantischen Geleitzugverkehr vorbereitet worden. Im Anschluß daran sollten einige der deutschen Boote vor der US-Küste zwischen New York und Kap Hatteras operieren.[102] Das Ziel dieses Einsatzes bestand nicht nur im Versenken gegnerischer Schiffe, sondern hierdurch sollte gleichzeitig versucht werden, britische U-Jagd-Gruppen aus den englischen Gewässern abzuziehen, um dadurch dort die Operationsmöglichkeiten eigener Boote wesentlich zu verbessern.[103]

Für dieses Unternehmen wurde die Gruppe »Seewolf« aufgestellt, die aus folgenden Booten bestand: U-518 (Offermann), U-546 (Just), U-885 (Bernardelli), U-858 (Bode), U-880 (Schötzau), U-1235 (Barsch) und U-881 (Dr. Frischke). Diese Boote sollten in Form einer »Harke« operieren, um auf diese Weise ein größeres Seegebiet nach Geleitzügen absuchen zu können[104], auf die dann die gesamte Gruppe eingesetzt werden konnte. Es muß vermutet werden, daß mit der Kommandierung von U-880 zur Gruppe »Seewolf« der vorgesehene »Sonderauftrag« des Bootes zunächst aufgeschoben oder überhaupt aufgehoben worden war.[105]

Der später vorgesehene Einsatz von Booten der Gruppe »Seewolf« vor der amerikanischen Ostküste verursachte bei der amerikanischen Kriegsmarine hektische

Aktivitäten.[106] Die Amerikaner nahmen aufgrund abgehörter und falsch interpretierter deutscher Funksprüche und anderer Informationen einen V 1-Waffen-Einsatz von diesen U-Booten aus gegen Städte an der US-Ostküste an.[107] Daher zogen sie massive U-Boot-Abwehrkräfte zur Abwehr dieses angeblich bevorstehenden deutschen Raketenangriffs zusammen. Sie wollten dadurch erreichen, daß kein Boot der deutschen Gruppe vor die US-Küste gelangte, um hier seine Raketen abschießen zu können. Die Gruppe »Seewolf« wurde daher von einer äußerst starken amerikanischen Abwehr erwartet, die auf jeden Fall den Durchbruch auch nur eines Bootes verhindern wollte.

Am 4. April gab U-858 (Bode) eine Passiermeldung ab und meldete gegnerische Abwehraktivitäten in der Islandpassage.[108] Der BdU teilte den »Harkenbooten« am 11. April die Standlinien mit, die diese innerhalb der nächsten vierundzwanzig Stunden einzunehmen hatten.[109] Am 16., 18. und 20. April wurden den Booten wiederum neue Standlinien befohlen.[110] Der Gegner, der diese Funksprüche auffangen und entziffern konnte, wußte daher genau, wo die deutschen Boote zu den angegebenen Zeiten aufmarschiert waren. Er konnte sie daher dort mit seinen überlegenen Abwehrkräften erwarten und bekämpfen. Aus diesem Grund legte die amerikanische Marine mit ihren zu diesem Zweck zur »Operation Teardrop« zusammengezogenen U-Jagdkräften eine Sperrlinie quer durch das Seegebiet, das die Boote der Gruppe »Seewolf« mit ihrem Westkurs passieren mußten. Ihre Geleitzüge leiteten die Amerikaner um die gefährdete Zone herum.

In der Nacht vom 15./16. April 1945 befanden sich die beiden US-Zerstörer STANTON und FROST, die zur Kampfgruppe 22.5 gehörten, im Seegebiet 47,53 Grad nördlicher Breite und 30,26 Grad westlicher Länge. Die Kampfgruppe gehörte zu den von der US-Marine zur Abwehr der Gruppe »Seewolf« zusammengezogenen U-Jagdkräften. Beide Schiffe hatten zwischen 23.45/23.54 Uhr einen Radarkontakt, der von ihnen als U-Boot identifiziert und mit Wasserbomben angegriffen wurde.[111] Um 23.55 Uhr wurde auf beiden Zerstörern eine Explosion wahrgenommen.[112] Um 0.10 Uhr hatte die FROST einen neuerlichen Radarkontakt, der wiederum als U-Boot identifiziert und von beiden Zerstörern mit Wasserbomben angegriffen wurde. Im Zusammenhang mit diesen Wasserbombenangriffen wurden von der FROST zwei Unterwasserexplosionen erfaßt und im Anschluß daran Dieselgeruch wahrgenommen.[113] Von der FROST wurden weitere Wasserbomben geworfen, obgleich der Radarkontakt verlorenging, weil sich das erfaßte U-Boot in sehr großer Tiefe bewegte.[114]

Um 1.14 Uhr wurde an Bord beider Zerstörer und weiterer Schiffe der Kampfgruppe eine sehr große Explosion registriert.[115] Drei Minuten später wurden weitere, nicht so heftige Explosionen von den Amerikanern wahrgenommen.[116] Um 1.53 Uhr machte die FROST einen Überwasserradarkontakt. Um 2.00 Uhr wurden von Bord des Zerstörers Leuchtraketen geschossen, die den Amerikanern aufgrund der sehr schlechten Wetterlage jedoch keine Klarheit brachten. Das Schiff lief aber trotzdem in schneller Fahrt auf das ausgemachte Ziel zu. Kurz darauf erfaßte der Zerstörer mit seinem

Steuerbordscheinwerfer ein über Wasser laufendes U-Boot. Die Amerikaner eröffneten mit allen automatischen Waffen das Feuer auf das ausgemachte Ziel, das schnell wegtauchte. Der Geschoßhagel dauerte daher nur eine Minute. Es konnten, nach amerikanischer Einschätzung, lediglich einige Treffer am Turm und an Deck erzielt werden. Um 2.11 Uhr ging der FROST der Radarkontakt verloren, der um 3.22 Uhr von der STANTON wiederhergestellt und als U-Boot identifiziert wurde. Nach Wasserbombenwürfen von beiden Zerstörern nahmen die Amerikaner um 4.07 Uhr eine sehr große Explosion wahr, die in ihrem Ausmaß der von 1.14 Uhr glich.[117] Um 4.36 Uhr meldete die STANTON einen Ölfleck an Steuerbord. Der Kommandant der USS »FROST«, Ritchie, wählte über diese Ereignisse für seinen »ACTION Report/NARRATIVE Report«[118] die Formulierung »... Attack resulted in severe damage to enemy submarine ...« In diesem Bericht wurden lediglich um 1.14 Uhr eine große und mehrere kleinere Explosionen beschrieben. Ritchie ging hier nicht von der Vernichtung des von ihm angegriffenen U-Bootes aus, weil ihm dafür offensichtlich die Beweise fehlten. Am 23. April 1943 sandte er seinen Action Report mit einem Begleitschreiben an das Flottenkommando. In diesem Schreiben fügt er zu der großen, um 1.14 Uhr wahrgenommenen Explosion hinzu: »... and the subsequent explosions and breaking up noises ...« Im Action Report fehlt der Hinweis auf die hier angeführten Sinkgeräusche. Weshalb Ritchie diesem Schreiben die in der Nacht vom 15./16. April offensichtlich nicht wahrgenommenen Sinkgeräusche hinzufügt, die auch in dem beigefügten Report fehlen, bleibt unklar. Es sind auch an der angeblichen Versenkungsstelle von U-880 keinerlei Wrackteile gefunden worden, welche die Versenkungsbehauptung der Amerikaner unterstützen könnte. Für die Behauptung, daß es sich bei dem nur kurz aufgetauchten Boot um U-880 gehandelt habe, gibt es keinen Beweis.[119] Ebenso fehlen diese für das vorher versenkte U-1235. Es kann daher nicht ausgeschlossen werden, daß beide Boote bereits eher oder später versenkt worden sind.

Einige Fragen zum Schicksal von U-880 bleiben weiterhin ungeklärt. Worin der tatsächliche Sonderauftrag des Bootes bestand, ist unklar. Dieser Auftrag muß allerdings sehr wichtig gewesen sein, weil das Boot zu einer Zeit knappen Materials, begrenzter Werftkapazitäten und großem Facharbeitermangels mit zusätzlichen Einbauten versehen wurde. Die Arbeiten wurden überdies in einem stark luftgefährdeten Hafen durchgeführt, in dem das eigentlich bereits einsatzbereite Boot jederzeit durch Luftangriffe beschädigt oder versenkt werden konnte. Es ist daher sehr zweifelhaft, daß der Einbau der Oberdecks-Tuben lediglich für den Transport von Wetterbojen vorgenommen wurde, die auch ohne diese Tuben hätten transportiert werden können. Wozu wurde aber dann ihr Einbau vorgenommen? Waren sie für den Transport von etwas anderem vorgesehen?

Der zur Besatzung von U-880 gehörende Oberbootsmannsmaat Paul-Rudolf Hoffmann erhielt unmittelbar vor dem Auslaufen seines Bootes einen Kurzurlaub.[120]

Während seines Aufenthaltes bei seiner Frau berichtete er dieser, was er nicht durfte, daß er zur Besatzung von U-880 mit dem Kommandanten Kplt. Schötzau gehöre.[121] Er erzählte seiner Frau auch, daß sie sich dieses Mal keine Sorgen zu machen brauche, da ihr nächster Einsatz ungefährlich sei. 1946 schrieb Frau Hoffmann Großadmiral Dönitz einen Brief ins Gefängnis und fragte ihn nach dem Schicksal von U-880. Dönitz beantwortete dieses Schreiben mit dem Hinweis, daß er über den Verbleib des Bootes nichts wisse. Eine weitere Korrespondenz fand nicht statt. 1957 wünschte der zwischenzeitlich aus dem Spandauer Gefängnis entlassene Großadmiral, völlig überraschend, der Frau Hoffmann ein frohes Osterfest.[122] Da Dönitz sicherlich nicht sehr vielen Witwen seiner gefallenen U-Boot-Männer handschriftliche Ostergrüße übersenden konnte, stellt sich die Frage, weshalb er, gänzlich unvermittelt, an Frau Hoffmann geschrieben hat. Hing das Schreiben vielleicht damit zusammen, daß ihr gefallener Ehemann zur Besatzung von U-880 gehörte?

Die Sonderaufgabe von U-242 im Bottnischen Meerbusen im Januar 1945

Aus dem Finnbusen meldet U-242 Durchführung seiner Sonderaufgabe, die im Absetzen von Funkern, Nachrichtenmitteln und Sprengstoffen an der Küste der südlichen Bottensee bestand.[123] U-242, ein VIIc-Boot, Kommandant Oberleutnant Pancke, war am 12. Januar 1945 aus Danzig ausgelaufen. Hier war ein Agent, der einen sehr ungepflegten Eindruck machte, mit vielen Koffern und zweihundert Litern Benzin in Kanistern an Bord gekommen Dieser Mann sollte von einem finnischen Fischkutter übernommen werden.[124] Gleichzeitig hatte sich ein Dr. Richter in der Uniform eines Kapitänleutnants eingeschifft. Seine Aufgabe an Bord des Bootes blieb unklar. Kommandant und Besatzung empfanden ihn als »Aufpasser« von der Gestapo.[125] In Danzig waren aber auch einige Besatzungsmitglieder von Bord kommandiert worden, um für vierzehn deutsche Soldaten Platz zu machen, die sich nach dem Ausscheiden Finnlands aus der »Waffenbrüderschaft« mit Deutschland im Land versteckt hatten. Sie sollten von dem finnischen Fischkutter zu U-242 gebracht werden, auf den auch der Agent übersteigen mußte.

Auf dem Marsch des Bootes zu dem vorgesehenen Treffpunkt mit dem Fischkutter mußte das U-Boot bei den Åland-Inseln auch schwedisches Hoheitsgebiet passieren. Um hier bei möglichen Schwierigkeiten U-242 nicht unbeschädigt in schwedische oder gegnerische Hände fallen zu lassen, wurden im Boot vorn und achtern Sprengladungen angebracht.[126] Pancke wartete auf den Fischkutter am vorgesehenen Treffpunkt zur verabredeten Zeit vergeblich. Nachdem die Treffzeit verstrichen war, lief Pancke ab und legte sein Boot auf Grund. Nach einem zweiten vergeblichen Versuch, den Kutter zu treffen, erhielt der Oberleutnant einen Funkspruch des BdU, der ihm befahl, wegen Vereisungsgefahr zurückzulaufen. Pancke wartete aber befehlswidrig weiter.[127] Nach weiterem Warten traf Pancke den erwarteten Fischkutter, der den Agenten mit seinem Gepäck übernahm. Von dem Kutter stiegen mehrere finnische Offiziere auf U-242 über.[128] Die erwarteten deutschen Soldaten kamen nicht an Bord. U-242 lief zurück nach Libau und später nach Danzig. Dort wurden die zurückgelassenen Besatzungsangehörigen wieder an Bord genommen. Von Danzig aus sollte das Boot nach Kiel zurücklaufen. Die Fahrt mußte aber in Swinemünde unterbrochen werden, weil Oberleutnant Pancke wegen einer akuten Blinddarmentzündung von Bord gehen mußte.[129] Hier verließen aber auch Dr. Richter und die finnischen Offiziere das Boot. Oberleutnant H. Riedel übernahm als Kommandant U-242. Das Boot wurde durch britische Minen mit der gesamten Besatzung am 5. April 1945 versenkt.[130]

Die Fragen: Welchen Auftrag hatte der von U-242 transportierte Agent? Er führte in seinen Koffern Geld, Waffen und Funkgeräte mit sich.[131] Wer waren die »finnischen« Offiziere? Welchen Auftrag hatte Dr. Richter an Bord von U-242?

Ein unbekannter Auftrag in Japan

Der Chemiker Oberst Dr. Niemöller war vom 1. Juni 1938 bis zum 18. Februar 1942 Gruppenleiter im Heereswaffenamt/Amtsgruppe für Entwicklung und Prüfung, Ballistische und Munitionsabteilung (WaA/WaPrüf 1).

Hauptmann Walter Merkel war in der Zeit vom 30. September 1939 bis zum 30. Januar 1942 im selben Bereich eingesetzt.

Dr. Niemöller wurde zum 19. Februar 1942 und Hauptmann Merkel zum 1. Februar 1942 zum deutschen Militärattaché in Tokio abkommandiert. Dort taten beide Offiziere bis zur deutschen Kapitulation am 8. Mai 1945 Dienst.[132]

Um seine neue Dienststelle erreichen zu können, schiffte sich Dr. Niemöller im März 1942 in Bordeaux als Zahlmeister auf dem nach Japan gehenden Blockadebrecher der Bremer Hansa-Reederei TANNENFELS (7840 BRT) unter Kapitän Haase ein.[133]

Während der Überfahrt nach Japan brach im Laderaum 2 der TANNENFELS aufgrund einer vermuteten französischen Sabotage[134] ein Feuer aus. Hierbei explodierten Behälter mit Chemikalien. Ein Teil der heiß gewordenen Ladung wurde über Bord geworfen, bevor die Flammen das dort ebenfalls lagernde Ätherchloroform erreichen konnten. Andere Teile der Ladung, wie Chemikalien, Traktoren[135], Werkzeugmaschinen und fünfzig Kisten mit Waffen für Blockadebrecher, konnte Kapitän Haase nach seiner Ankunft in Yokohama am 12. Mai 1942 unversehrt abliefern.

Hauptmann Merkel wurde im Mai 1942 in Bordeaux auf der REGENSBURG, einem 8068 BRT großen Frachter des Norddeutschen Lloyds (Kapitän Harder), eingeschifft, die am 7. Juli 1942 Yokohama erreichte.[136]

Die Abkommandierung der beiden Offiziere bleibt rätselhaft. Offensichtlich hat Oberst Dr. Niemöller nach dem Krieg über seine Tätigkeit in Japan nirgendwo Angaben gemacht. Selbst bei seiner Bewerbung[137] zur Wiederverwendung bei der Bundeswehr wurde lediglich festgestellt, daß der Oberst »von 1942–1945 technischer Gehilfe des Militärattachés in Japan für Waffenfragen« gewesen sei.[138] Dr. Niemöller hat offensichtlich auch nie innerhalb seiner Familie, was außerordentlich erstaunlich ist, Angaben über seine Zeit in Japan und seine dortigen Aufgaben gemacht.[139]

Welche Fracht hatte U-864 für Japan an Bord?

Die Indienststellung dieses IX-D-2-Bootes erfolgte am 9. Dezember 1943. Seine Länge betrug 87,6, die Breite 7,7 Meter. U-864 hatte einen Tiefgang von 5,35 Metern und eine Wasserverdrängung von 1616 t über und 1804 t unter Wasser. Das Boot verfügte über eine Geschwindigkeit von 19,2 kn über und 6,9 kn unter Wasser.

Zum Kommandanten des Bootes wurde KK Ralf Reimar Wolfram ernannt, der erst von März bis September 1942 seine U-Boot-Ausbildung erhalten hatte. Danach war er lediglich ein Jahr Kommandant von U-108 gewesen. Wolfram verfügte daher weder über eine große U-Boot-Erfahrung noch über eine ausreichende Fronterfahrung auf U-Booten. Es bleibt unklar, weshalb dieses Boot mit so wichtigem Auftrag einem so frontunerfahrenen Kommandanten anvertraut wurde.

U-864 erhielt den Befehl, für den japanischen Verbündeten wichtige Konstruktionsunterlagen und Kriegsgerät nach Japan zu bringen.[140] Es handelte sich hierbei um Serienunterlagen für die Me-262 und die Me-163 sowie nicht leicht zu bauende Komponenten und Ausrüstungen dieser Flugzeuge.[141] Zur Betreuung dieser Nachbauten in Japan hatte Prof. Messerschmidt zwei wichtige Mitarbeiter für die Dauer von zwei Jahren abgestellt, die auf U-864 im Rang von Leutnants eingeschifft wurden.[142] Es handelte sich hierbei um Rolf v. Chlingensperg, den stellvertretenden Leiter des Projektbüros, und Riclef Schomerus, den Leiter des Aerodynamik-Projektbüros.[143] Die Bedeutung dieser von Messerschmidt nach Japan abgeordneten Mitarbeiter läßt auch die Vermutung zu, daß sich außerdem eine zerlegte Me-163 an Bord des Bootes befand, zumal auch U-234 eine Me-262 für Japan geladen hatte.[144] Hitler hatte angeordnet, daß den Japanern Unterlagen und Ingenieure zum Nachbau der Strahlflugzeuge Me-163 und Me-262 zur Verfügung gestellt werden sollten. Daraufhin wurde im April 1944 durch das Reichsluftfahrtministerium bestimmt, daß die Bauunterlagen für folgende Flugzeuge, Motoren und Treibstoffe abgegeben und mit den Japanern über ihren Nachbau Lizenzverträge abgeschlossen werden sollten: Me-262 A-1, Me-163, ferner die Triebwerke von Junkers, Walter, BMW und die entsprechenden chemischen Treibstoffe.[145] Da der Transport nach Japan nur auf U-Booten erfolgen konnte, verzögerte sich die Durchführung der entsprechenden Planungen bis zum Dezember 1944, dem Zeitpunkt, zu dem zwei der benötigten U-Boote zur Verfügung standen (U-864 und U-834). Entsprechend spät wurde der Lizenzvertrag, der einen Wert von 20 Mio. Reichsmark hatte, abgeschlossen.[146]

Zur Ladung gehörten ferner[147]: »Dreißig Behälter behandeltes Wasser«. Es muß im Zusammenhang mit dem an Bord von U-234 mitgeführten für Japan bestimmten Uranoxyd angenommen werden, daß es sich hierbei um Deuterium für die japanische Atomforschung oder Atombombe gehandelt hat.[148]

Weiterhin: Pläne für ein Campini-Flugzeug und Siemens-Radar-Pläne für ein Satsuki-U-Boot. Da es kein Flugzeug mit diesem Namen gab, muß angenommen werden, daß es sich hierbei um eine Tarnbezeichnung für ein anderes Ladungsgut gehandelt hat.

Es gab auch kein Satsuki-U-Boot. Die Japaner verwendeten diesen Namen aber als Tarnbezeichnung für die deutschen Typ-IX-U-Boote. Ein Satz Pläne für den Bau eines Raketenflugzeuges, Lizenzverträge für den Flugzeugnachbau und Teile dieses Flugzeuges. Pläne für das Caproni-U-Boot. Auch dieses war eine Tarnbezeichnung. Es gab zwar italienische Flugzeuge, die so hießen, aber kein U-Boot, das einen solchen Namen führte. Vielleicht handelte es sich hierbei um die Pläne für den Nachbau eines deutschen Klein-U-Bootes.

Flaschen mit Quecksilber, das zur Herstellung bestimmter Granatenzünder benötigt wurde. Daher gehörte Quecksilber zur Ladung fast jeden deutschen Japan-Bootes. Zur Zeit des Zweiten Weltkrieges waren die Hauptweltquecksilberproduzenten Spanien und Italien.

Ferner befanden sich unter der Ladung des Bootes auch Zeichnungen für das Getriebe der BOGOTA, einem deutschen in Batavia liegenden U-Boot-Versorger, der im Indischen Ozean und Südatlantik eingesetzt werden sollte.[149]

Unter der Besatzung von U-864 befand sich auch der 37jährige Mtrgfr. Franz Türk (geb. 7.3.08). Wohn- und Geburtsort war Wuppertal, von Beruf Schreiner. Er war für einen solchen Einsatz viel zu alt, da er nach seinen Personalunterlagen kein Spezialist war.[150] Türk hatte erst unmittelbar von seiner Kommandierung auf U-864 einen U-Boot-Ausbildungslehrgang absolviert. Weitere Angaben über seine vorherige Verwendung liegen, was verwundert, nicht vor.[151] Es ist unwahrscheinlich und nicht glaubhaft, daß ein Soldat dieses Alters im Rang eines Gefreiten noch zur U-Boot-Waffe kommandiert und gleich für einen Einsatz in Japan vorgesehen wurde. Daher muß vermutet werden, daß hier die Identität von Franz Türk dazu benutzt worden ist, um einen weiteren Spezialisten für einen bestimmten wichtigen und geheimen Teil der Ladung des Bootes unauffällig unter der Besatzung unterzubringen.

Unklar ist auch, weshalb die Kapitänleutnants Plass und Hahndorf auf das Boot kommandiert worden sind. Plass war von April 1939 bis Januar 1945 ausschließlich auf großen Überwassereinheiten verwendet worden. Er verfügte über keine U-Boot-Ausbildung. Auch Hahndorf hatte auf der SCHARNHORST und LEIPZIG Dienst getan und ein italienisches Torpedoboot im Mittelmeer kommandiert. Eine U-Boot-Ausbildung hatte auch er nicht absolviert.

U-864 lief am 5. Dezember 1944 von Kiel aus und erreichte Horten vier Tage später. Hier verblieb das Boot bis zum 29. Dezember.[152] An diesem Tag verließ das Boot Horten mit dem Ziel Kristiansand. Kurz nach seiner Entlassung aus dem Geleit meldete das Boot Grundberührung.[153]

Am 1. Januar 1945 lief U-864 von Farsund nach Bergen, wo es am 5. Januar eintraf. Nach entsprechenden Reparaturen konnte das Boot erst am 6. Februar Bergen zu seiner Einsatzfahrt verlassen.[154]

Schon am 8. Februar mußte U-864 wegen Dieselprobleme wieder nach Bergen zurücklaufen.[155]

Am 12. Februar wurde gemeldet: »U-864 (Wolfram) zum dritten Mal nicht auf dem Geleitpunkt erschienen.«[156]

Am 9. Februar nahm um 9.32 Uhr das getaucht vor dem norwegischen Jejeosen operierende britische U-Boot VENTURER schwache Fahrgeräusche eines getaucht laufenden U-Bootes wahr.[157]

Dreißig Minuten später sah der Kommandant des englischen Bootes, Lt. Saunders, das Periskop dieses Bootes. Sieben Minuten später konnte er sogar zwei Sehrohre ausmachen. Um 11.15 Uhr erkannte er wiederum ein Sehrohr des gegnerischen Bootes. »Dank des unanständigen feindlichen Periskopmanövers«[158] hatte Launders zwischenzeitlich die Geschwindigkeit und den regelmäßigen Zick Zackkurs seines Gegners ermittelt. Ferner hatten die Engländer bei ihrem Gegner sehr laute Diesel-Kompressorgeräusche festgestellt.[159] Vermutlich verursachte der von U-864 defekt gemeldete Diesel die von den Briten wahrgenommenen Geräusche, die wesentlich dazu beigetragen hatten, daß die Engländer U-864 bereits auf eine relativ große Entfernung ausmachen konnten.

Um 12.15 Uhr, zweieinhalb Stunden nachdem das britische Boot U-864 geortet hatte, schoß Launders einen Fächer von vier Torpedos auf seinen deutschen Gegner ab. Zwei Minuten später wurde an Bord der VENTURER eine Explosion und später Berstgeräusche wahrgenommen. Eine halbe Stunde später lief das britische Boot zu der Position zurück, an der die Explosion stattgefunden hatte. Hier stellten die Engländer einen dicken Ölteppich, auf dem ein Stahlzylinder trieb, der etwas größer als ein Torpedo war, fest. Dieser war an einem Ende mit Flügelmuttern verschlossen, am anderen verschweißt.[160]

Den Japanern, die auf U-864 warteten, sollte von der deutschen Seite lediglich mitgeteilt werden: »Es ist zu vermuten, daß das Boot versenkt wurde.«[161]

Wie gelangten die geheimen Unterlagen von U-260 in die Hände der irischen Armee?

U-260 war ein VIIc-Boot, das am 14. März 1942 in Dienst gestellt worden war und als erstem Kommandanten von Kptlt. Purkhold übernommen wurde. Am 5. April 1944 übernahm Oblt. Klaus Becker das Boot. U-260 gelang es am 3. September 1944, als letztes Boot La Pallice zu verlassen und mit einem Behelfsschnorchel in Richtung Bergen zu laufen, das am 17. Oktober erreicht wurde. Es war dieses eine Fahrt mit vielen Pannen einschließlich von Oxygenvergiftungen.[162]

Da wegen Überlastung der entsprechenden Anlagen die notwendigen Reparaturen in Bergen nicht zeitgerecht durchgeführt werden konnten, erhielt Becker den Befehl, nach Flensburg weiterzulaufen, das am 25. Oktober erreicht wurde. Da bestimmte wesentliche Arbeiten dort aufgrund fehlender Facharbeiter nicht erledigt werden konnten, mußte U-260 nach Kiel gehen.

Nach Beendigung der zahlreichen Reparaturen verließ das Boot am 9. Februar Kiel und erreichte Horten vier Tage später. Das Boot führte hier noch einige Tieftauchversuche durch, verließ Horten am 18. Februar, wurde in Kristiansand-Süd noch einmal betankt und lief dann in Richtung Irische See, dem vorgesehenen Operationsgebiet.[163]

Die Fahrt dorthin erfolgte mit Hilfe des Schnorchels weitgehend unter Wasser. Am 12. März gegen 22.30 Uhr erschütterte eine starke Explosion das Boot[164] mit der Folge eines Wassereinbruchs im Vorschiff.[165] Im Bugraum waren durch den Druck der Explosion auch einzöllige Stiftschrauben aus einem Torpedorohr herausgedrückt worden. Durch diese Bohrungen spritzte jetzt eindringendes Wasser auf die dort zum Teil schlafenden Männer der Freiwache. Es gelang zwar, diese Bohrungen mit dafür vorgesehenen Pfropfen schnell zu verschließen; trotzdem mußte aber die Räumung des Vorschiffes befohlen werden. In der Zentrale sprühte als Folge der Explosion das Wasser aus defekten Wasserstands-Anzeigern und Ventilen.[166] Das Boot wurde nunmehr sehr schnell vorderlastig und sackte auf Grund. Da Becker nach Erreichen der Küste der irischen Republik offenbar ausschließlich innerhalb der Drei-Meilen-Zone dieses neutralen Staates gelaufen war, hatte das Boot lediglich 80 Meter[167] unter dem Kiel.[168] Der Kommandant befahl daraufhin der Besatzung, die Schwimmwesten und Tauchretter anzulegen. Danach unternahm Becker den Versuch, durch Anblasen der noch intakten Hecktauchzellen das Boot an die Wasseroberfläche zu bekommen. U-260 löste sich bei starker Heckschräglage vom Grund. Oberleutnant Becker und sein 1. WO konnten nach dem Auftauchen von der noch intakten Brücke feststellen, daß der Minentreffer das ganze durchspülbare Vorschiff abgerissen und zur Seite geklappt hatte.

Beide Offiziere vernahmen außerdem einen starken Pulvergeruch. Die See war ruhig. Das Boot konnte aber nicht an der Oberfläche gehalten werden, sondern ging plötzlich auf Tiefe, nachdem es Becker und Dreschel gerade noch gelungen war, das Turmluk zu schließen. Da die vorderen Tauchzellen mit den entsprechenden Preßluftbehältern ausgefallen waren, bestanden für die Besatzung nur noch zwei Möglichkeiten: mit Hilfe der Tauchretter das Boot zu verlassen oder einem Vorschlag des LI Oberleutnant Nagels zu folgen. Dieser sah folgendes vor: Auftauchversuch mit Restluft achtern und in etwa zehn Meter Tiefe die Diesel mit Hilfe der Raumluft anzuwerfen. Dadurch entstand ein starker Unterdruck. Zugleich mußte die Abgasluft mit ständigem Abblasen in die hinteren Tauchzellen geleitet werden, um das Boot an der Oberfläche zu halten. Die Besatzung versammelte sich mit angelegten Schwimmwesten und Tauchrettern in der Zentrale, in der das Licht noch brannte. Das Boot gelangte auf die beschriebene Weise an die Wasseroberfläche. Der Kommandant und sein 1. WO konnten das Turmluk öffnen und feststellen, daß die Dieselabgase aus den hinteren Tauchzellen mit voller Kraft austraten. Das Boot konnte so in Schräglage an der Oberfläche gehalten werden. Becker hatte, vermutlich unmittelbar nach dem Minentreffer, in einem Funkspruch nach Deutschland seine Situation dargestellt: »U-260 (Becker) meldet 18.50 Uhr aus AM 8883 Minentreffer auf 80 m, tauchunklar, steuere Küste an.«[169] Der Kommandant erhielt daraufhin folgende Anweisung: »... falls Tauchfähigkeit nicht wiederherzustellen, Boot ungesehen zu versenken bzw., falls wieder beschränkt tauchklar, nach St. Nazaire zu gehen«.[170] Aufgrund der schweren Beschädigungen war es Becker nicht möglich, nach Frankreich zu laufen. Er mußte sein Boot versenken und sich in Irland internieren lassen. Nachdem der Kommandant, wahrscheinlich in Absprache mit dem LI und dem 1.WO diese Entscheidung getroffen hatte, wurde U-260 in Richtung Küste gesteuert.

Um 22.30 Uhr setzte Becker seinen letzten Funkspruch ab und teilte mit: »... 22.30 Uhr Meldung, das Boot nach Vernichtung der Geheimsachen ungesehen versenkt. Besatzung geht nach Irland.«[171]

»...Vorher wurden alle Geheimsachen, schriftliche Befehle auf wasserlöslichem Papier, eingebunden in bleibeschwerten Buchdeckeln, Schlüsselmaschine usw. zur Vernichtung vorbereitet und über Bord geworfen.«[172] »... Nachdem die Besatzung vollständig von Bord gegangen war, konnten einige Soldaten die durch die Zerstörung der Druckzylinder herausgeworfenen, schon aufgeblasenen Schlauchboote sofort besteigen und ans Ufer paddeln. Dann wurde das Boot vom Kommandanten, 1. WO und LI in tiefere Gewässer gesteuert und durch Öffnen der Bodenventile zum Sinken gebracht. Alle drei Offiziere konnten während des Sinkens das Boot durch Kopfsprung verlassen. Einzeln treibende Besatzungsmitglieder, so auch ich, banden sich zu zweit zusammen und wurden dann am 13.3.1945, dem St. Patricks Day, nach neunstündigem Treiben von einem Fischkutter aufgenommen. Die ›Glücklichen‹ mit dem Schlauchboot konnten offensichtlich mit eigener Kraft und trockenen Fußes das Ufer erreichen. Uns wäre das trotz ruhiger See wegen der doch sehr starken Brandung an der felsigen Küste kaum gelungen. Wir aufgefischten Leute wurden von den Fischern an Oberdeck gelegt, betreut und den schon am Pier wartenden Soldaten mit Lastwagen übergeben. Diese brachten die Überlebenden in das Militärhospital in Cork, wo sie unterschiedlich lange betreut und versorgt wurden.«[173]

Der Zensor verbot am 13. März 1945 die Veröffentlichung eines Berichtes über ein gesunkenes deutsches U-Boot und die Anlandung seiner Besatzung vor der Küste von Cork.[174]

Die Bergung der Besatzung von U-260 hat sich offenbar wie folgt zugetragen[175]: Am Dienstag, dem 13. März 1945 um 3.05 Uhr nahm die Küstenwache in Galley Head in neun Meilen Entfernung Richtung Südwest eine rote Leuchtkugel wahr. Um 4.16 Uhr wurden von derselben Wache in derselben Himmelsrichtung dieses Mal in einer Entfernung von drei Meilen mehrere rote Leuchtkugeln beobachtet. Da die Küstenwache jetzt vermutete, daß es sich um Notsignale handeln könnte, benachrichtigte sie das in Courtmacsherry liegende Seenotboot, das daraufhin sofort zum Einsatz fertiggemacht wurde. Um 5.16 Uhr erreichten einige deutsche Seeleute die Küste bei Galley Head und wurden dort sofort versorgt. Die Deutschen gaben an, daß sich noch weitere 39 Kameraden in Booten und auf Flößen auf dem Meer befinden würden.

Daraufhin informierte die Küstenwache sofort sämtliche zuständigen Dienststellen über diesen Sachverhalt und bereitete alles für die Aufnahme der Schiffbrüchigen vor. Von einem Marinestützpunkt wurde nach Erhalt dieser Meldung das sofortige Auslaufen eines Motor-Torpedobootes mit dem Befehl veranlaßt, die deutschen Soldaten zu bergen.

Das zwischenzeitlich aus Courtmacsherry ausgelaufene Seenotrettungsboot hatte in der Zeit zwischen 8.30 bis 9.00 Uhr insgesamt 37 Besatzungsmitglieder von U-260 vier Meilen südlich des Eingangs des Hafens von Glandore aufgenommen. Diese deutschen Soldaten erreichten gegen 11.00 Uhr Courtmacsherry. Das Kriegsschiff lief fast zeitgleich mit dem Rettungsboot in den Hafen ein. Das MTB hatte mehrere Dingis, ein Rettungsfloß, zwei Tauchretter und einige persönliche Gegenstände der Besatzung eingesammelt. Die gesamte Besatzung wurde in die Collins-Kaserne nach Cork gebracht und dort mit trockener Bekleidung ausgestattet. Zwei Besatzungsmitglieder mußten wegen Unterkühlung ins Krankenhaus gebracht werden. Weitere Angaben von an der Rettung der Besatzung von U-260 beteiligter Iren vervollständigen den Gesamtablauf der Bergung der deutschen Soldaten.

Der Freiwillige John O'Donovan war offenbar derjenige, der ein Schlauchboot von U-260 entdeckte und dieses mit seiner Lampe zu einer Landungsstelle leitete.[176] Ihm wurde von Lt. Kuntze gesagt: »I am a Jerry from an U-Boat.« Ein anderer Deutscher sagte etwas von »Mine« oder »Minen«. Weitere Angaben wurden gegenüber Donovan nicht gemacht.

Corporal O'Sullivan teilte mit, daß er mit Lt. Kuntze unmittelbar nach dessen Landung ein Gespräch gehabt habe. In diesem habe Kuntze mitgeteilt, daß ihr Boot in der Nacht des 12. März gegen 24.00 Uhr Fastnet passiert habe und sie sich zu diesem Zeitpunkt noch nicht in Dingis befunden hätten. Ihre Position vor der Küste Südirlands war ihnen bekannt. Er gab ferner an, daß sie alle zu einer U-Boot-Besatzung gehörten, aber Kuntze betonte nachdrücklich, daß ihr Boot nicht durch eine direkte Feindeinwirkung verlorengegangen sei. Ein Besatzungsmitglied sprach mehrfach von Minen, was auch den Angaben von Kuntze entsprechen würde. Kuntze machte noch folgende Bemerkung: Sonntag schlechter Tag, Montag schlechter Tag, heute Dienstag guter Tag. Die Iren gewannen den Eindruck, als wenn das Schiff ohne jede große Eile aufgegeben wurde. Viele Besatzungsmitglieder hatten persönliche Dinge bei sich wie Nagelfeilen, Kämme und Zahnbürsten. Alle waren sehr gut mit Zigaretten ausgestattet. Offenbar wurde der gesamte umfangreiche Zigarettenvorrat des Bootes vor dem Verlassen des Schiffes an die Besatzung verteilt.

Am 15. März 1945 teilte Major I. P. O. Connel, G-2-Stab des Hauptquartiers der irischen Streitkräfte Südirland der G-2-Abt. des irischen Verteidigungsministeriums, folgendes mit[177]: »Zwei Fischer haben verschiedene Gegenstände aus dem Meer geholt. Darunter befand sich auch ein Metallbehälter, der sofort von Leutnant Gageby zum Hauptquartier der irischen Streitkräfte gebracht wurde.«[178] Dieser Behälter wurde von Herrn Scully, Union Hall Co., Cork, gefunden.

In einem Gespräch mit Hauptmann Galvin vom G-2-Stab berichtete Mr. Scully, daß er den Metallbehälter am 13. März 1945 gegen 17.00 Uhr im Wasser treibend ungefähr eine Meile südlich von Rabbit Island, das ist etwa eine Meile südwestlich der Einfahrt des Hafens von Glandore, gefunden habe. Er holte den Behälter an Bord, um ihn zunächst auf seinen Inhalt zu überprüfen. Nachdem er ihn geöffnet hatte, war er zunächst versucht, ihn wieder über Bord zu werfen. Dann überlegte er sich aber, daß der Inhalt vielleicht für die Militärbehörden von Interesse sein könnte. Er entschloß sich daher, den Behälter an Land zu bringen. Unmittelbar nach seiner Rückkehr schickte er seinen Sohn mit einer entsprechenden Nachricht zur Polizeikaserne nach Cork. Der Fischer meinte zu seinem Fund, daß der Behälter nicht länger als acht bis zwölf Stunden im Wasser getrieben sein könnte. Wegen seines Gewichtes und der ruhigen See wäre er auch nicht über eine größere Strecke bewegt worden. Scully fand außerdem drei Dingis, die er ebenfalls abgab.

Worin bestand der Inhalt dieses Metallbehälters? Handelte es sich dabei tatsächlich um die geheimen Unterlagen von U-260? Leutnant Douglas Gageby wurde nach Südirland geschickt, um die angetriebenen Unterlagen sicherzustellen. Es handelte sich tatsächlich um die deutschen Kriegsmarinecodes und die weiteren geheimen Unterlagen von U-260. Diese wurden sofort an die Amerikaner (OSS) weitergegeben.[179] Es ist zu vermuten, daß die US-Militärs diese Dokumente auch ihrem britischen Verbündeten überließen.[180]

Es ist unstrittig, daß Geheimunterlagen von U-260 mit Ausnahme des KTBs des Bootes nicht vernichtet worden sind. Insbesondere Schlüsselunterlagen fielen so in die Hand des Gegners.[181] Weshalb die Dokumente nicht vernichtet wurden, obgleich hierfür ausreichend Zeit zur Verfügung stand, da die Besatzung in aller Ruhe und geordnet ihr Schiff verlassen konnte, bleibt unverständlich.[182] Die Frage, ob dadurch, daß nun diese geheimen Unterlagen vom Gegner verwendet werden konnten, zusätzliche Gefahren für die im Einsatz befindlichen deutschen U-Boot-Männer entstanden, muß bejaht werden. Die folgenden beiden Befehle aus der geheimen Kommandantenmappe von U-260 waren dem Gegner sicherlich unbekannt, weil sie erst im Januar 1945 erteilt wurden.

Der »laufende Befehl Nr. 25 – Januar 1945« enthält Anweisungen für die U-Boot-Kommandanten, wie sie sich in minengefährdeten Gebieten um England zu verhalten hatten. Die Kenntnis dieses Befehls gab dem Gegner die Möglichkeit, in den hier aufgezeigten U-Boot-Wegen entsprechende Gegenmaßnahmen zu ergreifen. Dies bedeutete daher eine zusätzliche Gefährdung aller hier eingesetzten U-Boote.[183]

Der »laufende Befehl Nr. 32 – Januar 1945« gab dem Gegner Kenntnis von den Kurzsignalen, die von den deutschen U-Booten bei Angriffen seiner Streitkräfte abgegeben werden sollten. Hierunter befanden sich auch vier Signale, die den Umfang der bei diesen Angriffen erlittenen Beschädigungen angaben:
UIVJ/Bin leicht beschädigt
UITH/Bin beschränkt tauchklar
UIUI/Bin tauchunklar
UIWK/Bin tauchunklar und manövrierunfähig

Diese Kenntnis vom Erfolg seiner Angriffe war für den Angreifer geradezu eine Aufforderung, diese bis zur völligen Vernichtung des Bootes fortzusetzen.[184] Aus diesem Grund stellte die Kenntnis, die der Gegner durch den Einblick in dieses Dokument erhielt, eine weitere schwere Gefährdung der im Einsatz befindlichen beschädigten deutschen U-Boote dar. Auch die Ermahnungs- bzw. Erfahrungs-Funksprüche des BdU, die sich unter den Geheimsachen von U-260 befanden, waren für den Gegner von großem Nutzen.[185] Er gewann hier die Möglichkeit, seine von den Deutschen in bestimmten Gebieten erkannten Abwehrmaßnahmen umgehend zu verändern. Da den deutschen U-Boot-Kommandanten diese Änderung aber nicht unmittelbar mitgeteilt werden konnte, fuhren sie mit ihren Booten in eine völlig veränderte Abwehrsituation hinein. Hierdurch entstanden wahrscheinlich zusätzliche Gefahren für ihre Boote.

»... Feind nicht darauf eingestellt, daß Boote bevorzugt auf flachem Wasser operieren, daher ist man unter der Küste am sichersten ...«[186] Die Kenntnis dieses Befehls mußte den Gegner veranlassen, in den von U-Booten vielleicht häufig befahrenen Küstenabschnitten Grundminen zu legen. U-260 war bereits auf eine solche Mine gelaufen.

Cotentinküste: »Landortungsgeräte laufend beim Schnorcheln zu hören. Nicht stören lassen. Horchverhältnisse sehr wechselnd.«[187] Durch die Kenntnis dieser Angaben konnte der Gegner veranlaßt werden, seine U-Boot-Abwehr in diesem Küstenabschnitt wirksamer zu organisieren.[188] »Minenwarngebiete und Minenwege wechselnd: Thomsen meldete außerdem unmittelbar unter Irlandküste bis 10 Grad – navigatorisch jedoch schwierig ... Weg über die Irische See nach Süden geht über AM 64269 – 64695 – 68127 – 92277 – 95192 – 97349 und mündet in einem Einsatzweg über – 97386 mit Ansteuerungstonne – schwarze Tonne mit Kreuztoppzeichen – 98188 Milford. Von Milford ausgehend über Nord Weg mit Ansteuerungstonne AM 98188 über 97359 – 95271 – 92287 – 68138 – 65484 und 64266. Von Ansteuerungstonne vor Milford geht weiter 1sm-Weg über 98173 und 98114 zum Weg nach Norden.

Nach U-Boot-Erfolgen wurde Weg in mittlere Irische See vorläufig verlegt, und zwar Südroute ab 68127 über 68771 – 94335 und 94961, dann wieder auf alten Weg, Nordroute vorläufig in 8 sm Abstand ostwärts davon. Wege im Warngebiet südlich Irland schließen unmittelbar an diese Wege an.

Im Bristolkanal führen von Tonne in AM 98969 Wege von 1 sm Breite in 31 Grad nach Burost, in 83 Grad nach Swansea-Bucht, in 180 Grad nach Weg im Warngebiet und über 98463 nach Ansteuerungstonne Milford.

Ansteuerung Liverpool für einlaufenden Verkehr über 0,5 sm Weg 93144 und 93246, auslaufend über 93259 und 93111. Gilt alter Weg, läuft Verkehr unmittelbar in diesen über. Als Ansteuerungspunkte für Nordgehende gelten 68782, für Südgehende 68771.

Ansteuerung von Clyde von Hauptroute über 4sm-Weg mit Tonne in 65417, Clyde-Feuerschiff in AM 65113 und Tonne in 65163. Weg führt durch ein etwa 4 sm breites Minenwarngebiet zwischen den Punkten von 64365 nach 65463 ...«[189]

Auch diese Unterlage fiel in die Hand des Gegners. Der BdU mußte nach dem F.T. von Becker vom 12. März 1945, 22.30 Uhr davon ausgehen, daß die Geheimunterlagen von U-260 ordnungsgemäß vernichtet worden waren. Er konnte nicht wissen, daß dies nicht geschehen war und sich die Dokumente in den Händen der Gegner befanden. Aus diesem Grund konnten auch den U-Boot-Kommandanten keine entsprechenden Warnhinweise gegeben werden. Es liegt daher die Vermutung nahe, daß in der Zeit darauf Verluste von und Beschädigungen an deutschen Booten die Folgen von Erkenntnissen waren, die der Gegner aus diesen erbeuteten Geheimunterlagen gewonnen hatte.

Zwei weitere wichtige Unterlagen befanden sich unter den Geheimdokumenten von U-260: der Erfahrungsfunkspruch Nr. 171[190] und »Ein Wort an alle U-Boot-Kommandanten«.[191] In beiden Dokumenten wurde an den Angriffsgeist appelliert. Gleichzeitig kündigten aber Dönitz und v. Friedeburg denjenigen, die versagten, Konsequenzen an.[192]Anlaß für diese beiden Appelle war offenbar das Verhalten einiger

U-Boot-Kommandanten, gegen die bereits kriegsgerichtliche Untersuchungen eingeleitet worden waren. Ihnen wurde vorgeworfen: 1. einen vorgegebenen Angriffsraum nicht angesteuert zu haben; 2. die Unterlassung eines Angriffs auf einen festgestellten Geleitzug. Es verwundert, daß sich Dönitz und v. Friedeburg in dieser Form an alle U-Boot-Kommandanten wandten, obgleich offenbar nur gegen zwei von ihnen entsprechende Vorwürfe erhoben werden konnten. War die Kampfmoral bei dieser Waffe inzwischen so schlecht geworden, daß es solcher Appelle an alle, einschließlich der Androhung kriegsgerichtlicher Konsequenzen, bedurfte, wenn einzelne versagten? Nach allen vorliegenden, auch alliierten, Dokumenten und Berichten war die Kampfmoral bei der deutschen U-Boot-Waffe bis zur deutschen Kapitulation voll intakt. Insofern sind diese beiden Unterlagen nicht verständlich. Welchen Zweck sollten sie erfüllen? Auf den hart kämpfenden Frontbooten konnten sie bei den Angesprochenen nur ein Kopfschütteln zur Folge haben. Durch die Androhung kriegsgerichtlicher Konsequenzen, die ohnehin jedem Soldaten bekannt waren, wurde keine größere Einsatzbereitschaft, sondern eher Enttäuschung darüber erzielt, daß der eigene äußerst harte Einsatz nicht die verdiente Anerkennung erfuhr. Das aber dürfte auch den beiden Verfassern bekannt gewesen sein. Insofern bleibt es rätselhaft, weshalb diese Dokumente überhaupt verfaßt worden sind.

Bezieht man sie aber auf die Haltung der Besatzung von U-260, so kann folgendes festgestellt werden[193]: Ein irischer Vernehmer führte am 13./14.3.1945 Gespräche mit den deutschen U-Boot-Männern. Die Soldaten befanden sich zu diesem Zeitpunkt in einer Kaserne in Cork. Aber auch die Obergefreiten Janorschke, der unter einer Unterkühlung litt, und Dörr, bei dem ein Ohr entzündet war, wurden im Lazarett durch den Vernehmer befragt. Der LI Oberleutnant Nagel und der 2. WO, Leutnant Kuntze, wurden als erste angesprochen. Erkundigungen nach den Ursachen ihres »Unfalls« wichen beide Offiziere offensichtlich aus. Fragen nach den Lebensumständen im zerstörten Deutschland wurden dahingehend beantwortet, daß die Lebensmittelversorgung gut sei. Die Moral insbesondere der Jugend könnte als hervorragend bezeichnet werden. Zum Beweis dessen berichteten sie über einen vierzehnjährigen Hitlerjungen, der mit seinen Panzerfäusten innerhalb kurzer Zeit neun russische Panzer abgeschossen hatte. Rußland war ein besonderer Punkt, der angesprochen wurde. Hierdurch wurde Kuntze besonders berührt, weil seine oberschlesische Heimat bereits überrollt worden war. Beide gaben an, daß sich Rußland nie wieder erholt hätte, wenn die USA nicht solche großen Mengen Kriegsmaterials an die UdSSR geliefert hätten. Frankreich wurde von beiden mit »spitzen Lippen« abgetan: »Eine moralisch dekadente Rasse, hinterhältig und zänkisch.«[194] Beide Offiziere hatten auch in französischen U-Boot-Basen gelegen. Von allen europäischen Ländern, mit denen Deutschland zusammengearbeitet hatte, genossen die Finnen das größte Ansehen, obgleich sie gezwungen waren, aus dem Krieg auszuscheiden.

Beide Männer sprachen ein wenig Englisch. Es verstieß aber offenbar gegen ihre Grundsätze, sich in dieser Sprache zu unterhalten. Der Vernehmer gewann den Eindruck, daß es den deutschen Soldaten untersagt war, sich der Sprache ihrer Gegner in der Gefangenschaft zu bedienen.

»Obgleich ich Nagel als Parteimann einschätze, der die vorgeschriebene, politische Linie ohne Wenn und Aber vertritt, hat Kuntze eine geringere Affinität zu diesen Dingen. Beide glauben aber ernsthaft, daß die gegenwärtige Regierung die bestmöglichste für Deutschland ist.«[195]

Am folgenden Morgen suchte der irische Vernehmer den Obgfr. Janorschke im Lazarett auf. Dieser war – wie alle anderen U-Boot-Männer – sehr dankbar für die freundliche Aufnahme in Irland. Über allgemeine Dinge sprach er sehr frei. Er weigerte sich aber, über den Auftrag des Bootes und die Ursachen seines Untergangs zu sprechen. Weiter gab Janorschke an, daß Deutschland die angreifenden Armeen zurückschlagen werde. Hinsichtlich des Kriegsausgangs war er auch wegen der vielen in den deutschen Basen liegenden U-Boote, die er dort gesehen hatte, sehr zuversichtlich. Er war damals zweiundzwanzig Jahre alt und hatte bereits vier Jahre, darunter auch in den Tropen und im Mittelmeer, gedient.

»Der Obgfr. Dörr ist ein einfach strukturierter Mann, der dachte, in Nordirland gelandet zu sein. Auch er ist zweiundzwanzig Jahre alt und bereits seit vier Jahren Soldat.«

Das abschließende Urteil des Vernehmers über die Besatzung von U-260 lautete: »Alle Soldaten stehen hundertprozentig hinter ihrer Regierung. Mein Eindruck ist der, daß es sich um ausgesuchte Soldaten der Wehrmacht handelt.«[196]

Ein weiteres mit der Beschädigung und der darauffolgenden Selbstversenkung von U-260 im Zusammenhang stehendes Problem wurde bei den Vernehmungen in Irland offensichtlich gar nicht erörtert: die durch den Kurs von U-260 verletzte irische Neutralität.[197] Mit Hilfe des KTBs des Bootes hätten die Iren diese ohne Schwierigkeiten nachweisen können. Oberleutnant Becker war relativ dicht unter der irischen Küste in den Hoheitsgewässern der irischen Republik gelaufen.[198] Auch die anderen Offiziere waren sich dieser Problematik bewußt. So beantwortete der 2. WO unmittelbar nach seiner Landung die Frage von Corporal O'Sullivan, wo sie denn das Boot aufgegeben hätten, mit »30–40 Meilen vor der Küste«, eine Angabe, die ihm der Ire nicht glaubte.[199] Ähnliche Fragen nach dem Grund der Selbstversenkung des Bootes wurden auch von anderen Besatzungsmitgliedern nur ausweichend oder dem vagen Hinweis »Minen« beantwortet. Diese konnten aber auch außerhalb der irischen Territorialgewässer liegen. Indirekte Beweismittel für die Verletzung der irischen Neutralität befanden sich allerdings unter den Geheimunterlagen des Bootes.[200]

Auch die Briten verletzten die irische Neutralität durch die Verlegung von Minen in den Hoheitsgewässern dieses Landes. Den Engländern war wahrscheinlich bekannt, daß sich die deutschen U-Boote im Schutz der irischen Territorialgewässer zu den ihnen befohlenen Einsatzgebieten schlichen. Nachdem die Boote schnorcheln konnten, waren sie noch schwerer zu orten. Als Gegenmaßnahme legten die Briten daher in bestimmten Teilen der irischen Hoheitsgewässer Grundminen. Hierdurch sollte der deutsche Gegner gezwungen werden, außerhalb der neutralen Gewässer zu operieren, um dadurch für die alliierten Seestreitkräfte leichter erfaßbar zu sein. Diesem Ziel scheinen die Briten, nachdem U-260 auf eine dieser Grundminen gelaufen war, näher gekommen zu sein. Sofort nach Erhalt der Schadensmeldung von U-260 befahl der BdU: »Boot meldet Minentreffer in AM 8883 auf Tiefe A. Bestätigung von V-Mannsmeldung über Minenverdacht südostwärts (unleserlich). Verhalten im Gebiet südlich Irland ab sofort: Gebiet innerhalb AM 8849, 8839, BF 1315, 1249 meiden. Falls Boot hineingerät, flacher als 20 Meter marschieren. Auf Marsch nach Irischer See: Entweder ganz dicht (soweit navigatorisch möglich) unter der Küste nachts aufgetaucht bzw. flacher als 20 Meter marschieren. Oder südlich des unter Ziffer 1 genannten Gebietes ausholend. Das Minenwarngebiet gemäß ständigem Kriegsbefehl 481 bzw. neuem Befehl (St.-Georgs-Kanal) wie bisher befohlen. Auf Nordweg bzw. ebenfalls ganz dicht unter der Küste passieren.«[201]

Für die durch ihre Minen bei irischen und neutralen Schiffen entstehenden Schäden war die britische Regierung schadenersatzpflichtig. Voraussetzung dafür war allerdings der durch den Geschädigten, wenn er überlebte, schwer zu erbringende Nachweis, daß sein Schaden durch eine britische Mine verursacht worden war. Ein kleines neutrales Land, wie es die irische Republik war, hatte aber keine Möglichkeit, sich wirksam gegen die Verletzung seiner Neutralität durch die kriegführenden Großmächte zu wehren.

Welche Zielsetzung hatte die Operation Nordwind?

U-278 und U-711 sollen in den nächsten Tagen zum Absetzen von Frontaufklärungstrupps im Polarbereich (Raum Kirkenes und Hammerfest) auslaufen und sich anschließend zur PQ-Bekämpfung (Geleitzugbekämpfung, d. Verf.) bereithalten.«[202]

Da U-668 für diese Operation als Aufklärer eingesetzt werden sollte, erhielt das Boot den Befehl, sich aus seinem jetzigen Einsatzgebiet Petsamo/Kirkenes abzusetzen und aus dem für U-278 und U-711 vorgesehenen Operationsgebiet die Lage zu melden. »... Boot soll sich wegen der geplanten Sonderunternehmung im Kirkenesbereich besonders unbemerkt verhalten, bis auf ganz sichere Schüsse ...«[203] Bis zum 10. April hatte U-668 jedoch den Befehl sich abzusetzen noch nicht bestätigt.[204] Das Boot meldete sich dann allerdings mit folgender Meldung bereits einen Tag später aus dem für das Unternehmen »Nordwind« vorgesehenen Operationsgebiet: »...Verkehr nur dicht unterhalb Land am Tage. Außer Tagluft keine Küstenüberwachung ...«[205] U-668 wurde nach Erfüllung dieses Aufklärungsauftrags befohlen, auf dem Rückmarsch die Wetterstation von der Bäreninsel abzuholen.[206]

U-278, ein VIIc-Boot, erhielt am 11. April den Befehl zum Auslaufen aus Narvik, um den Sonderauftrag durchzuführen. Dieses Boot war zunächst dafür vorgesehen, Kleinst-U-Boote vom Typ »Seehund«, von denen je zwei an Oberdeck festgezurrt wurden, von Narvik nach Murmansk zu einem dort beabsichtigten Einsatz zu bringen.[207] Entsprechende Manöver waren bereits in einem Seitenfjord bei Narvik gefahren worden. Aufgrund der schlechten Wetterlage waren aber bereits drei andere Boote von einem ähnlichen Einsatz zurückgekommen, ohne ihre Aufgabe erfüllen zu können. Aus diesem Grund wurde U-278 zum Absetzen eines Frontaufklärungskommandos eingeteilt.[208] Das Kommando bestand aus zwei jungen Norwegern.

Mit diesen Soldaten wurde mehrere Tage mit zwei großen Schlauchbooten das Ausbooten und Anlanden geübt. Vor der Ausfahrt von U-278 wurde das gesamte, sehr umfangreiche Gepäck der beiden Norweger, das aus Waffen, Skiern, Schlitten, Funkgeräten und Verpflegung bestand, in zwei Druckbehältern an Oberdeck untergebracht.

Die beiden Norweger, von denen wohl einer gut mit dem Messer, der andere mit der Pistole umgehen konnte, waren etwa fünfundzwanzig Jahre alt und sprachen gut Russisch.[209] Beide wurden an Bord im Unteroffiziersraum untergebracht.[210] Das Boot lief nach Erreichen der Varangerhalbinsel in Sehrohrtiefe in den Tanafjord ein. Hier sollten die beiden Norweger abgesetzt werden. Die Wetterlage war sehr gut. Der Kommandant, Kapitänleutnant Franze, saß am Sehrohr. Neben ihm, mit Karte und Besteck, der Obersteuermann Wibrow, der nach den angegebenen Peilungen des Kommandanten die Kurse ermittelte und diese an den Rudergänger weitergab. Da das Boot in einen sehr schmalen Teil des Fjordes einlief, mußte sehr vorsichtig navigiert werden. Franze erkannte auf einem Pier vor einem Holzhaus, an dem das Boot vorbeiglitt, mehrere sowjetische Soldaten. Dann wurde eine kleine Insel umfahren. Da hier ein Ausbooten unmöglich erschien, entschloß sich der Kommandant, bis ins Innerste des immer enger werdenden Fjordes hineinzulaufen. Hier wurde das Boot auf Grund gelegt. Am 20. April gegen Mitternacht tauchte U-278 auf. Das Wetter war mit hellem Mondschein sehr günstig. Die beiden Norweger wurden verabschiedet und ausgebootet. Franze legte sein Boot wieder auf Grund. Am darauffolgenden Tag wurde U-278 in Sehrohrtiefe aus dem Fjord hinausgesteuert. Zu den Agenten, deren Auftrag unbekannt blieb, bestand nach deren Anlandung vom Boot aus kein Funkkontakt mehr.[211] U-278 lief nach Erfüllung seiner Sonderaufgabe nach Narvik zurück.

U-711, ein VIIc-Boot, lief am 15. April 1945 von Harstadt in Richtung Murmanskküste mit dem Befehl aus, einen Frontaufklärungstrupp im Varangerfjord bei

Vadsö abzusetzen.[212] Dieser Trupp, den der Kommandant des Bootes, Kapitänleutnant Lange, in Harstadt an Bord genommen hatte, bestand aus vier norwegischen Soldaten der SS-Division »Nordland« und zwei Finnen. Alle Männer sprachen Russisch und waren, als sie an Bord kamen, in Zivil gekleidet. Die Ausrüstung der Soldaten war »sehr raffiniert«.[213] Sie trugen ihre Pistolen in Achselhalftern, in denen die Waffen so angeordnet waren, daß, wenn sie auf das Kommando eines Gegners »Hände hoch« diese hoben, die Waffen auf den Gegner schossen und ihn töteten. Ferner trugen sie Spezialgürtel für Sprengmaterial. Die Soldaten waren mit allen Sabotagemitteln sehr gut ausgerüstet. Sie führten aber auch weiteres, umfangreiches Ausrüstungsgepäck wie Skier, Schlitten, Waffen, Verpflegung und Funkgeräte mit sich.[214] Lange setzte sie am 18. April 1945 mit zwei großen Schlauchbooten bei Vadsö in der Nähe einer Felsenhöhle ab.[215] Nachdem Lange am 19. April die Erledigung der Sonderaufgabe gemeldet hatte, wurde U-711 gegen gegnerische Schiffe eingesetzt.

Die Fragen: Es verwundert, daß zu diesem sehr späten Zeitpunkt, unmittelbar vor dem Ende des Krieges, noch zwei wertvolle U-Boote eingesetzt wurden, um Frontaufklärungstrupps in Nordnorwegen abzusetzen. Bei diesem Unternehmen wurde die eine Gruppe im nördlichen, die andere im südlichen Teil der Varangerhalbinsel angelandet. Ein Zusammenwirken beider Gruppen kann daher nicht ausgeschlossen werden. Die Menge der von den Soldaten mitgeführten Ausrüstung konnte, wenn überhaupt, nur schwer von ihnen allein transportiert werden. Es kann daher vermutet werden, daß die abgesetzten Soldaten von Helfern erwartet wurden. Daher ist es kaum glaubhaft, daß die Soldaten lediglich in diesem für die deutsche Kriegführung unwichtig gewordenen Gebiet Eisenbahnschienen und Telegrafenmasten sprengen sollten. Für die Erledigung einer solchen Nebenaufgabe wären zu diesem späten Zeitpunkt keine zwei U-Boote und offenbar sehr gut ausgerüstete und auch hervorragend ausgebildete Frontaufklärungstrupps eingesetzt worden. Worin bestand aber ihr tatsächlicher Auftrag, der ihren Einsatz in diesem Gebiet so kurz vor dem Ende des Krieges wichtig und sinnvoll machte?

Die rätselhafte letzte Fahrt von U-183

U-183 war ein IXc-40-Boot und wurde am 1. April 1942 in Dienst gestellt. Zum ersten Kommandanten wurde Kptlt. Heinrich Schäfer ernannt. Nach Einsätzen im Nordmeer, vor den Küsten der USA und in der Karibik wurde das Boot für Einsätze im Fernen Osten vorgesehen. Am 3. Juli 1943 lief U-183 mit anderen Booten der Monsungruppe zu Operationen im Indischen Ozean aus und erreichte am 30. Oktober 1943 Penang. Schäfer, der zwischenzeitlich zum Korvettenkapitän befördert worden war, erkrankte in Singapore[216] und übergab daher bereits im November das Kommando über U-183 an Kptlt. Fritz Schneewind. Dieser hatte das für die Japaner bestimmte U-511 nach Japan gebracht und danach für kurze Zeit die UIT-23 befehligt.

Die Übergabe von U-511 an die Japaner hatte eine bedeutsame Vorgeschichte: Im April/Mai 1943 fanden eine Reihe von deutsch-japanischen Besprechungen statt. Hierbei wurden von der deutschen Seite zwei Ziele verfolgt: eine aktive Unterstützung der im japanischen Einflußbereich operierenden deutschen U-Boote durch japanische Boote und eine verstärkte Lieferung in Deutschland fehlender, aber dringend benötigter Rohstoffe.[217] Die Japaner forderten als Gegenleistung deutsche Rüstungsgüter, die bei ihnen nicht nachgebaut werden konnten, wie z. B. Sehrohrokulare und einen bestimmten Daimler-Benz-Motor. Den Japanern wurden im Verlauf dieser Gespräche zwei deutsche IX-D-2 Boote angeboten, die aber von japanischen Besatzungen selbst in den Fernen Osten überführt werden sollten. Ursprünglich waren die Japaner an einer deutlich größeren Zahl deutscher U-Boote interessiert, die ihnen aber aufgrund eines erheblich gestiegenen Eigenbedarfs der Kriegsmarine und der durch die alliierten Luftangriffe bedingten Zerstörungen deutscher Fertigungsstätten nicht zur Verfügung gestellt werden konnten. Aus diesen Gründen erhielt der japanische Verbündete nur zwei deutsche Boote, U-1224 – später Ro-501 –, das von einer japanischen Mannschaft in den Fernen Osten gebracht werden sollte, und U-511. Letzteres sollte unter dem Kommando von Kptlt. Schneewind mit einer deutschen Mannschaft nach Japan gebracht werden. Es kann vermutet werden, daß Schneewind dieses Kommando deshalb erhielt, weil er als erfahrener Kommandant galt und überdies in Sumatra aufgewachsen und ihm daher dieser Teil der Welt nicht fremd war. Mit U-511 wurde neben vielem anderen Kriegsmaterial auch der von den Japanern gewünschte Daimler-Benz-Motor nach Japan gebracht. Auf dem Boot schifften sich neben anderen »Badegästen« auch der japanische Admiral Nomura und der Arzt Sudschita ein, die auf diese Weise in ihre Heimat zurückkehrten.[218] U-511 wurde nach seiner Ankunft in Japan als Ro-500 von der japanischen Kriegsmarine übernommen, von ihr als Schulboot verwendet und 1945 von den japanischen Seestreitkräften vor der eigenen Küste versenkt.

Anfang Mai 1943 lief Schneewind von Lorient in Richtung Japan aus. Am 23. Mai wurde sein Boot durch eine »Milchkuh« versorgt. Das Boot wich auf dieser Fahrt allen Geleitzügen aus, versenkte aber am 9. Juli das amerikanische Passagierschiff SAMUEL HEINTZELMANN. Nach einer 69tägigen Fahrt wurde Penang am 15. Juli erreicht.[219] Hier nahm Schneewind vor seiner Weiterfahrt nach Japan fünf weitere japanische Offiziere an Bord.

Auf dem Marsch von Penang nach Japan ereignete sich folgender Zwischenfall: Am 29. Juni sichtete Schneewind um 9.12 Uhr einen japanischen Geleitzug. Es handelt sich hierbei um einen Truppentransport mit den Schiffen ASAMA MARU, AWATA MARU, einem Schiff vom Typ YAWATA MARU, dem Tanker OMUROSAN MARU und einem großen Frachter, dessen Name nicht ermittelt werden konnte. Der Bewacher war das Küstenverteidigungsboot ETOROFU. Der gesamte Verband lief Zickzackkurs. Als sich U-511 dem Geleit auf 3000 Meter genähert hatte, die an Bord des deutschen Booten befindlichen japanischen Offiziere befanden sich alle auf der Brücke, wollte Schneewind das Erkennungssignal (E. S.) schießen lassen. Dabei stellte sich heraus, daß es für das deutsche Boot kein besonderes E. S. gab. Die japanischen Offiziere betonten, da U-511 angemeldet sei, bedürfe es keines besonderen E. S. Der Tanker lief auf das deutsche Boot zu und eröffnete aus seinem Buggeschütz sofort das Feuer auf U-511. Die Einschläge lagen etwa 300 Meter hinter dem Boot. Schneewind ließ daraufhin sofort eine große japanische Flagge ziehen. Der Tanker schoß aber trotzdem noch zweimal und drehte dann ab. Jetzt lief der Bewacher mit äußerster Kraft auf U-511 zu. Die japanischen Offiziere auf der Brücke des deutschen Bootes gaben dem japanischen Schiff mit Signallampen entsprechende Meldungen und winkten außerdem. Trotzdem noch mißtrauisch, schickte der Bewacher ein Boot zur Kontrolle. Ein Offizier des Bewachers teilte nun mit, daß der Geleitzug über die Anwesenheit des deutschen Bootes nicht informiert worden sei. Einer der an Bord von U-511 mitreisenden japanischen Offiziere, Kpt.z.S. Okuda, gab dem Offizier des Bewachers einen Funkspruchtext für das japanische Marineoberkommando mit. Gleichzeitig bat er Schneewind, dem deutschen Marineattaché in Tokio über diesen Vorfall eine Meldung zu machen, damit von deutscher Seite entsprechendes veranlaßt werden könnte. Kpt. Okuda, dem dieser ganze Vorfall sehr peinlich war, entschuldigte sich bei Schneewind für das Versagen der japanischen Marine.[220]

U-511 erreichte am 7. August 1943 Kure. Dort wurde die Besatzung des Bootes bis zum 22. August durch die japanische Marine betreut.[221] »Die Begrüßung und Aufnahme in Kure war zu Beginn zwar freundlich, aber etwas ungeschickt und steif. Erst langsam kam ein freundschaftlicher und ungezwungener Ton auf. Besonders die japanischen Bootsoffiziere setzten sich für uns ein, so daß viele kleine Unannehmlichkeiten und Steifheiten langsam fortfielen. Wie sich später immer wieder herausgestellt hat, hegte der Kommandierende Admiral der Marinestation Kure, Vizeadmiral Nagumo, durchaus keine kühlen Gefühle gegen uns, sondern er mußte nur erst mal Zeit haben, ganz aus sich herauszukommen bzw. er wollte erst mal abwarten, wie sich die Deutschen benehmen. Sein Adjutant, Fregattenkapitän Jokohama, ein äußerst lebhafter und rühriger Offizier, hat sich später ganz besonders um unser Wohlergehen bemüht. Mit ihm konnte man alle Sachen ganz offen besprechen, so daß sich zum Schluß der Kurezeit ein gutes und freundschaftliches Verhältnis entwickelt hatte. Die Unterbringung war wie folgt geregelt: Offiziere und Oberfeldwebel im Offiziersklub, wo ein ganzer Flügel mit Einzelzimmern und Eßsaal für uns geräumt und europäisch eingerichtet worden war. Unteroffiziere und Mannschaften waren im Mannschaftsklub in einem großen Saal untergebracht und hatten noch einen weiteren großen Saal als Eß- und Aufenthaltsraum zur Verfügung gestellt bekommen. Das Essen war europäisch und reichlich. Zum Verkehr mit dem Boot bekamen wir zwei kleine Omnibusse zur Verfügung gestellt.

In den ersten Tagen erlaubten die japanischen Dienststellen das Betreten der Stadt nicht. Als aber von deutscher Seite dagegen Einspruch erhoben wurde, weil man sich allzusehr als »freundliche Gefangene« betrachtete, wurde gestattet, in Begleitung japanischer Soldaten die Stadt zu besuchen. Später erhielten wir die volle Bewegungsfreiheit ohne japanische Begleitung. Man stellte immer wieder fest, daß die japanische Seite zunächst einmal das Benehmen und Auftreten der deutschen Soldaten beobachtete. Als sie merkte, daß die Besatzung straff gehalten wurde und einen guten Eindruck machte, gaben sie auf Wunsch Schritt um Schritt mehr Freiheit.

Zur Erholung hatte die japanische Marine eine dreitägige Fahrt nach Kyushu für jeweils die Hälfte der Besatzung auf einem Bäderdampfer (NISHIKU MARU) veranstaltet; außerdem wurde für den zurückbleibenden Teil ein Badefest durchgeführt. Später wurden auch Musik- und Filmabende organisiert …«

Nach der endgültigen Übergabe von U-511 an die Japaner noch im August 1943 und einem nur kurzen Kommando auf UIT-23 übernahm Schneewind im November 1943 den Befehl über U-183. Er fuhr mit diesem Boot von Penang aus noch folgende Einsätze: Vom 10. Februar bis zum 21. März operierte Schneewind südlich und südwestlich der Südspitze von Indien. Hierbei wurde die PALMA versenkt. Der bereits durch den Angriff japanischer U-Boote schwer beschädigte Tanker LOYALY erhielt bei diesem Einsatz von U-183 den Fangschuß.[222] Am 17. Mai 1944 lief Schneewind erneut von Penang zu einem weiteren Einsatz im Indischen Ozean aus. Hierbei versenkte er am 5. Juni die britische HELEN MOLLER. Am 25. Juni traf er sich mit U-537 und gab Treibstoff an dieses Boot ab. U-183 lief am 7. Juli wieder in Penang ein.[223]

Mitte Oktober 1944 fuhr der Obersteuermann Karl Wisniewski von Penang nach Singapore, um sich dort zum Dienstantritt auf U-183 zu melden. Er war auf U-196 nach Ostasien gekommen, mußte aber wegen einer Krankheit im August sein Boot in Penang verlassen, um seine Gesundheit wieder herzustellen.[224] Im November 1944 lief U-183 zu Batteriereparaturen von Singapore nach Kobe.[225] Während dieser Fahrt befand sich ein japanischer Verbindungsoffizier, der auch die zu laufenden Kurse des Bootes vorgab, an Bord von U-183. Die Anwesenheit dieses Japaners an Bord war sicherlich auch wegen der zahlreichen japanischen Minenfelder von großer Wichtigkeit für die Sicherheit des Bootes. Während dieser Fahrt lief das Boot stets über Wasser. Es wurde trotzdem nicht aus der Luft angegriffen. Beim Passieren der Formosa-Straße konnten drei alliierte U-Boote von U-183 beobachtet werden, ohne daß diese aber das deutsche U-Boot angriffen. Die Liegezeit in Kobe dauerte bis zum 22. Februar.[226]

Danach lief das Boot, dessen Mannschaft in Kobe durch den Steuermann-Maat Heribert Zopf ergänzt worden war[227], jetzt ohne japanischen Lotsen auf demselben Kurs zurück nach Batavia. Auf dieser Fahrt wurden Defekte an den Dieseln festgestellt, die aber erst nach dem Einlaufen dort am 9. März 1945 beseitigt werden konnten. U-183 hatte sämtliche für diese Reparatur notwendigen Ersatzteile an Bord. In Batavia mußten allerdings alle Arbeiten an den Dieseln von der Mannschaft selbst durchgeführt werden, da die entsprechenden Möglichkeiten in dem Stützpunkt sehr beschränkt waren. Trotzdem »... waren die letzten Tage in Batavia für alle Besatzungsmitglieder eine Erholung; wir hatten gute Unterkünfte, gutes Essen und auch für Abwechslung war gesorgt«.[228]

Offensichtlich hatte der Kommandeur des Stützpunktes Penang, später Batavia, Fkpt. Dommes, bereits am 24. Januar 1945 den Einsatz von U-183 im Pazifik vorgeschlagen.[229] Als mögliche Einsatzgebiete hatte er dabei die Marinequadrate RP, SH, SJ (Seegebiet östlich von Mindanao sowie die Nordost- und Westküste von Neuguinea), bei starker Abwehr dort die Quadrate RQ (Seegebiet zwischen Mindanao und den Palau-Inseln) oder SK (Nordwestküste Neuguineas) vorgeschlagen. Diese Planung wurde am 26. Januar 1945 durch die SKL bestätigt.[230] Am 20. April 1945 sandte Dommes folgenden Funkspruch an den BdU: »Auslaufen Schneewind am 21.4.45. Geschätzte Ankunft im Op.G. 29.4.45. Rückmarsch nach Soerabaya nach Aufbrauch der Kampfkraft.

Zusatz vom Marineattaché: Op.G. ist südlich Samar vor den Durchfahrten zu den Philippinen (Surigao-Straße und Seeweg in die Celebes-See zwischen Talaur und der Südspitze von Mindanao) bis zur Länge von 122 Grad Ost ...«[231]

Für den Marsch in dieses Operationsgebiet wurde Schneewind von den Japanern, wahrscheinlich auch wegen deren Minensperren, folgender Kurs vorgegeben: »... to pass north of Guineato 5°N and east of Morotai to 153°E. Enroute to pass thru 05°15N/108°E, 04°49S/114°41E, 04°15S/116°51E, 03°18S/118°25E, 00°39S/118°13E, 01°30N/120°40E, 05°00N/125°20E. Noon positions on route estimated: 22.05°12S/109°30E, 23.04°54S/113°30E, 24.04°00S/117°18E, 25.02°00S/118°18E, 26.00°18S/118°30E, 27.0012°12N7119°40E.«[232]

Vor dem Auslaufen aus Batavia am 21. April 1945 wurden lediglich acht Torpedos, die aus Penang herbeigeschafft worden waren, an Bord genommen. Außerdem wurden sehr große Mengen an Treibstoff übernommen, was dazu führte, daß U-813 3,6 t Diesel mehr übernahm als normal untergebracht werden konnten. Dieser Treibstoff wurde wahrscheinlich in den Tauchzellen 1, 2 und 3 gebunkert. Daher war ein Tauchen erst nach einer Fahrzeit von drei Tagen wieder möglich. Darüber hinaus wurden auch erheblich mehr Lebensmittel an Bord genomme als für eine normale Einsatzdauer benötigt wurden. Diese »Überladung« an Treibstoff und Lebensmitteln erweckte bei Obersteuermann Wisniewski den Eindruck, daß der eigentliche Sinn dieses Einsatzes darin bestand, im Fall eines Kriegsendes die Übernahme des Bootes durch die Japaner zu vermeiden.[233] »... waren wir froh, daß wir das Boot auslauffertig hatten, da wir jeden Tag mit einer Beschlagnahme durch die Japaner rechnen mußten. Wir zogen ein Auslaufen diesem vor ...«[234]

»In der Abenddämmerung des 21. April verließ U-183 den Hafen von Batavia. Der Turm war beiderseitig zum Schutz gegen japanische Streitkräfte mit den japanischen Landesfarben gekennzeichnet ...«[235] Als offizielles Einsatzgebiet war der Raum östlich der Philippinen angegeben worden. Wisniewski verfügte allerdings nur über Kursangaben bis zum nördlichen Ausgang der Macassarstraße.[236]

Am nächsten Morgen wurde auf dem Boot festgestellt, daß die Japaner eine Luftsicherung für U-183 bereitgestellt hatten. Eine ihrer Maschinen begleitete das Boot während des ganzen ersten Fahrtages.

»... Am 23. April verließ der Kommandant gegen 13.25 Uhr die Brücke, nachdem er ›normalen Ausguck‹ befohlen hatte. U-183 stand zu diesem Zeitpunkt etwa 70–80 sm westlich der Bawean-Inseln (nördlich von Surabaja in der Java-See). Seegang 3. Das Boot lief 11 kn, einen Generalkurs von 87° und steuerte einen Zickzackkurs. Der Steuermann, der mit sieben erfahrenen Ausguckposten die Brückenwache übernommen hatte, suchte den achterlichen Luftraum nach Flugzeugen ab[237], als das Boot »... während dieser Überwasserfahrt von einem amerikanischen U-Boot ohne vorherige Warnung mit einem Sechserfächer torpediert wurde und sofort auf etwa 65 Meter sank. Als ich auftauchte, war keine Spur von Boot oder Mann[238] zu sehen, nur ein großer Ölfleck blieb übrig. Nach etwa zehn bis fünfzehn Minuten wurde ich von einem amerikanischen U-Boot, welches inzwischen aufgetaucht war, an Bord genommen. Ein Offizier des Bootes erklärte mir später, daß sie die Stelle eine Stunde lang abgesucht hätten, aber sich niemand mehr an der Oberfläche gezeigt hätte. Bei der Explosion wurden mir linker Oberschenkel, Schlüsselbein und Rippe gebrochen sowie einige weitere geringfügigere Verletzungen zugefügt. Diese bestanden in aufgeplatzten Lippen, Hautverletzungen an der Nase und drei herausgebrochenen Zähnen.[239] Alle Anzeichen deuten darauf hin, daß die Besatzung ertrunken ist, welches durch die heftige Explosion und das schnelle Sinken des Bootes verständlich wird ...« Die BESUGO, das amerikanische U-Boot, von dem U-183 torpediert wurde, stellte an der Untergangsstelle des deutschen Bootes nur noch ein in Segeltuch verpacktes großes Schlauchboot sicher.[240]

Hatte Kptlt. Schneewind überhaupt eine Chance, das ihm vorgegebene Einsatzgebiet zu erreichen? Die ihm von den Japanern durch Funkspruch übermittelten Kursvorgaben waren den Alliierten bekannt, da sie auch diesen Funkspruch entziffert hatten. Die Folge war, daß ein Rudel von drei amerikanischen U-Booten das deutsche Boot erwartete.[241] Der amerikanische Rudelführer, Commander J. H. Campel, auf USS BLOWER hatte seine Boote so verteilt, daß U-183 mit sehr hoher Wahrscheinlichkeit in die Nähe eines dieser Gegnerschiffe kommen mußte.[242] Die zu diesem Zeitpunkt relativ ruhige See und das Überwasserlaufen des deutschen Bootes erleichterte die Aufgabe der US-Boote wesentlich, zumal Schneewind nicht ahnen konnte, daß der für ihn lebenswichtige japanische Funkspruch entziffert worden war. Vielleicht wären seine Möglichkeiten, sein Operationsgebiet zu erreichen, größer gewesen, wenn er nachts in Unterwasserfahrt gelaufen wäre. Als erfahrener Kommandant wußte er um das Risiko, das er in diesem Seegebiet mit einem »überladenen« tagsüber Überwasser laufenden Boot einging. Den zusätzlich gebunkerten Treibstoff von 3,6 Tonnen brauchte er aber nicht, wenn er lediglich den ihm erteilten Auftrag erfüllen wollte. Da nicht davon ausgegangen werden kann, daß Schneewind als »Milchkuh« ein anderes Boot mit Treibstoff und Lebensmitteln versorgen sollte, muß vermutet werden, daß sein Fahrziel ein ganz anderes war.[243] Es gibt allerdings auch einen vagen Hinweis darauf, daß Schneewind nach Deutschland wollte.[244] Wenn der Kapitänleutnant aber diese Absicht gehabt haben sollte, hätte er hierfür unbeschadet seiner dann vielleicht auftretenden Treibstoff- und anderen Problemen sicherlich den kürzesten Weg von Batavia in den Indischen Ozean gewählt. Dieses wäre der Marsch durch die Sunda-Straße gewesen, die wegen der dort herrschenden sehr starken Strömung von den Japanern nicht vermint worden war. Ein Funkspruch des BdU vom 14. Mai 1945[245] »... o to Freemantle, if short of fuel to another Australian harbor. Black flag ...« vermutete U-183 offensichtlich im Seegebiet westlich von Australien, was die Vermutung stützen würde, daß Schneewind nach Deutschland wollte.

Ein weiterer Hinweis besagt, daß Schneewind zu diesem Zeitpunkt gar nicht auslaufen durfte und daher sein Verlassen des Hafens von Batavia befehlswidrig war.[246]

Daß er trotzdem den ihm vorgegebenen Kurs lief, mag mit der Notwendigkeit, zunächst die Japaner täuschen zu müssen, zusammengehangen haben. Überdies verfügte er wahrscheinlich nicht, was für andere Kurse notwendig gewesen wäre, über japanische Minenkarten. Wenn man aber davon ausgeht, daß Schneewind die Übernahme seines Bootes durch die Japaner verhindern wollte[247], er aber zunächst aus nicht bekannten Gründen den vorgegebenen Kurs laufen mußte, kann aber auch vermutet werden, daß er nach Südamerika wollte, das er ohne Treibstoffprobleme hätte erreichen können.

Zusammenfassend kann nur festgestellt werden, daß sich Kptlt. Schneewind durch seine »Überladung« offensichtlich auf eine sehr lange Fahrt vorbereitet hatte. Über das Fahrziel hatte er nicht einmal, was nicht ungewöhnlich war, mit seinem Obersteuermann gesprochen. Wenn er sich darüber gegenüber anderen Besatzungsmitgliedern geäußert haben sollte, so ist das nicht mehr zu ermitteln. Das letzte Fahrziel von U-183 bleibt daher ein Rätsel.

Hitlers letzter Spaltungsversuch des alliierten Bündnisses Ende April 1945

Als im Frühjahr 1945 der Krieg die Grenzen des »Reichsprotektorates Böhmen und Mähren« erreichte, begannen die Überlegungen von Karl Hermann Frank, Staatsminister beim Reichsprotektor Frick, darüber, auf welche sichere Weise eine deutsche Räumung dieses Gebietes durchgeführt werden könnte.[248] Es ging hierbei insbesondere darum, die in diesem Gebiet ansässigen Deutschen und die in das »Protektorat« geflüchteten Ostdeutschen sowie die Verwundeten der hier befindlichen Lazarette und die deutschen Behörden sicher in das Reichsgebiet zu überführen. Als Voraussetzung zur geordneten Durchführung einer solchen »Absetzbewegung« schien es Frank sinnvoll zu sein, das Protektorat zuvor auf geordnete Weise an eine tschechische Nationalregierung und die Westalliierten zu übergeben. Hiervon erhoffte er sich auch Vorteile für Deutschland bei künftigen Waffenstillstandsverhandlungen mit den Westmächten. Gegen die Sowjets sollte weitergekämpft werden.[249] Der Staatsminister nahm daher entsprechende Gespräche mit tschechischen Persönlichkeiten auf. General Klecanda, der als erster von ihm in dieser Angelegenheit angesprochen wurde, hielt die Überlegungen Franks hinsichtlich der Westalliierten für unrealistisch, da diese nur eine bedingungslose deutsche Kapitulation entgegennehmen würden.[250] Frank entschloß sich trotzdem, eine Gruppe von tschechischen Persönlichkeiten zusammenzustellen, die zunächst versuchen sollte, einen direkten mündlichen Kontakt zu den Westalliierten herzustellen, um diesen die schnelle Besetzung des »Protektorates« vorzuschlagen. Zu dieser Gruppe gehörten Mitglieder der tschechischen Protektoratsregierung, aber auch der Generaldirektor der Skoda-Werke, Vambersky, der aus der Vorkriegszeit über sehr gute Beziehungen zur amerikanischen Industrie verfügte und daher für eine Kontaktaufnahme zu den Amerikanern besonders geeignet war.

Der ebenfalls für diese Gruppe vorgesehene Generaldirektor der Berg- und Hüttengesellschaft, Krulis-Randa, nahm seine zunächst gegebene Zusage später zurück. Frank hatte jedoch nicht die Absicht, Kontakte zu den Amerikanern ohne die Zustimmung Hitlers aufzunehmen.[251] Seine Bemühungen um einen Termin beim Führer blieben jedoch zunächst erfolglos. Er konnte daher erst am 22. April nach Berlin fliegen, um Hitler seine Vorschläge vorzutragen. Dieser empfing ihn mit den Worten: »Na, Frank, nun kommen Sie noch zu mir, um Ihre Sorgen abzuladen, wo ich ihrer doch schon genug habe.«[252] Nach einigen Worten wurde der Staatsminister bereits von Hitler unterbrochen, der ihm einen langatmigen, dreißig Minuten dauernden historischen Vortrag hielt. Als Frank ihm danach seinen Plan, mit den Amerikanern ins Gespräch zu kommen, vortrug, unterbrach ihn Hitler mit einer schroffen Handbewegung und sagte: »Ich wünsche keine politischen Konzepte von meinen Herren. Der Krieg wird militärisch entschieden. Möge es Ihnen, Frank, noch so unwahrscheinlich und unglaublich klingen, ich werde in Kürze eine militärische Wende zugunsten Deutschlands herbeiführen. Ich habe neue Waffen und neue Divisionen, die soeben antreten. Mit ihnen antworten wir. Kümmern Sie sich nur darum, daß im Protektorat durchgehalten wird. Schörner wird es mit der Ostfront schaffen. Er ist mein bester General.«[253] Nach diesen Worten wurde Frank entlassen. Er flog nach Prag zurück.

Einen Tag später suchte Speer das Führerhauptquartier auf, um hier Hitler den Vorschlag Franks in ähnlicher Form neuerlich zu unterbreiten.[254] »... Zu meinem

Erstaunen nahm Hitler eine Bitte, die ich ihm zunächst nur zögernd vortrug, günstig auf. Einige tschechische Direktoren der Skoda-Werke[255] erwarteten, vermutlich zu Recht, wegen ihrer Zusammenarbeit mit uns von den Russen ein übles Schicksal. Dagegen setzten sie, angesichts ihrer früheren Beziehungen zur amerikanischen Industrie, einige Hoffnungen auf einen Flug in das US-Hauptquartier.[256] Vor einigen Tagen noch hätte Hitler ein derartiges Ansinnen strikt abgelehnt, doch jetzt war er bereit, einen entsprechenden Befehl zur Erledigung aller Formalitäten zu unterzeichnen.«[257]

Der eigentliche Zweck des geplanten Fluges wird dann allerdings erst in dem Schreiben Ribbentrops an Frank angedeutet: »... namhafte tschechische Idustrielle nach Frankreich fliegen zu lassen, um dort mit ihren amerikanischen Verbindungen Verhandlungen über den Schutz der Tschechoslowakei vor den Bolschewisten zu führen. Der Führer hat seine Zustimmung hierfür gegeben ...«[258] Hier wird deutlich, daß Hitler jetzt offenbar zur Übergabe des Reichsprotektorates an die Amerikaner bereit war. Sein schneller Sinneswandel in dieser Angelegenheit, kurz zuvor hatte er es Frank noch verboten, das Land an die Tschechen zu übergeben, dürfte einen sehr einfachen Grund gehabt haben: Das Gespräch mit Speer hatte Hitler offensichtlich eine Möglichkeit aufgezeigt, das Land kampflos an die Amerikaner übergeben zu können. Die Folge einer amerikanischen Besetzung der CSR, so vielleicht Hitlers Überlegungen, wäre eine massive Verärgerung der Sowjets gewesen. Auf diese Weise, so sein mögliches Kalkül, könnte es ihm möglich sein, schnell und wirkungsvoll einen Keil zwischen die USA und die UdSSR mit der Folge eines offenen Konfliktes zwischen diesen beiden Ländern zu treiben. Von der Wahrscheinlichkeit eines Auseinanderbrechens der Koalition gegen ihn aber war er bereits seit längerer Zeit überzeugt. Insofern zeigte ihm der Vorschlag Speers eine letzte Möglichkeit auf, diesen Prozeß der von ihm vermuteten Uneinigkeit zwischen seinen Gegnern zu beschleunigen.[259] Waren dieses die Überlegungen Hitlers, als er dem Vorschlag Speers zustimmte? Eine andere Erklärung für die schnelle Änderung seiner Meinung in dieser Frage bietet sich nicht an. Trotzdem bleibt dieser Entschluß von ihm angesichts der völlig hoffnungslosen deutschen militärischen Situation und der wenigen Tage, die ihm noch blieben, rätselhaft.

Kurz nach dem Gespräch mit Speer empfing Hitler seinen Außenminister, dem er offensichtlich von dem geplanten Flug der Tschechen erzählte. »... Auch in dieser verzweiflungsvollen Situation kämpfte der Außenminister für die Wahrung seiner Zuständigkeit. Auf dem Gang nörgelte er mich (Speer) an: ›Das ist eine Angelegenheit des Auswärtigen Amtes‹, etwas milder fügte er hinzu: ›In diesem Fall habe ich gegen den Erlaß nichts einzuwenden, wenn Sie einfügen: Auf Vorschlag des Reichsaußenministers.‹ Ich ergänzte den Erlaß, Ribbentrop war zufrieden und Hitler zeichnete ab.«[260]

Speer entwickelte nach seinem Gespräch mit Hitler eine hektische Aktivität, um den Flug der Tschechen zu organisieren. Hierbei half ihm seine sehr enge

Verbindung zu Oberstleutnant Baumbach, der über die Flugzeuge des Kampfgeschwaders 200 (KG 200) verfügen konnte.[261] An diesen ging daher das erste Fernschreiben Speers:

Reichsminister Albert Speer, *Führerhauptquartier,*
den 23. April 1945

Herrn
Oberstleutnant Baumbach, Berlin

Lieber Winnetou[262]!
Laut anliegendem Schreiben ist klar, daß die Tschechen nach Paris[263] fliegen müssen. Ich bitte Flugzeugführer und Flugzeug zur Durchführung des Fluges zu bestimmen. Der Vorgang ist nach Eingang zu vernichten.
Heil Hitler![264]

Baumbach vermerkte die von ihm offenbar überlegten Transportmöglichkeiten für die Tschechen nach Paris handschriftlich auf diesem Dokument: Hubschrauber, Störche nach Berlin, Kurierdienst.
Die folgenden Schreiben ließ Speer am frühen Morgen des 24. April von einer FW 190 von Rechlin nach Prag fliegen.[265]

Albert Speer, Reichsminister *Führerhauptquartier,*
den 23. April 1945

Herrn
Staatsminister Frank, Prag

Lieber Frank!
Ich habe dem Führer heute vorgeschlagen, daß die tschechischen Industriellen nach Frankreich[266] fliegen sollen. Der Führer hat seine Zustimmung dazu gegeben. Maschine steht bereit. Der Überbringer dieses Schreibens wird alle weiteren Einzelheiten über die Maschine erklären. Ich hoffe, daß diese von Ihnen eingeleitete Aktion von Erfolg begleitet ist. Anliegendes Schreiben des Reichsaußenministers zur Kenntnisnahme.

Heil Hitler!
Ihr

Anlage
Nachschrift: Ich bitte den Vorgang nach Eingang und Kenntnisnahme zu vernichten.[267]

Herrn *Führerhauptquartier, d. 23.4.45*
Staatsminister Frank, Prag

Auf Anregung von Reichsminister Speer habe ich dem Führer den Vorschlag gemacht, namhafte tschechische Industrielle nach Frankreich fliegen zu lassen, um dort mit ihren amerikanischen Verbindungen Verhandlungen über den Schutz der Tschechoslowakei vor den Bolschewisten zu führen. Der Führer hat seine Zustimmung hierfür gegeben.[268]

Herrn
Staatsminister Frank, Prag[269]

Lieber Parteigenosse Frank!
Nach beiliegendem Schreiben des Reichsaußenministers bitte ich sofort zu handeln. Soviel mir bekannt ist, stehen in Prag auch die geeigneten Maschinen startklar. Es soll sich um Siebel-Reisemaschinen handeln. Falls dies nicht zutrifft, fliegt heute Nacht noch eine geeignete Maschine nach Prag. An den Fliegerhorstkommandanten bitte ich beiliegendes Schreiben abzugeben. Weiter bitte ich, die beiden beiliegenden Schreiben an Tschörner (die Schreibweise des Namens ist falsch, d.Verf.) und Kesselring weiterzuleiten.[270]
Die von hier abgesandte Maschine faßt 8–10 Plätze[271] *und sie wird etwa um 23–24 Uhr dort eintreffen und müßte um 4.00 Uhr früh wieder starten. Wo das Quartier des Herrn*[272] *ist, den die Industriellen aufsuchen werden, kann bei Feldmarschall Kesselring erfragt werden. Ich bitte, den Vorgang nach Einsicht und Kenntnisnahme zu vernichten.*

Herzlichen Gruß und Heil Hitler

Es kann als gesichert gelten, daß sich in diesen Tagen mindestens eine Siebel-Maschine auf dem Prager Flugplatz befand. Sie fiel wegen ihrer zivilen Kennung unter lauter Militärmaschinen besonders auf.[273]

Eine mögliche Konaktaufnahme zu den Westalliierten hatte Frank offensichtlich bereits seit längerer Zeit vorbereitet. Er hatte in diesem Zusammenhang Kontakte zu dem Präsidenten des Internationalen Roten Kreuzes in Genf, Prof. Dr. Burckhardt, aufgenommen und die Einrichtung einer Dienststelle des IRK in Prag zugelassen.[274] Nachdem das IRK seine Tätigkeit in Prag aufgenommen hatte, beauftragte Prof. Burckhardt den Delegierten des IRK für das Deutsche Reich, Dr. Paul Dunant, im Fall von Unruhen die politischen tschechischen Häftlinge und das Ghetto des Konzentrationslagers Theresienstadt, aber auch deutsche Frauen und Kinder unter den Schutz des IRK zu stellen.[275] Frank bat nun Dr. Dunant nach Genf zu fliegen, um dem Präsidenten des IRK seine Kontaktwünsche zu den Westalliierten zu überbringen.

Am 27. April 1945 landete um 5.08 Uhr ein deutsches Flugzeug mit einem militärischen Anstrich, aber der zivilen Kennung D-OWKA auf dem Schweizer Militärflugplatz Dübendorf. Die Maschine kam aus Prag. Sie wurde von einer dreiköpfigen Besatzung geflogen, die Zivil trug. Hierzu kann nur vermutet werden, daß es sich hierbei um zwei Piloten und einen Funker gehandelt hat. An Bord befand sich als einziger Fluggast Dr. Dunant, der »chargé de mission« des Internationalen Roten Kreuzes in Deutschland. Der Flug wurde als Kurierflug des IRK ausgewiesen.[276] Dr. Dunant reiste nach der Landung der Maschine sofort zum IRK nach Genf weiter. Das Flugzeug wurde von den zuständigen Schweizer Behörden festgehalten und die Besatzung als interniert betrachtet.[277] Dr. Dunant gab für seinen Flug den Schweizer Behörden gegenüber zunächst folgende Begründung ab: Ihm sei von den deutschen Autoritäten dieses Flugzeug deshalb zur Verfügung gestellt worden, um ihm eine sofortige Reise zwecks Kontaktaufnahme zum IRK zu ermöglichen.[278]

Der Präsident des Internationalen Roten Kreuzes in Genf, Prof. Dr. Carl. J. Burckhardt, begründete in einem Eilbrief vom 27. April 1945 gegenüber dem Schweizer Außenminister, Dr. W. O. Stucki, den Flug Dunants wie folgt: »... hat mich gebeten, Ihnen über die Umstände, die zur unerwarteten Ankunft unseres Delegierten, Paul Dunant, aus Prag geführt, Aufschluß zu geben. Tatsächlich widerspricht die Art und Weise seines Transportes den schweizerischen Vorschriften und ich möchte mit diesen Zeilen bitten, in Anbetracht der Dringlichkeit der Mission, in der Herr Dunant in die Schweiz geflogen ist, bei den schweizerischen Behörden dahin zu wirken, daß diese sich nicht auf einen allzu formellen Standpunkt stellen. Herr Dunant brachte zunächst den Bericht von der Garantierung persönlichen Schutzes, die er für tschechische, wichtige politische Häftlinge erreichen konnte, sodann und dies vor allem war der Grund zur besonderen Dringlichkeit seiner Mission und führte dazu, daß der Staatsminister Franck (die Schreibweise des Namens ist falsch, d. Verf.) zu deren Durchführung ein Flugzeug zur Verfügung stellte, brachte er die Bitte der deutschen Behörden, Prag als Lazarettstadt behandelt zu wissen. Wir haben dies Gesuch unverzüglich an die zuständigen Stellen weitergeleitet. Herr Dunant soll morgen Abend auf dem gleichen Wege nach Prag zurückkehren.[279] Wenn ich auf Ihre Unterstützung rechnen kann, damit seiner Abreise mit dem gleichen Flugzeug, mit dem er gekommen ist, keine Schwierigkeiten gemacht werden, bin ich Ihnen zu besonderem Dank verpflichtet.«[280] Der Minister beantwortete dieses Schreiben am 28. April 1945. Er teilte dem IRK-Präsidenten dazu folgendes mit: »... betreffend die Mission des Herrn Dunant aus Prag. Angesichts der außerordentlichen Umstände haben wir uns, nicht ohne Bedenken, mit den Militärbehörden verständigt und die Ausreise mit dem gleichen Flugzeug für heute abend zugestanden ...«

Es kann als gesichert gelten, daß diese Maschine mit ihrer Besatzung von Baumbach zur Verfügung gestellt wurde. Da Staatsminister Frank über keine eigenen Flugzeuge verfügen konnte, war er auch nicht in der Lage, Dunant für seinen Flug eine Maschine bereitzustellen. Es dürfte sich bei der in Dübendorf mit der zivilen Kennung D-OWKA gelandeten Siebel-204 wahrscheinlich um die entsprechende Maschine des KG-200 gehandelt haben, die dort die militärische Kennung A3-LB geführt hat. Aus diesem Grund bestand die Besatzung auch aus Soldaten dieses Geschwaders, die lediglich für diesen Flug zivile Bekleidung trugen. Offensichtlich wurde mit diesem Flug nur Dr. Dunant in die Schweiz gebracht.[281]

Die Gründe, die der Präsident des IRK für die Dringlichkeit des Fluges von Dunant dem Außenminister nannte, sind wenig glaubhaft. Die Nachricht über die Garantie des persönlichen Schutzes für tschechische wichtige politische Häftlinge mußte Dunant seinem Präsidenten nicht unbedingt mündlich überbringen. Auch die deutsche Bitte um Anerkennung von Prag als Lazarettstadt bedurfte nicht eines mündlichen Vortrages, sondern konnte auf dem Funkweg wahrscheinlich sogar schneller weitergeleitet werden. Keiner der von Burckhardt Stucki gegenüber genannten Gründe rechtfertigte daher die Dringlichkeit des Fluges von Prag in die Schweiz. Die tatsächlichen Gründe dieses Fluges waren daher andere, als die hier in einem offiziellen Schreiben genannten.[282]

Die deutschen Überlegungen, über die Tschechen Kontakte zu den Westmächten aufnehmen zu lassen, um die Amerikaner zu einer kampflosen, vollständigen Besetzung der CSR zu veranlassen, waren unrealistisch. Eine solche Entscheidung wäre nicht nur eine militärische, sondern insbesondere auch eine politische gewesen.[283] Die Amerikaner hätten nicht verstanden, weshalb sie selbst kampflos Gebiete besetzen sollten, die bereits vertragsmäßig dem sowjetischen Einflußbereich zugeordnet worden waren. Da Dunant nicht – wie vorgesehen – am 28., sondern erst in der Nacht des 29. April nach Prag zurückflog, kann vermutet werden, daß sich die Entscheidung über dieses deutsche Angebot länger hinzog als zunächst angenommen worden war. Dunant flog ohne die von den Deutschen gewünschte amerikanische Entscheidung nach Prag zurück. Frank erhielt daher keine Antwort auf seine von Dunant Burckhardt überbrachte Bitte um Vermittlung eines Gespräches zwischen Frank oder einer tschechischen Delegation und Vertretern der Westmächte. Der Präsident des IRK ließ dem Staatsminister durch Dr. Dunant lediglich ausrichten, daß er den Vorschlag Franks dem englischen und amerikanischen Gesandten unterbreitet habe, die sich sehr interessiert gezeigt hätten.[284]

Die CSR wurde daher, wie zwischen den Westalliierten und der UdSSR vereinbart, dem Einflußbereich der Sowjets überlassen.

Nachdem der Brief Ribbentrops vom 23. April 1945 bei Frank eingegangen war, entschloß sich der Staatsminister, auch eine Delegation zu Generalfeldmarschall Kesselring zu schicken, um diesen zu bitten, eine Kontaktaufnahme zu den Westalliierten zu ermöglichen. Frank trug daher seine Vorschläge den Mitgliedern der tschechischen Protektoratsregierung vor. Es waren dies: Krejci/Ministerpräsident, Hruby/Landwirtschaftsminister, Moravec/Schulminister und Bienert/Innenminister. Nachdem diese ihr

Einverständnis zum Inhalt der Vorschläge Franks und der von ihm vorgeschlagenen Vorgehensweise erklärt hatten, stellte der Staatsminister für die Fahrt zu Kesselring folgende Gruppe mit dem Auftrag zusammen, mit Hilfe Kesselrings die gewünschten Kontakte zu den Westalliierten aufzunehmen: die Minister Bienert und Hruby, General Klecanda und der Generaldirektor der Skoda-Werke Vambersky. Zu deutschen Begleitern dieser tschechischen Gruppe wurden der Präsident des Industriellenverbandes Dr. Adolf und Universitätsprofessor Dr. Raschofer bestimmt. Die Gruppe hatte den Auftrag, nach der Kontaktaufnahme zu den Westalliierten die sofortige Einstellung der Kämpfe und die umgehende Besetzung des »Protektorates« durch westalliierte Truppen zu erreichen, die das Gebiet gegen die Sowjets sichern sollten.[285]

Die Gruppe flog in zwei Flugzeugen von Prag-Ruzyne nach Neubiberg bei München. Sie erreichte von dort in zwei Autos das Hauptquartier Kesselrings, das sich in Motzenhofen in einem größeren Bauernhof befand. Der Feldmarschall, der zunächst von den Plänen der Gruppe sehr überrascht war, weder Speer noch Ribbentrop hatten ihn über deren Absichten informiert[286], teilte der Delegation mit, daß sich die Front in ständiger Bewegung befände, eine Kontaktaufnahme sei daher unmöglich. Kesselring schlug aber zwei weitere Kontaktmöglichkeiten vor: hierfür gefangene höhere britische Offiziere einzusetzen, die mit der britischen Königsfamilie verwandt sein sollten, oder nach Mailand weiterzufahren, um den dortigen Erzbischof um die gewünschte Kontaktvermittlung zu bitten.[287]

Nachdem sich alle entsprechenden Versuche vom Stabsquartier Kesselrings aus zerschlagen hatten, flog Bienert sofort nach Prag zurück. Da auch der letzte Versuch über den SS-Gruppenführer Berger scheiterte, der angeblich Verwandte des britischen Königshauses in Verwahrung hielt, die als Vermittler eingesetzt werden sollten, kehrte auch Hubry zwei Tage später nach Prag zurück.[288]

Einen weiteren Kontaktversuch unternahm Frank über den Papst, den er über den Bischof von Königgrätz, Picha, zu erreichen versuchte, da das Prager Erzbistum zu diesem Zeitpunkt unbesetzt und der Bischof von Olmütz erkrankt war. Picha versprach dem Staatsminister, seine Bitte sofort weiterzuleiten. Er verwies jedoch darauf, daß er den Dienstweg über den Nuntius Orsenigo in Ischl einhalten müsse. Frank erklärte sich bereit, ein entsprechendes Schreiben durch ein Flugzeug nach Ischl, aber von dort auch weiter nach Rom, bringen zu lassen. Bischof Picha versprach dem Staatsminister, ihm am folgenden Tag einen unverschlossenen Brief zukommen zu lassen. Frank ließ das Schreiben, das jedoch verschlossen war, durch Sonderkurier in Königgrätz abholen und leitete es durch Flugzeug an Orsenigo weiter. Eine Antwort erhielt er nicht.[289]

So scheiterte auch der Versuch Hitlers, die Westmächte in allerletzter Minute gegen die Sowjets auszuspielen. Auch die Bemühungen Franks um einen geordneten deutschen Rückzug aus dem Reichsprotektorat mußten scheitern, weil sie viel zu spät unternommen wurden.

Eine Flucht aus Madrid 1946?

Am 25. April 1946 übersandte die britische Botschaft in Madrid dem spanischen Außenministerium ein Aide-mémoire. In diesem Dokument wiesen die britischen Diplomaten darauf hin, daß eine bestimmte Gruppe Deutscher plante, Spanien mit einem bislang nicht bekannten Schiff von einem wahrscheinlich nördlichen Hafen aus in Richtung Südamerika zu verlassen. Die Bereitstellung des Schiffes hatte Friedrich Lipperheide organisiert.[290]

Bei dieser Gruppe handelte es sich weitgehend um Angehörige der Militärattachégruppe der deutschen Botschaft in Madrid, die nach der Kapitulation offensichtlich in Spanien verblieben waren. Hierzu gehörten mit ihren Familien: der ehemalige Marineattaché Meyer-Doehner, der Luftwaffenattaché Krahmer, Militärattaché Doerr, Major Brey, Fkpt. Menzell[291], Fkpt. Lorek, Ingenieur Dr. Vollhardt und ohne Familien der Mechaniker Hans Brandt und der Funker Berg. Das spanische Außenministerium teilte daraufhin am 28. April 1946 dem Generaldirektor des Sicherheitsdienstes diesen Sachverhalt mit und erklärte ergänzend: »... vor dem Hintergrund der Komplikationen, die aus der Durchführung des vermuteten Fluchtprojektes von Personen entstehen können, deren sofortige Rückführung nach Deutschland vom Alliierten Kontrollrat gefordert wird, beauftrage ich Sie auf Anordnung des Herrn Ministers, alle Maßnahmen, die Sie für erforderlich halten, zu ergreifen, um zu verhindern, daß die genannten Ausländer, von denen sich einige offenbar an unbekannten Orten aufhalten, den ihnen unterstellten Plan ausführen können, und statt dessen dafür Sorge zu tragen, daß sie mit dem Ziel der sofortigen Rückführung nach Deutschland unter Hausarrest gestellt werden.«[292]

Das Schreiben des Außenministers verwundert deshalb, weil es in einem Land mit diktatorialen Strukturen deutschen Militärdiplomaten kaum möglich gewesen sein dürfte, »unterzutauchen« und sich heimlich ein Schiff zur Ausreise zu beschaffen. Dieses um so weniger, weil sie den spanischen Militär- und Sicherheitsbehörden aus langer und offenbar auch sehr enger Zusammenarbeit inbesondere während des Krieges sehr gut persönlich bekannt waren. Die spanische Seite konnte daher nicht daran interessiert sein, daß dieses Zusammenwirken deutscher und spanischer Militär- aber auch anderer Dienststellen während dieser Zeit den Siegermächten bis in letzte Einzelheiten bekannt wurde. Hierdurch hätte die Neutralitätspolitik Francos nachträglich kompromittiert werden können. Wahrscheinlich wurde daher den deutschen Militärdiplomaten auch deshalb nach der Schließung der deutschen Botschaft zunächst ein weiteres Verbleiben im Land ermöglicht. Die hierfür verantwortlichen spanischen Behörden mußten allerdings auch damit rechnen, daß sich der alliierte Druck auf sie hinsichtlich einer Auslieferung der deutschen Gruppe so verstärken konnte, daß sie diesem nachzugeben gezwungen waren. Dieses hätte dann aber auch durch die alliierte Einvernahme der deutschen Attachégruppe dazu führen können, daß den Kriegsgegnern bislang unbekannte Sachverhalte deutsch-spanischer Zusammenarbeit bekanntgeworden wären. Hieran konnten die Spanier nicht interessiert sein. Es hätte vielleicht aber auch im spanischen Interesse liegen können, dieser deutschen Gruppe eine unauffällige Ausreise nach Südamerika zu ermöglichen, um dadurch diese jetzt unerwünschten Zeugen nicht mehr im eigenen Land zu haben. Für die spanische Regierung mußte es in dieser Situation darauf ankommen, Zeit zu gewinnen. Je später die Alliierten detaillierte Erkenntnisse über diese sehr oft mit der spanischen Neutralität kaum zu vereinbarende Kooperation Francos mit dem Deutschen Reich erlangten, je weniger eigneten sie sich noch als Hebel gegen dieses Regime. Das vorliegende britische Aide-mémoire kann daher nur den Zweck gehabt haben, Druck auf die spanische Regierung hinsichtlich der Behandlung der Attachégruppe auszuüben. Tatsächlich aber hatten viele Angehörige der Gruppe offensichtlich nicht die Absicht, das Land auf diese Weise zu verlassen.[293]

Weshalb aber der Luftwaffenattaché nach Argentinien ging und der Marineattaché sein KTB dem ehemaligen Gegner übergab, anstatt es nach Kriegsende zu vernichten, konnte nicht geklärt werden. Trotz der völligen Abhängigkeit Spaniens von Ölimporten über See[294], war die spanisch-deutsche Zusammenarbeit während des Zweiten Weltkriegs außerordentlich eng. Aus diesem Grund mußten die Alliierten an den Aussagen der deutschen Militärattachés hierzu sehr interessiert sein. An den folgenden ausgewählten Beispielen soll die enge Kooperation der militärischen Dienststellen beider Länder in dieser Zeit verdeutlicht werden:

Vom Kriegsausbruch bis zum 27. Dezember 1941 hatten bereits dreiundzwanzig deutsche U-Boote spanische Häfen angelaufen. Einundzwanzig von ihnen waren durch die in diesen Häfen liegenden deutschen Versorgungsschiffe voll versorgt worden, was zu einer bedeutsamen Verlängerung ihrer Einsatzzeiten führte.[295] Obgleich die Besatzungen dieser V-Schiffe insgesamt einhundert zivile Seeleute umfaßte, war dem Gegner über diese Versorgung nichts bekanntgeworden.[296]

Am 19. Juni 1940 erhielt U-29 den Befehl des BdU, seine Vorräte in der Nacht vom 10./21. Juni in Vigo zu ergänzen. Das Boot lief diesen spanischen Hafen daraufhin am 21. an, machte um 02.05 Uhr längsseits des dort liegenden deutschen Versorgers BRESSEL fest und übernahm von diesem Schiff 40 cbm Treiböl, Schmieröl, Wasser und Proviant. U-29 verließ nach Beendigung der Versorgung um 5.00 Uhr über Wasser den Hafen und setzte seinen Einsatz fort.[297]

U-30 lief am 25. Juni 1940 um 23.00 Uhr zur Ergänzung seiner Vorräte in El Ferrol ein und ging dort längsseits des deutschen Versorgers MAX ALBRECHT. Von diesem übernahm das Boot Brennstoff, Wasser und Proviant, um den Hafen bereits um 5.15 Uhr wieder zu verlassen.[298]

Am 16. März 1941 trafen sechzehn Gefreite des am 13. Dezember 1939 in einem Seegefecht in der La-Plata-Mündung beschädigten und am 17. Dezember 1939 durch Selbstversenkung bei Montevideo vernichteten deutschen Panzerschiffs GRAF SPEE in

Teneriffa ein. Zehn Tage später erreichten von Buenos Aires kommend zwei Funkmaate und acht weitere Gefreite der GRAF SPEE die Kanarischen Inseln. Die spanischen Behörden erlaubten dort die Landung einer deutschen Sondermaschine, mit der diese Soldaten nach Berlin geflogen wurden.[299]

U-109 lief am 22. Juli 1941 um 0.50 Uhr den Hafen von Cadiz an und machte dort an dem deutschen Versorger THALIA fest. Das Boot übernahm drei Torpedos, 86 cbm Dieselöl, 2,8 cbm Schmieröl, 2,8 cbm Wasser, Proviant und Sehrohrbuchsen, da diese an Bord von U-109 undicht geworden waren[300] und daher ausgetauscht werden mußten. Diese dringend benötigten Ersatzteile waren am 19. Juli an die französisch-spanische Grenze gebracht und dort von einem Kurier übernommen worden, der sie nach Cadiz gebracht hatte.[301] U-109 verließ am 23. Juli um 5.10 Uhr den Hafen von Cadiz.

U-331 wurde in der Nacht vom 31. Juli zum 1. August 1941 zur Ergänzung seiner Vorräte nach Schluß des allgemeinen Hafenverkehrs in den Hafen von Cadiz befohlen.[302] Um 2.15 Uhr lief das Boot aufgetaucht nicht ausgeblasen mit seinen E-Maschinen in den Hafen der hell erleuchteten Stadt ein und machte um 2.30 Uhr an Steuerbord des dort liegenden deutschen Versorgers THALIA fest. U-331 übernahm von diesem Schiff in 90 Minuten 24 cbm[303] Treibstoff, 3 cbm Trinkwasser und einen Torpedo sowie Proviant für vier Wochen in spanischen und italienischen Waren. Da für die Übernahmeschläuche des U-Bootes auf der THALIA keine Anschlüsse vorhanden waren, mußte die Treibstoffübernahme mit einem 50-mm-Schlauch durchgeführt werden, wodurch von U-331 lediglich pro Stunde 16 cbm[304] übernommen werden konnte. Diese Menge aber war für eine Vollversorgung des Bootes mit Treibstoff nicht ausreichend. Mehr Zeit zur Brennstoffübernahme stand aber nicht zur Verfügung, da das U-Boot noch in der Dunkelheit den Hafen verlassen mußte. Hierdurch wurde eine zweite Versorgung in Cadiz notwendig. Hierbei wurde dann zunächst der Funkobergefreite Schwarz wegen einer an Bord nicht ausheilenden Schienbeinverletzung ausgeschifft. »Er wurde noch am 1. August verbunden, an Land zivil eingekleidet, mit den notwendigen Papieren versehen und zum Marineattaché nach Madrid geschickt ... Korv.Kpt. (ing) Lorek und der Kapitän der THALIA organisieren alles.«[305] Das U-Boot legte um 6.30 Uhr von dem Versorger ab und verließ den Hafen. Korv.Kpt. Lorek war bis zum Auslaufen des Bootes anwesend. U-331 lief am 2. August um 0.15 Uhr noch bei hellem Mondschein, dieses Mal zunächst mit Dieseln, zur zweiten Versorgung in den Hafen von Cadiz ein. Für die letzte Strecke zur THALIA wurde mit E-Maschinen weitergelaufen und um 2.40 Uhr an dem Versorger festgemacht. In 135 Minuten wurden 34,6 cbm Treibstoff und 2 cbm Trinkwasser übernommen. Der Versuch, mit einem 30-mm-Schlauch zusätzlich Brennstoff zu übernehmen, scheiterte, da dieser Schlauch nach etwa 10 Minuten platzte. Die Qualität des übernommenen Gasöles entsprach nicht, so der Kommandant von U-331, der des gewohnten rumänischen Treibstoffes. Aus dem höheren Verbrauch schloß er einen geringeren Brennwert und einen erheblich höheren Verschmutzungsgrad der Brennstoffventile.

Während der Liegezeit längsseits der THALIA wurden folgende Überholungsarbeiten durchgeführt: die Schließspindeln der Abgasklappen außen wurden nachgestellt; das Bordventil »Feinfluten« wurde aufgenommen und die »Feinflutleitung« durchgeblasen; die Kopfventile der Ausblaseverteiler wurden konserviert. Zwischen den beiden Ergänzungen waren sechs Mann auf der THALIA gelassen worden[306], um Päckchen, Handtücher usw. zu waschen.[307] Diese Aufenthaltszeit im Hafen von Cadiz wurde von den U-Boot-Männern auch zum Baden und Waschen an Bord des Versorgers genutzt. Um 5.00 Uhr legte U-331 von der THALIA ab und lief mit Dieselkraft aus.

U-129 sichtete am 3. Oktober 1941 den deutschen Versorger KOTA PINANG, den das Boot schützend begleiten sollte. Vermutlich waren die Engländer durch entschlüsselte deutsche Funksprüche über den Treffpunkt der beiden Schiffe unterrichtet worden. Daher konnten sie ihren leichten Kreuzer KENYA durch Flugzeuge an das deutsche V-Schiff heranführen, der den Versorger sofort unter Beschuß nahm. Das V-Schiff sank sehr schnell.

Danach lief der britische Kreuzer sofort ab. U-129 konnte nur noch die 119 Mann der Besatzung der KOTA PINANG aufnehmen. Um hierfür zusätzlichen Raum zu schaffen, wurden die Torpedorohre durch Ausstoß der Torpedos leergeschossen und nachgeladen. Die Munition der Geschütze wurde über Bord geworfen. Trotzdem war das Boot nach Unterbringung der 119 Mann nicht mehr tauchklar. Der Kommandant von U-129 erhielt daher den Befehl, El Ferrol anzulaufen und die Besatzung dort an den Versorger MAX ALBRECHT abzugeben. Die Spanier waren damit einverstanden, sie verlangten nur, daß die Männer der KOTA PINANG vor dem Einlaufen in den Hafen sämtliche Hoheitsabzeichen von ihren Uniformen abtrennen sollten, um auf spanischem Boden als Besatzung eines versenkten deutschen Frachtschiffes gelten zu können, die dann nach Deutschland ausreisen konnte. U-129 lief am 6. Oktober 1941[308] um 19.10 Uhr in den Hafen von El Ferrol ein, machte an der MAX ALBRECHT fest, übergab die Schiffbrüchigen und lief dreißig Minuten später wieder aus. Der Kommandant von U-129 meinte hierzu: »Heilfroh – sechs Wochen Reise mit diesen drei Tagen nicht vergleichbar.«[309]

U-77 erhielt vom BdU am 2. November 1941 den Befehl, Vigo anzulaufen, da der Treibstoffvorrat des Bootes auf 22 cbm zusammengeschmolzen war und ohne die jetzt notwendige Ergänzung der Rückmarsch hätte angetreten werden müssen. Fünf Tage später lief U-77 um 8.22 Uhr unter Wasser den spanischen Hafen an und legte sich achthundert Meter nördlich des deutschen Versorgers BRESSEL auf Grund. Am 8. November tauchte das Boot auf und machte um 0.30 Uhr längsseits der BRESSEL fest. Es wurden, da die Ergänzung gut vorbereitet war, sehr zügig 117 cbm Diesel, 4 t Schmieröl, 3 t Trinkwasser und Proviant übernommen. Eine kleinere Reparatur konnte deshalb auf dem U-Boot nicht ausgeführt werden, da der Versorger über kein Schweißgerät verfügte. U-77 verließ um 5.25 Uhr über Wasser laufend den spanischen Hafen.[310]

Am 24. November 1941 fragte der Kommandant von U-96 per Funk beim BdU an, ob der PK-Mann[311] Buchheim, dessen Material erschöpft war, ausgeschifft werden könnte. Ferner bat er um Ergänzung seines Kartenmaterials. Die Antwort von Dönitz lautete: Ausschiffung nicht möglich. Drei Tage später lief das Boot unter Wasser um 21.28 Uhr in den Hafen von Vigo ein und wurde von der BRESSEL zwischen 22.03 und 3.45 Uhr mit 100 cbm Diesel, 3,3 cbm Schmieröl, Proviant und dem gewünschten Kartenmaterial versorgt. Um 4.00 Uhr legte das Boot von dem Versorger ab und verließ den Hafen.[312]

Der »Groß-Etappe Spanien«[313] waren bis zum Dezember 1941 offensichtlich immer mehr Aufgaben zugewachsen, die einen immer größeren Aufwand erforderlich machten. Diese neuen Aufgaben gingen vermutlich weit über den Bereich der U-Boot-Versorgung hinaus.[314] Daher beantragte der Marineattaché am 2. Dezember 1941 die Zuweisung von weiteren PKWs und zwei Tankwagen. Die ersteren waren als Ersatz für die in seinem Dienstbereich ausgefallenen Fahrzeuge gedacht und sollten überdies die Zahl der noch vorhandenen Personenkraftwagen erhöhen. Aus den Tankwagen mußten die PKWs versorgt werden, weil die Treibstoffknappheit in Spanien auch eine künftige geregelte Versorgung der Diplomatenfahrzeuge durch die spanischen Behörden immer unwahrscheinlicher erscheinen ließ. Bereits am 24. Dezember standen die gewünschten Fahrzeuge im Marine-Kfz-Park in Bayonne zur Abholung bereit.[315]

Es handelte sich dabei um fünf PKWs der Firma Citroën, einen Simca sowie einen Peugeot. Außerdem standen dort auch die angeforderten beiden Tankwagen. Es überrascht, daß trotz der allgemeinen Knappheit an Fahrzeugen den Wünschen des Marineattachés so umgehend und vollständig entsprochen wurde.[316]

In der Nacht vom 15. zum 16. Oktober 1941 lief U-204 zur Vollversorgung in den Hafen von Cadiz ein, machte an dem deutschen V-Schiff THALIA fest und übernahm von diesem 105 t Diesel, 3 t Schmieröl, sechs Torpedos und 2,5 t Proviant. Ferner wurden zwei Verletzte an das Versorgungsschiff abgegeben, die über Madrid nach Lorient transportiert werden sollten.[317] Das Boot verließ Cadiz am 16. Oktober.

Da sich nach der Versorgung dieses Bootes nur noch ein Rest von 50 t Diesel an Bord der THALIA befand, mußten bei den zuständigen deutschen Marinedienststellen Überlegungen darüber angestellt werden, wie diese Restmenge ergänzt werden konnte.

Hierzu wurde darüber nachgedacht, auf welche Weise von den offenbar reichlichen Dieselvorräten auf der MAX ALBRECHT in El Ferrol bestimmte Mengen nach Cadiz auf die THALIA und LUCY ESSBERGER transportiert werden konnten. Da ein solcher Transport offenbar nicht ohne die stillschweigende Billigung der Spanier oder sogar ihre Mithilfe möglich war, wurde eine entsprechende Anfrage bei der spanischen Marine vorgebracht, die dem Marineminister zur Entscheidung vorgelegt werden mußte.[318]

U-454 lief am 14. Dezember 1941 in Vigo ein und wurde hier insbesondere mit Brot und Kartoffeln versorgt. Das Boot verließ den Hafen am 15. Dezember. Bereits drei

Tage später gelang es den Briten, U-424 durch Fliegerangriffe bei Kap St. Vincente zu versenken. Wenig später protestierte der britische Marineattaché beim stellvertretenden spanischen Marineminister wegen der Versorgung deutscher U-Boote in spanischen Häfen. Er führte zum Beweis für seine Behauptung an, daß fünfzehn Überlebende eines deutschen U-Bootes nach Gibraltar gebracht worden waren. Diese Männer hätten spanische Wachsstreichhölzer sowie Medikamente einer Apotheke in Vigo mit sich geführt. Bei Vernehmungen hätten diese Soldaten ausgesagt, daß ihr Boot mit E-Maschinen in Vigo eingelaufen sei und sie hier von einem deutschen Motorschiff versorgt worden wären.

Die Spanier erklärten den Engländern gegenüber »alles für Phantasie«. Sie informierten aber sofort die zuständigen deutschen Dienststellen über diesen Sachverhalt. Diese befürchteten, daß die Spanier ihre bislang gewährte Unterstützung einstellen könnten. Sie schlugen daher vor, die U-Boot-Versorgung in Spanien für eine gewisse Zeit »einzufrieren«. Ferner hielt die deutsche Seite englische Luftangriffe auf die in Vigo liegenden eigenen Versorger deshalb für möglich, weil es in dieser Stadt keinen spanischen Flakschutz gab.

Gleichzeitig unterstellten die deutschen Diplomaten in Madrid aber auch, daß die Engländer und Amerikaner derzeitig kein Interesse daran haben könnten, Spanien in den Krieg hineinzuziehen. Trotzdem waren dem Gegner zum ersten Mal durch die Unvorsichtigkeit einer U-Boot-Besatzung konkrete Beweise für die Versorgung deutscher U-Boote in spanischen Häfen und damit massiver spanischer Neutralitätsverletzungen in die Hände gefallen. Die Folge konnte nur in einer noch sorgfältigeren Beobachtung spanischer Häfen durch die gegnerischen Nachrichtendienste bestehen, was wiederum die Spanier in sehr große Schwierigkeiten bringen konnte.[319]

U-68 lief am 16. Mai 1942 um 22.59 Uhr wegen eines Schadens an den Ausblaseventilen über Wasser in El Ferrol ein und machte längsseits der MAX ALBRECHT fest. Auf dem Versorger war auch die Montage des Hauptventils vorbereitet worden. Bei dieser Gelegenheit übernahm das U-Boot gleichzeitig 14 t Diesel und 3 t Trinkwasser. Nach Beendigung der Reparatur lief U-68 am 17. Mai gegen 21.00 Uhr wieder aus. Als das Boot dabei an spanischen Kriegsschiffen vorbeiglitt, waren auf jedem dieser Schiffe Ehrenwachen angetreten, die Front machten und vor dem auslaufenden deutschen Schiff salutierten.[320]

U-105 war am 11. Juni 1942 von einer Sunderland angegriffen worden. Aufgrund des Seegangs konnte die 3,7-cm-Flak nicht besetzt und der Angriff daher nicht erfolgreich abgewehrt werden. Durch Bombeneinschläge in nächster Nähe des Bootes waren zunächst die Maschinen ausgefallen. Überdies gab es einen Wassereinbruch in der Zentrale, und das Turmluk konnte nicht mehr geschlossen werden. Aus diesen Gründen setzte U-105 einen Notruf ab und bat, in El Ferrol einlaufen zu dürfen. Die spanische Marine hielt daraufhin den Zerstörer MELILLA auslaufbereit, um bei Bedarf Hilfe leisten zu können. Das Boot machte am 12. Juni 1942 um 8.20 Uhr längsseits des spanischen Zerstörers ALMIRANTE im Hafen von El Ferrol fest. Der deutsche Marineattaché bedankte sich danach ausdrücklich beim spanischen Marineminister für die erwiesene Hilfe. Gleichzeitig bat er den Minister um die Genehmigung, das Boot[321] so weit reparieren zu können, daß es wieder eine Mindesttauchtiefe von dreißig Metern erreichen konnte, um U-105 einen Schutz gegen mögliche alliierte Luftangriffe nach seinem Auslaufen zu gewährleisten. Der Minister gab in bezug auf diesen deutschen Wunsch allerdings zu bedenken, daß es Schwierigkeiten mit den Alliierten aufgrund der sehr freundschaftlichen spanischen Hilfe bei zahlreichen deutschen Seenotfällen geben könnte.

Der Marineattaché übergab dem spanischen Minister während dieses Gesprächs Listen mit Kursen für spanische Schiffe vor der nordamerikanischen Küste, damit diese Schiffe nicht in von der Kriegsmarine dort verlegte Minenfelder geraten sollten. Der BdU entschied kurz darauf, daß nur die Seefähigkeit von U-105 wiederhergestellt werden sollte, weil das Boot nach Verlassen der spanischen Hoheitsgewässer von eigenen Streitkräften nach Frankreich geleitet werden konnte. Die Zeit zur Wiederherstellung des Bootes für die Überwasserfahrt zu einem französischen Hafen wurde zunächst bis zum 25. Juni veranschlagt. Wenig später meldete Kkpt. Lorek aus El Ferrol, daß diese Reparatur zu einem früheren Zeitpunkt abgeschlossen sein würde. U-105 verließ den Hafen nach Beendigung der vorgesehenen Reparatur am 28. Juni morgens um 5.00 Uhr. Wenig später übernahmen vier deutsche Flugzeuge des Typs Ju-88 die Luftdeckung des Bootes. Am 29. Juni um 2.35 Uhr wurden diese Maschinen von vier M-Booten abgelöst, die U-105 nach Lorient geleiteten.[322]

Am 22. September 1942 bat U-66 wegen Ölverlustes um die Genehmigung zum Einlaufen in El Ferrol. Der Kommandant des Bootes, Kptlt. Marquardt, hatte zwar bereits am 14. September aus U-460 seinen Treibstoffbestand durch die Übernahme von 30 cbm Dieselöl ergänzt, glaubte aber trotzdem an einen Treibstoffverlust aus nicht bekannten Gründen. Auf die deutsche Bitte nach einer Einlaufgenehmigung für U-66 bestätigte die spanische Marine noch einmal, daß eine solche Genehmigung nicht erforderlich sei.[323] U-66 lief am 25. September 1942 um 23.16 Uhr in El Ferrol ein und ging längsseits der MAX ALBRECHT. Kptlt. Marquardt übergab auch einen an einem Hodenbruch erkrankten Besatzungsangehörigen an den deutschen Versorger. Das Boot lief nach Beendigung der Treibstoffübernahme am 26. September um 5.07 Uhr wieder aus El Ferrol aus.

Am 7./8. November 1942 waren die Alliierten in Nordafrika gelandet. Der deutsche Marineattaché beschreibt als unmittelbare Folge dieser Operation eine zunehmende politische Nervosität[324] der spanischen Regierung. Obgleich die Amerikaner und Engländer die militärische Unantastbarkeit des Landes zugesichert hatten, blieben die spanischen Militärs skeptisch. »Spanisch-Marokko war jetzt von drei Seiten eingeschlossen und in einer hoffnungslosen Position. Anglophile Gesellschaft und Rote glauben jetzt ihre Stunde kommen zu sehen ...«[325] Als unmittelbare Folge dieser für Spanien veränderten militärischen Situation befahl die Regierung am 20. November die Teilmobilmachung.[326] Hierdurch wurde die Armee auf eine Stärke von 700.000 Mann gebracht.

Am 2. November hatte der für die Betreuung der Attachégruppe im Marineministerium zuständige Offizier, Kkpt. Nunez, dem deutschen Marineattaché gegenüber noch geäußert, daß die spanische Marine gern zur Hilfeleistung für deutsche Schiffe und Flugzeuge bereit sei, es fehle ihr aber hierzu der notwendige Treibstoff. Meyer-Döhner scheint Zweifel daran gehabt zu haben, daß die Spanier diese Haltung angesichts der veränderten militärischen Situation würden durchhalten können. Eine Änderung ihrer Haltung aber mußte sich für die Versorgung der deutschen U-Boote und die Beseitigung von Schäden, die ihre Seetüchtigkeit beeinträchtigten, sehr negativ auswirken.

U-263 war am 24. November 1942 durch alliierte Flugzeuge angegriffen worden. Hierbei waren der Druckkörper achtern und die Steuerbordwelle beschädigt worden. Einen Tag später erfolgte ein weiterer Luftangriff auf das Boot, den U-263 ohne Beschädigung überstand. Der Kommandant des Bootes, Kptlt. Nölke, setzte einen Funkspruch ab, in dem er mitteilte, daß er aufgrund seiner Beschädigungen vielleicht El Ferrol als Nothafen anlaufen müsse. Am 26. November um 11 Uhr teilte die spanische Marine mit, daß U-263 im Begriff sei, den Kriegshafen anzulaufen. Nölke erhielt für diesen Fall den Befehl, den größten Teil seiner Besatzung als Schiffbrüchige an die MAX ALBRECHT abzugeben, um so ihre Internierung zu vermeiden und dadurch ihre sofortige Weiterreise nach Deutschland zu ermöglichen. Am 27. November um 20.00 Uhr teilte der Kommandant mit, daß er nur bedingt tauchklar den Weitermarsch versuchen werde. Um 10.45 Uhr dieses Tages erhielt U-263 durch eigene Ju-88 Luftgeleit. Später übernahmen zwei M-Boote den Schutz des Bootes, das zunächst Bayonne anlief.[327]

Am 1. Mai 1942 wurde U-573 durch einen Fliegerangriff vor der spanischen Ostküste tauchunklar. Die um Hilfe gebetenen Spanier ließen sofort zwei Kanonenboote auslaufen. Der Kommandant des U-Bootes, Kptlt. Heinsohn, lehnte aber ihre Hilfe ab und lief mit eigener Kraft den spanischen Kriegshafen von Cartagena an. Vier kranke Besatzungsmitglieder wurden sofort ins Hospital gebracht. Fachleute schätzten die Reparaturdauer für das Boot auf zwei bis drei Monate. Zwei Tage später bedankte sich der Gehilfe des Marineattachés, Kkpt. Menzell, beim spanischen Marineminister für die erwiesene Hilfe. Die Frage des Diplomaten nach einer baldigen Heimreisemöglichkeit für die Besatzung von U-573 beantwortete der Minister damit, daß er zunächst die Verlegung der deutschen Soldaten nach Madrid veranlassen wollte. Von dort könnte die heimliche Rückkehr der U-Boot-Männer sehr viel einfacher durchgeführt werden. Mitte Mai wurde durch das spanische Außenministerium die Genehmigung zur Reparatur des Bootes erteilt. Hierzu war durch Fachleute festgestellt worden, daß bei Gestellung deutschen Materials und Hilfspersonals die Reparatur zur Wiederherstellung der vollen Einsatzfähigkeit neun Monate, eine provisorische Ausbesserung aber nur drei Monate dauern würde. Der Besatzung des Bootes wurde von den Spaniern, fast wie selbstverständlich, gestattet, unbewacht in Zivilkleidung die Stadt zu besuchen.

Kptlt. Heinsohn wurde zur Berichterstattung nach Berlin befohlen. Er traf dort am 19. Mai ein. Da die spanische Marine an Nachbaurechten des deutschen U-Bootes vom Typ VIIc sehr interessiert war, wurde ihren Ingenieuren die eingehende Besichtigung von U-573 gestattet. Mitte Juni teilte der Marineattaché dem spanischen Marineminister mit, daß Deutschland vielleicht bereit sei, U-573 an Spanien zu verkaufen. Der deutsche Diplomat erfuhr in diesem Gespräch, daß falls eine direkte Entlassung der Besatzung nicht möglich sei, diese in der Nähe von Madrid interniert werden würde, um sie dann von dort später unauffälliger in kleinen Gruppen nach Deutschland ausreisen lassen zu können. Nach Rücksprache mit General Franco teilte der Marineminister dem deutschen Marineattaché am 1. August mit, daß Spanien zum Kauf von U-573 zu deutschen Bedingungen bereit sei, wozu auch die umgehende Entlassung der Besatzung des Bootes gehörte.

U-573 wurde daraufhin einen Tag später den Spaniern übergeben, nachdem zuvor die deutsche Flagge eingeholt und die spanische gesetzt worden war. Am 28. August fragte der deutsche Botschafter den spanischen Außenminister nach dem Zeitpunkt der Entlassung der U-Boot-Besatzung. Dieser berichtete dem deutschen Diplomaten dazu folgendes: Er habe dem britischen Botschafter mitgeteilt, daß U-573 von den Spaniern übernommen worden sei und damit jede Rechtsgrundlage für die weitere Internierung der deutschen Besatzung entfalle. Der englische Diplomat habe daraufhin geantwortet, daß die Alliierten die Entlassung dieser Besatzung als eine sehr schwere Neutralitätsverletzung betrachteten, die zu ernsten Gegenmaßnahmen der Amerikaner und Engländer führen würde: der völligen Sperrung der Ölzufuhr für Spanien. Aus diesem Grund müßte die Rückkehr der U-Boot-Besatzung aufgeschoben werden. Spanien sei aber bereit, die Soldaten nicht zu internieren, sondern bei passender Gelegenheit unter der Hand nach Deutschland verschwinden zu lassen. Einen Tag später äußerte der Marineminister, daß es möglich sein würde, dieses Problem mit dem neuen Außenminister sehr schnell zu regeln. Am 5. September fand der erste Besuch des deutschen Botschafters bei dem neuen spanischen Außenminister, General Jordans, statt. Dieser erklärte dem deutschen Diplomaten zwar, daß er an einer schnellen Regelung dieses Problems interessiert sei, mußte jedoch drei Wochen später anläßlich eines weiteren Gesprächs zugeben, daß die Alliierten an einem Festhalten der U-Boot-Männer bestehen würden. Daraufhin fragte die deutsche Seite bei den Spaniern an, ob es nicht möglich sei, die Spezialisten der Besatzung zu entlassen und sie durch nicht frontverwendungsfähige Soldaten zu ersetzen, die aus Deutschland zugeführt werden könnten. Am 8. Oktober erklärte sich der Marineminister in eigener Verantwortung bereit, einem solchen Austausch von bis zu fünf Soldaten zuzustimmen. Berlin befahl eine Woche später, daß der Kommandant des Bootes die Männer, die er für wichtig hielte, aussuchen und für den geplanten Austausch vorschlagen sollte. Am 16. Oktober waren die fünf »Austauschsoldaten« in Berlin abmarschbereit. Sie trafen vier Tage später in Madrid ein. Erst Anfang Dezember 1942 konnten jedoch erst die ersten zwei U-Boot-Männer nach Berlin ausreisen. Selbst eine scharfe Note des deutschen Botschafters wegen der versprochenen Freilassung der Restbesatzung von U-573 änderte nichts daran, daß die Spanier jetzt sehr viel vorsichtiger mit Hilfestellungen für Deutschland sein mußten.[328] Die Alliierten waren jederzeit in der Lage, die Ölzufuhr Spaniens abzuschneiden und dadurch die Wirtschaft des Landes zum Zusammenbruch zu bringen. Sie verfügten daher über einen entscheidenden Hebel, mit Hilfe dessen sie jederzeit Entscheidungen der spanischen Regierung beeinflussen konnten. Das Deutsche Reich war aber aufgrund der eigenen Treibstoffprobleme nicht in der Lage, Ersatz für einen möglichen Importausfall zu leisten.

Diese veränderten spanischen Möglichkeiten wurden zum ersten Mal bei der sehr verzögerten Rückkehr der Besatzung von U-573 deutlich. Die Männer kamen zwar nach Deutschland zurück, aber sehr viel später als geplant.

U-566 war auf dem Marsch von Brest in seinen befohlenen Einsatzraum, dem Mittelmeer, als das Boot am 24. Oktober 1943 um 1.27 Uhr vor der portugiesischen Küste von einer Wellington angegriffen wurde. Durch den Angriff dieser britischen Maschine, die dabei vier bis fünf Bomben abwarf, wurde das Boot tauchunklar. Ein starker Wassereinbruch durch die Torpedorohre konnte nicht behoben werden. Der Kommandant des Bootes, Kptlt. Hornkohl, entschloß sich daher, sein Boot aufzugeben. Nachdem die Besatzung in die Boote gegangen war, wurden um 4.30 Uhr die Ventile geöffnet und U-566 versenkt. Um 9.30 Uhr nahm der spanische Fischdampfer FINA aus La Coruna die U-Boot-Männer auf und brachte sie nach Vigo.[329] Der spanische Marineminister ordnete sofort die Unterbringung der U-Boot-Besatzung in Hotels an, die nicht der Kontrolle der spanischen Marine unterstanden. Außerdem versuchte er, da es sich bei den Soldaten um Schiffbrüchige handelte, deren sofortige Freilassung durchzusetzen. Der persönliche Referent des Marineministers riet dem deutschen Marineattaché, daß aufgenommene Schiffbrüchige von deutschen Kriegsschiffen keine Angaben über ihre Schiffe machen, sondern lediglich erklären sollten, daß sie Marineangehörige wären. Hierdurch würde die diplomatische Handhabung der zügigen Entlassung solcher Soldaten erheblich erleichtert werden. Der Marineattaché schlug dem BdU daher einen entsprechenden Befehl an alle U-Boot-Besatzungen vor.[330]

Am 27. Oktober teilte der Leiter der politischen Abteilung im spanischen Außenministerium dem deutschen Marineattaché mit, daß die Besatzung von U-566 sofort entlassen werden würde. Einen Tag später wurden die Soldaten dem deutschen Konsul in Vigo überstellt, der nunmehr ihren Heimtransport veranlassen konnte. Bereits am 30. Oktober überschritt die Besatzung von U-566 die spanisch-französische

Grenze bei Hendaye.[331] Auch hier hatten die zuständigen spanischen Dienststellen freundschaftlich geholfen, damit die Besatzung von U-566 zügig heimkehren konnte.

U-617, Kommandant Kptlt. Brandi[332], war nach hartem Einsatz gegen ein Geleit von den Begleitzerstörern unter Wasser gedrückt und zum Ablaufen gezwungen worden. Nachdem Brandi seine Verfolger abgeschüttelt hatte, tauchte er nachts auf und wurde während dieser Überwasserfahrt von einem Flugzeug angegriffen. Die von der Maschine abgeworfenen drei Bomben beschädigten das Boot sehr stark. Der Backborddiesel und die elektrische Ruderanlage waren ausgefallen. Der Kommandant steuerte daraufhin mit seinem Boot die spanisch-marokkanische Küste auf der Höhe von Melilla an. Brandi versuchte auf diese Weise, innerhalb der spanischen Hoheitsgewässer eine ruhige Bucht für notwendige Reparaturen an seinem Boot zu finden. Dabei lief er auf einen Unterwasserfelsen auf und kam nicht wieder los. U-617 wurde während dieser Zeit auch noch innerhalb der neutralen Hoheitsgewässer von einem Flugzeug verfolgt und unter Bordwaffenbeschuß genommen. Der Kptlt. entschloß sich daher am 12. September 1943, sein Boot aufzugeben und selbst zu versenken. Zwischenzeitlich waren noch drei Kriegsschiffe des Gegners erschienen, die den aus dem Wasser herausragenden Bug von U-617 unter Beschuß nahmen. Die an Land gegangene Besatzung des deutschen Bootes wurde in Melilla interniert. Nunmehr begann ein diplomatisches Tauziehen um die Freilassung der U-Boot-Männer zwischen den zuständigen deutschen und spanischen Dienststellen. Hierbei war dem BdU allerdings klar, daß aufgrund des starken politischen Drucks der Engländer auf die Spanier diese nicht mehr, wie in der Vergangenheit, in der Lage waren, solche Entlassungsfragen freundschaftlich »unter der Hand« zu regeln und die dringend für neue Einsätze gebrauchten U-Boot-Besatzungen den Deutschen ohne lange Verzögerungen zu überstellen.[333] Der Marineminister hatte allerdings bereits am 28. September dem deutschen Marineattaché gegenüber seine Absicht erklärt, Kptlt. Brandi anläßlich der Verlegung der Besatzung von U-617 von Spanisch-Marokko nach Spanien flüchten zu lassen.[334] In einem weiteren Gespräch, zwei Tage später, erinnerte der deutsche Diplomat den Minister an diese Zusage, worauf dieser seine Absicht noch einmal bekräftigte.[335] Über das Schicksal der Besatzung des Bootes konnte er keine Angaben machen, da hierfür zunächst der Außenminister zuständig war. Am 8. November erfuhr der Marineattaché, daß die Besatzung von U-617 nicht nach Cartagena, sondern Cadiz gebracht werden sollte. Von dort hoffte er unter Umständen auch die Besatzung des Bootes »nach und nach heimlich fortschaffen zu können«.[336]

Das spanische Kanonenboot DATO lief am 11. Oktober von Cartagena nach Melilla aus, um die Besatzung von U-617 nach Cadiz zu transportieren. Von dort aus sollte dann das »Sonderunternehmen Brandi« anlaufen, das vorsah, den Kptlt. zunächst nach Madrid und von dort mit dem Flugzeug des Luftwaffenattachés nach Biarritz zu fliegen.[337] Kptlt. Brandi übernahm im Januar 1944 das Kommando auf U-967.

U-193, Kommandant Oblt. Dr. Abel, lief am 10. Februar 1944 nach einem Einsatz im Mittelatlantik entlang der spanischen Nordküste innerhalb der Hoheitsgewässer bei Cap Rocondo mittschiffs auf einen Felsen. Der Druckkörper wurde hierbei schwer beschädigt. Ein Abdichten des Lecks war nicht möglich. Deshalb trat Dr. Abel mit seinem tauchunklaren Boot den Marsch nach El Ferrol an. Dort lief U-193 am 10. Februar 1944 um 3.55 Uhr ein. Der Kommandant nahm nach dem Festmachen sofort Kontakt zu dem deutschen V-Mann Brendel[338] auf. Dieser setzte sich sogleich mit dem Marineattaché in Verbindung, der das Weitere bei der spanischen Regierung veranlaßte.

Diese setzte nach Anhörung ihrer Marinesachverständigen die Reparaturfrist auf vier Tage fest. Der Fristbeginn wurde auf den 17. Februar 8.00 Uhr morgens festgesetzt. Zu diesem Zeitpunkt kamen noch weitere vierundzwanzig Stunden, innerhalb derer das Boot auslaufen mußte.[339] Die am Druckkörper vorhandenen Beschädigungen wurden innerhalb dieser Frist beseitigt. Nach Beendigung der Reparatur stellte die spanische Marine unaufgefordert drei Bewacher für die Trimmversuche von U-193 vor der Hafenausfahrt zur Verfügung, die bei Schwierigkeiten sofort Hilfestellung leisten konnten. Am 20. Februar verließ U-193 um 0.25 Uhr den Hafen. Der Kommandant von U-193 bemerkte zum Aufenthalt seines Bootes in El Ferrol: »... von den Spaniern haben wir nur Gutes und aufrichtige Sympathie erfahren ...« Das Boot erreichte am 25. Februar wieder Lorient.[340]

Der deutsche Botschafter in Madrid, Dieckhoff, berichtete nach dem Auslaufen des Bootes an das Auswärtige Amt nach Berlin: »... Nach einer Anzahl von Fällen, in denen uns die spanische Regierung unter Berufung auf völkerrechtliche Bestimmungen bei der Freigabe von U-Boot-Bergungen bzw. beim Wiederauslaufen beschädtigter Boote Schwierigkeiten gemacht hat, ist im vorliegenden Fall erstmalig wieder entsprechend unseren Wünschen verfahren worden, trotz der üblichen Einwände der Engländer ...«[341]

Ab Mitte 1943 wurde es der spanischen Regierung aufgrund des ständig zunehmenden politischen Drucks der Alliierten immer schwieriger, den deutschen Wünschen insbesondere nach unmittelbarer Überstellung in Spanien gelandeter U-Boot-Männer zu entsprechen.[342] General Franco hatte zwar in einer Unterredung mit dem deutschen Botschafter Dieckhoff am 3. Dezember 1943 geäußert, daß es die spanische Regierung für weiser gehalten habe, zunächst einmal die Internierung der Besatzungen auszusprechen. Er, Franco, könnte aber versichern, daß die Besatzungen allmählich freigegeben würden, wie das auch schon in früheren Fällen geschehen sei. Im übrigen sei ja auch der wichtige Offizier, der Eichenlaubträger Kptlt. Brandi, sofort mit Zustimmung der spanischen Regierung aus Spanien herausgelassen worden.[343]

Trotz dieser Versicherung des spanischen Staatschefs mahnte der deutsche Botschafter am 6. Januar 1944 vergeblich beim spanischen Außenministerium die Freigabe der Besatzungen von U-Brandi und U-Blum (U-760) an. Diese konnten offenbar aufgrund des britischen Drucks nicht freigelassen werden, obgleich den Engländern von den Spaniern im Gegenzug dazu die Entlassung britischer Internierter angeboten worden war.[344]

Auch wegen dieser jetzt sichtbar gewordenen Schwierigkeiten verzichtete die Kriegsmarine im Februar 1944 auf die geplante Aufstellung eines weitreichenden Funkmeßbeobachtungsgerätes an der Nordwestküste Spaniens. Dieses Gerät sollte mit anderen an der Biscayaküste bereits aufgestellten ein Peilnetz zum Schutz der deutschen U-Boote bilden. Bislang hatten nur technische Schwierigkeiten die Endausführung dieses Planes verzögert. Jetzt aber machten die wachsenden Probleme Spaniens mit den Westalliierten den reibungslosen Einsatz dieser Geräte zweifelhaft.[345]

Trotz dieser Schwierigkeiten waren die persönlichen Sympathien vieler spanischer Persönlichkeiten offenbar nach wie vor auf deutscher Seite. Es kann daher vermutet werden, daß manche deutsche Anliegen nicht auf höchster Ebene, sondern auf denen darunter weiterhin erledigt wurden. Anläßlich einer offiziellen Einladung des spanischen Staatschefs am 18. Juli 1944 setzte sich der Marineadjutant General Francos[346], Fkpt. Fontan, der eigentlich an der offiziellen Tafel der spanischen Minister essen sollte, ostentativ neben den deutschen Marineattaché Meyer-Döhner. Die alliierten Waffenattachés saßen hingegen völlig allein. Bei dem sich anschließenden Konzert nahm außerdem auch noch der Luftfahrtminister neben dem deutschen Diplomaten Platz. Daraufhin kam während des Konzertes der Heeresadjutant Francos, Oberst Peral, zu Fontan: »Ich soll Dir eine offizielle Rüge des Generalissimus überbringen, weil Du Dich beim Essen nicht auf Deinen vorgesehenen Platz neben dem amerikanischen Geschäftsträger, sondern zum deutschen Marineattaché gesetzt hast. Persönlich finde ich es aber sehr nett von Dir.«

»Da Aufgaben, die einen Aufwand im bisherigen Umfang nicht rechtfertigen, zur Zeit nicht vorliegen und in Zukunft auch nicht zu erwarten sind, verfügte die Seekriegsleitung am 10. Januar 1944 den Abbau der Marine-Etappe Spanien.«[347]

Der Seekriegsleitung war zu diesem Zeitpunkt klar, daß die bisherige Hilfestellung der Spanier durch die stillschweigende Duldung der deutschen U-Boot-Versorgung einschließlich entsprechender Reparaturen im bisherigen Umfang nicht aufrechterhalten werden konnte. Die militärisch immer schwierigere Lage des Deutschen Reiches mußte daher den ohnehin schon starken politischen Druck der Alliierten auf Spanien noch weiter verstärken. Aus diesem Grund mußte der BdU mit einer weiteren Reduzierung der U-Boot-Versorgung in spanischen Häfen bis hin zu ihrem völligen Ausfall rechnen, wodurch die Einsatzdauer der deutschen U-Boote wesentlich eingeschränkt worden wäre.

Daher verfügte die Seekriegsleitung zunächst die Reduzierung der Anzahl der deutschen Versorgungsschiffe in den spanischen Häfen: die Rückführung der BESSEL aus Vigo; den Verkauf der beschädigten NORDATLANTIK in El Ferrol an Spanien; die

Streichung der in Cadiz liegenden LUCY ESSBERGER wie auch des Dampfers KERSTEN MILOS in Las Palmas von der Liste der Versorgungs-Schiffe. Es verblieben danach in Spanien die MAX ALBRECHT in El Ferrol, die THALIA in Cadiz und der Dampfer LIPARI in Cartagena. Letzterer wurde allerdings aufgelegt und seine Besatzung nach Deutschland zurückgeführt; er behielt dabei aber seinen Status als Versorgungsschiff.[348]

Offensichtlich wurden auch die Besatzungen von deutschen in Spanien notgelandeten Flugzeugen nicht unbedingt interniert, sondern nach Deutschland zurückgeschickt. Für die Spanier war diese Hilfeleistung deshalb einfacher, weil die Notlandung eines Flugzeuges unauffälliger und daher von den Alliierten unbeobachteter als das Einlaufen eines U-Bootes vor sich ging.[349]

Am 26. Juni 1944 startete in Kalamaki eine erbeutete amerikanische B-17 mit deutschen Hoheitsabzeichen. Die Maschine gehörte zum geheimen Kampfgeschwader 200.[350]

Der Flugauftrag: das Absetzen von Agenten in Algerien. Nach der Durchführung dieses Auftrages sollte die Maschine parallel zur spanischen Ostküste über das westliche Mittelmeer das südfranzösische Istres anfliegen. Die B-17 war für diesen Flug mit Zusatztanks ausgestattet worden, man hatte aber die Kraftstoffpumpen verkehrt angeschlossen. Mit ihrer Hilfe sollte der Kraftstoff von den Zusatztanks in den Haupttank gepumpt werden. Es funktionierte hier aber umgekehrt. Die Maschine mußte daher in Valencia notlanden. Von der Besatzung wurden sofort sämtliche Karten mit den eingetragenen Flugrouten vernichtet, um sie nicht in unbefugte Hände fallen zu lassen. Das Tagebuch des Generals Koller bemerkt zu diesem Zwischenfall nur kurz: »Major Golcher teilt mit, daß eine Boeing-17 des KG 200 nach Durchführung ihres Auftrages in Valencia (Spanien) notgelandet sei. Golcher schlägt vor, über den Luftattaché mit Hilfe seiner spanischen Beziehungen das Flugzeug vernichten zu lassen. Anweisung: Wenn das Flugzeug keine Sondereinbauten oder wichtige Geräte an Bord hat, außerdem das Hoheitszeichen führt, besteht zur Vernichtung kein Anlaß. Flugzeuge so behandeln wie gelandete deutsche Muster. Es ist zu melden, ob deutsche Hoheitsabzeichen! Da das Flugzeug deutsche Hoheitsabzeichen trägt, dies wird nach kurzer Zeit bestätigt, bleibt es bei der gegebenen Anweisung.«[351]

Die deutsche Besatzung wurde von den Spaniern sehr freundlich aufgenommen. Die Soldaten erhielten Zivilkleidung und wurden in Madrid bei deutschen Familien untergebracht. Nach zwei Wochen stellten die spanischen Behörden den Fliegern ein Sammelvisum aus. Hierdurch wurden die Soldaten als Fußballmannschaft ausgewiesen und mit der Eisenbahn nach Deutschland zurückgeschickt. Die B-17 blieb von den Behörden beschlagnahmt in Spanien.

Auch bei der Bergung auf See notgelandeter deutscher Flugzeugbesatzungen halfen die spanische Marine und Luftwaffe trotz eigenen Treibstoffmangels sofort, wenn sie von deutschen Dienststellen darum gebeten wurden.[352]

Dem Luftattaché bei der Deutschen Botschaft in Madrid war eine Wetterabteilung

(Abt. W.) unterstellt, die von dem Meteorologen Regierungsrat Zimmerschied geleitet wurde. Die Existenz einer solchen Abteilung macht den Stellenwert deutlich, den die deutsche Seite der Wetterbeobachtung in Spanien einräumte. Der Wetterflugstelle in Madrid stand zur Durchführung ihrer Aufgaben eine He-111 mit der deutschen Kennzeichnung D-AHAL zur Verfügung.[353] Es bereitete offensichtlich auch keine Schwierigkeiten, für die Wetterbeobachtung in Spanien dringend benötigte Geräte von Deutschland auf die Iberische Halbinsel zu fliegen.[354] In der Nähe von El Grove war eine Radiosonderstation eingerichtet worden, in der im Oktober 1944 vierzehn deutsche Wetterbeobachter tätig waren.[355]

Bei Lugo hatte die deutsche Seite eine »Consol-Station« (Navigationsfunkfeuer) eingerichtet, die auch dem Luftwaffenattaché unterstand und ungestört bis zum Kriegsende arbeitete.[356]

Der spanischen Marine waren sieben Exemplare des englischen Geheimschlüssels »Admirality Cypher Out« in die Hände gefallen. Anfang Januar 1942 übergaben die Spanier davon das am besten erhaltene »unter der Hand« Vertretern der deutschen Abwehr in Madrid. Auch die Überlassung dieser für die deutsche Seekriegsleitung wichtigen Unterlagen war ein Beweis für die enge Zusammenarbeit deutscher und spanischer Dienststellen während des Krieges.[357]

Am 25. Juli 1943 fertigte der Chef der deutschen Abwehr für den Chef des Oberkommandos der Wehrmacht eine Vortragsnotiz über Abwehrerfolge im neutralen Spanien an.[358] In dieser Notiz teilte Admiral Canaris mit, daß es der deutschen Abwehr in Spanien im April 1943 gelungen war, in eine von der britischen Botschaft seit 1941 inbesondere in den spanischen Nordprovinzen aufgebaute monarchistische Widerstandsorganisation einzudringen. Diese gliederte sich in eine Nachrichtenorganisation, deren Aufgabe darin bestand, Spionage zu betreiben, und eine Kampforganisation, die Kampfgruppen in den Nordprovinzen aufzustellen hatte. Zu diesen Einheiten sollten aber auch, nach ihrer Befreiung, die 6.000 Gefangenen des Internierungslagers Miranda del Ebro herangezogen werden. Die weiteren Aufgaben dieser Widerstandsorganisation bestanden in der Schaffung von Ladungsmöglichkeiten für Agenten und Waffen an der spanischen Nordküste sowie Landeplätze und Unterbringungsmöglichkeiten für Fallschirmspringer, Luftlandetruppen und Waffen im Landesinneren. Die Organisation verfügte auch über 4–5 Geheimsender, die ausgehoben werden konnten.[359] Das sichergestellte Material wurde der Falange übergeben.[360] Generalissimo Franco erteilte einen besonderen Befehl zur Zerschlagung dieser Organisation. Der Leiter dieser Widerstandsgruppen, ein spanischer Staatsangehöriger, bestätigte durch sein volles Geständnis die bisherigen Ermittlungen der deutschen Abwehr. Die Verhaftung der Beteiligten erfolgte streng geheim und nacheinander.

Weiterhin war es der deutschen Abwehr im März 1943 gelungen festzustellen, daß der Leiter der US-Treibstoff-Kontrollkommission in Barcelona und dessen Mitarbeiter

Aufträge zur Erkundung spanischer Küstenbefestigungen auch auf den Balearen an spanische Staatsbürger erteilt und diese somit zur Spionage angeworben hatten. Ein spanischer Angestellter einer deutschen Firma in Barcelona verriet den Amerikanern den Decknamen-Code von Schiffen, die in deutschem Auftrag zwischen Spanien und Südfrankreich verkehrten. In Zusammenarbeit mit den zuständigen spanischen Dienststellen wurde auch gegen den hier beteiligten Personenkreis vorgegangen und vierzehn Personen verhaftet. Zwei wichtige amerikanische Geheimagenten entkamen allerdings nach Portugal. Generalissimo Franco und der Befehlshaber von Katalonien, General Moscado, wurden unmittelbar und direkt über diese Angelegenheiten unterrichtet.

Ferner stellte die deutsche militärische Abwehr bis Mitte Juni 1943 in Spanisch-Marokko fest, daß der dortige Hohe Kommissar, der monarchistisch und zugleich anglophil eingestellte General Orgaz, gemeinsam mit anderen in einflußreichen Stellen tätigen Monarchisten einen Staatsstreich plante.[361] Von Marokko aus wurden auch sehr enge Verbindungen nach Malaga aufgebaut, wo besonders intensiv an den Vorbereitungen dieses Putsches gearbeitet wurde.[362]

Eine von diesen Gruppen angestrebte Umwälzung in Spanien, wäre sie erfolgreich, hätte den Feindmächten nicht nur den Vorwand bieten können, Spanisch-Marokko zu besetzen, sondern wäre für sie auch sicherlich Veranlassung gewesen, auf der iberischen Halbinsel zu landen.

Diese Vortragsnotiz zeigt, daß es der deutschen Abwehr in Spanien offenbar möglich war, erstaunlich frei und ungehindert zu arbeiten. Dieses war aber, so muß unterstellt werden, nur möglich, weil sie auf das engste mit den entsprechenden spanischen Dienststellen zusammenarbeitete, die wiederum die Abwehrarbeit in jeder Beziehung unterstützten. Es erstaunt allerdings, daß die Abwehr ihr Material nicht den zuständigen Behörden, sondern der Falange übergab, was nur so gedeutet werden kann, daß es auch eine sehr enge Zusammenarbeit mit dem falangistischen Parteiapparat gab.[363]

Am 8. April 1944 machte der Chef der Amtsgruppe Wehrmachtsnachrichtenverbindungen beim Oberkommando der Wehrmacht dem Chef des Wehrmachtführungsstabes eine erstaunliche Mitteilung.[364] Hiernach hatte die deutsche Seite in mehrfachen Vorbesprechungen mit dem spanischen Generalstab vereinbart, daß die in Spanien tätigen Teile der deutschen Funkabwehr nach außen im Auftrag des spanischen Generalstabes arbeiten und von diesem besonderen Schutz erhalten sollten.[365]

Die spanische Regierung gab dem alliierten Druck hinsichtlich von Hilfen für Deutschland nur dort nach, wo ihr das konkret nachgewiesen werden konnte. Das war bei der Erlaubnis zur Rückkehr von U-Boot-Besatzungen der Fall. In Bereichen hingegen, in denen der Regierung in Madrid eine solche Kooperation von den Engländern und Amerikanern nicht bewiesen werden konnte, wurde diese fortgesetzt. Es kann daher vermutet werden, daß diese Zusammenarbeit deutscherseits nicht lückenlos dokumentiert wurde, so daß den Alliierten 1945 entsprechende, Spanien belastende,

Unterlagen nicht in die Hände fielen. Die deutschen Militärdiplomaten in Madrid waren aber vielleicht auch über diese Zusammenarbeit informiert und für die Sieger daher als Zeugen spanischer Neutralitätsverletzungen sehr wichtig. Dieses würde auch die heimliche Ausreise des Luftwaffenattachés 1946 nach Argentinien erklären. Hierdurch würde aber auch verdeutlicht, weshalb andere Offiziere erst 1950 oder gar nicht nach Deutschland zurückkehrten. Weshalb sich der Marineattaché Meyer-Döhner einer Vernehmung durch die Briten in England stellte und dabei sein Kriegstagebuch auslieferte, konnte nicht geklärt werden.

Schlußbetrachtung

Es ist erstaunlich, auf welche umfassende Weise die spanische Regierung die deutsche Seekriegsführung unterstützte. Sie gestattete deutschen Versorgungsschiffen den unbegrenzten Aufenthalt in ihren Häfen. Diese versorgten nicht nur die U-Boote mit Treibstoff und Lebensmitteln, sondern waren auch in der Lage, kleinere Reparaturen an den Booten durchzuführen. Durch diese spanische Hilfe wurde die Einsatzzeit der deutschen U-Boote erheblich verlängert und ihr Aktionsradius bedeutend erweitert. Hierdurch war die Seekriegsleitung in der Lage, die zur Größe der Einsatzräume relativ geringe Anzahl ihrer einsetzbaren Boote teilweise auszugleichen. Diese spanische Unterstützung geschah zum Teil recht offen und manches Mal sehr beeindruckend. U-68 mußte wegen eines Schadens am 16. Mai 1942 El Ferrol anlaufen. Das Boot verließ diesen Hafen in der Dämmerung des nächsten Tages wieder. Als das deutsche Schiff hierbei an den im Hafen festgemachten spanischen Kriegsschiffen vorbeiglitt, waren auf diesen Ehrenwachen angetreten, die Front machten und vor dem auslaufenden deutschen U-Boot salutierten. Eine Geste, die auch auf die deutsche Besatzung großen Eindruck machte.

Eine weitere große Hilfe für die Seekriegsleitung bestand darin, daß die spanischen Dienststellen, solange es ihnen möglich war, deutsche U-Boot-Besatzungen, die in Spanien »gestrandet« waren, der deutschen Seite überstellten. Auf diese Weise konnten die U-Boot-Männer, mit einem neuen Boot ausgestattet, sehr bald wieder eingesetzt werden.

Inwieweit auch die deutsche Luftwaffe eine ähnliche spanische Unterstützung erfuhr, konnte bis auf Einzelbeispiele nicht nachgewiesen werden. Ob es zwischen dem Ausweichen des Luftwaffenattachés nach Südamerika, seinem späteren Pensionsverzicht und der spanischen Unterstützung seiner Arbeit Zusammenhänge gab, war nicht zu ermitteln. Es erstaunt, daß die Alliierten wegen dieser spanischen Unterstützung der deutschen Kriegsführung keinen größeren Druck auf Spanien ausübten.

Selbst wenn die Drosselung der spanischen Ölimporte eine harte Maßnahme war, beendete sie die Unterstützung der spanischen Regierung für Deutschland nicht. Die Alliierten hatten daher wohl zwischen einer Kriegserklärung an Spanien mit einem anschließenden Feldzug gegen dieses Land und einer weiteren Tolerierung der spanischen Hilfe für Deutschland abzuwägen.

Leider konnte nicht geklärt werden, ob es vielleicht einen Zusammenhang zwischen der Tätigkeit von Dr. Niemöller in Tokio und der deutschen Lieferung von Uranoxyd und schwerem Wasser an Japan gab. Niemöller war als Chemiker Sprengstoffspezialist und daher kein Fachmann für Waffenfragen. Für diesen Bereich hätte es daher, bei entsprechendem Bedarf, sicherlich der Abkommandierung eines anderen Experten bedurft.

Der letzte U-183 befohlene Einsatz war angesichts des von der US-Marine völlig beherrschten Seegebietes ein sinnloses »Himmelfahrtskommando«. Hinzu kam, daß das Boot noch nicht einmal über einen Schnorchel verfügte. Was aber war für den erfahrenen Kommandanten so wichtig, daß er sein Boot bis zur Tauchunfähigkeit überlud und dadurch eine zusätzliche Gefährdung seines Schiffes in Kauf nahm? Es ist unstrittig, daß er zur Durchführung des ihm erteilten Auftrages sein Boot nicht zu überladen brauchte. Der normal gebunkerte Treibstoff hätte hierzu ausgereicht. Die Heimat konnte er trotz seiner Zuladung nicht erreichen, wohl aber Südamerika. Es muß daher noch einen anderen, heute nicht mehr nachweisbaren Grund für die Überladung seines Bootes gegeben haben, der so wichtig war, daß Kptlt. Schneewind die sich daraus ergebende zusätzliche Gefährdung seines Schiffes in Kauf nahm.

Korv.Kpt. von Puttkamer.

den 9.9.39

An den

Chef des Stabes der Seekriegsleitung,
Herrn Konteradmiral Schniewind,

Geheime Kommandosache!

B e r l i n W 35

Tirpitzufer 72/76

Anliegendes Schreiben des Reichsministers H e s s übergab mir der Führer ohne Kommentar. Ich gebe also entsprechend an Herrn Admiral weiter.

Da ich persönlich nicht unterrichtet bin, wäre ich für eine kurze Mitteilung dankbar, wie die Dinge in dieser Hinsicht liegen, damit ich diesbezügliche Anfrage beantworten kann. Besteht z.Zt. überhaupt die Möglichkei mit U-Booten derartige Minen zu verwenden?

Mit gehorsamsten Grüßen und

Heil Hitler!

Puttkamer

Korvettenkapitän.

A1

12

Geheime Reichssache!

Dies ist ein Staatsgeheimnis im Sinne des [illegible] RStGB. in der Fassung des Gesetzes [illegible] 24. 4. 193[illegible]

Der Stellvertreter
des Führers
der NSDAP.

Berlin, den 18. Sept. 1939

[illegible] Nur von Hand zu Hand oder an persönlich [illegible] in doppeltem Umschlage gegen Empfangsbestätigung weitergeben.

[illegible] möglichst durch Kurier oder Vertrauenspersonen; bei Postbeförderung als Wertbrief (Wert 1.050 RM).

Vervielfältigung jeder Art sowie Herstellung von Auszügen verboten.

[illegible] haftet für sichere Aufbewahrung. [illegible] hiergegen zieht schwerste Strafe [illegible]

Mein Führer!

Ich darf dringend in Vorschlag bringen, daß seitens der Marine solange keine weiteren G-Minen verwandt werden – zumindest nicht in den feindlichen Gewässern – als bis endgültig feststeht, in welcher Richtung die Entwicklung geht:

Wie ich von Marineseiten gehört habe, scheint der Engländer in Unkenntnis des Wesens dieser Mine noch kein brauchbares Räumgerät entwickelt zu haben. Es ist daher meines Erachtens von höchster Wichtigkeit, daß er nicht, bevor es ganz hart auf hart geht, auf diese Mine und die Möglichkeit ihrer Räumung aufmerksam wird. Dies muß aber der Fall sein, wenn in seinen Gewässern solche Minen gelegt wurden und nach einem vielleicht baldigen Friedensschluß ohne vorhergegangene wesentliche Kampfhandlung nun die Notwendigkeit der Räumung dieser Minen durch Deutschland eintritt. Spätestens in diesem Augenblick erhält der Gegner Kenntnis von dieser Minenart und von der technischen Methode, sie zu räumen. Er wird dann selbstverständlich für künftig alles daransetzen, seinerseits das entsprechende Räumgerät zu entwickeln und in der notwendigen Menge bereitzustellen.

Wie bei anderen großen kriegstechnischen Erfindungen, deren Wirkung erheblich im Überraschungsmoment liegt und in der Hilflosigkeit des Gegners, sollte auch die G-Mine nur in ganz großem Stil oder garnicht angesetzt werden – keinesfalls aber als kleinen, für den Gegner ärgerlichen Versuch,

AI 58[illegible] Kao / 39

der gleichzeitig eine Warnung darstellt und es ihm ermöglicht, rechtzeitig die Abwehr zu organisieren. Auf die Parallelen im Weltkrieg brauche ich Ihnen, mein Führer, gegenüber nicht hinzuweisen.

Ich hoffe, daß ein Abstoppen nicht zu spät ist, denn wie ich weiter erfahren habe, sind leider bereits einige kleine Sperren gelegt an Stellen, an denen eine eventuelle Räumung nur unter den Augen des Gegners stattfinden kann. Vielleicht geht die Sache aber trotzdem noch einmal gut, wenn jedes weitere Legen dieser Art Minen bis auf weiteres radikal eingestellt wird.

Heil mein Führer!

Rudolf Heß

N.S.: Noch einmal darf ich darauf hinweisen, daß diese G-Mine, in großem Stile angewandt, - nicht zuletzt auch dem Hauptflottenstützpunkt gegenüber - kriegsentscheidend sein kann unter der Voraussetzung, daß eine Räumungsmöglichkeit, die einer Großaktion gewachsen ist, nicht vorhanden ist. Eine Entwicklung derselben verlangt, wie mir die Marine versichert, die Arbeit zumindest vieler Monate.

RH.

127

Der Stellvertreter
des Führers
der NSDAP

Herrn
Großadmiral R a e d e r
B e r l i n W 35

Sehr verehrter Herr Admiral,

Anbei übermittle ich Ihnen eine Denkschrift, die ich in Ergänzung zu der Denkschrift vom 17. Juli 1938 über die Frage des Minenabwurfs durch Flugzeuge vor einiger Zeit an Generalfeldmarschal Göring übermittelte.

Wenn die Denkschrift auch in erster Linie die Luftwaffe angeht, so nehme ich doch an, daß sie für Sie gleichfalls von Interesse ist.

Bei dieser Gelegenheit darf ich Sie beglückwünschen zu dem fortgesetzten erfolgreichen Einsatz der Marine. Ich weiß, daß die bisherigen, für den Gegner so überraschenden Ergebnisse des Minenkrieges auf sehr wagemutige Fahrten der leichten Streitkräfte zurückzuführen sind. Ich weiß auch, daß ja der Minen-Luftkrieg nicht denkbar wäre ohne die hervorragende Konstruktion der M-Mine, die der Marine zu verdanken ist.

Heil Hitler!
Ihr

Der Stellvertreter des Führers der NSDAP.

Geheime Reichssache!

1. Dies ist ein Staatsgeheimnis im Sinne des § 88 R.St.G.B. in der Fassung des Gesetzes vom 24. 4. 1934 (RGBl. I S. 341 ff.).
2. Nur von Hand zu Hand oder an persönliche Anschrift in doppeltem Umschlage gegen Empfangsbescheinigung weitergeben.
3. Beförderung möglichst durch Kurier oder Vertrauensperson; bei Postbeförderung als Wertbrief (Wert 1050 RM).
4. Vervielfältigung jeder Art sowie Herstellung von Auszügen verboten.
5. Empfänger haftet für sichere Aufbewahrung. Verstoß hiergegen zieht schwerste Strafe nach sich.

A b w u r f m i n e n   g e g e n   E n g l a n d

Ich nehme Bezug auf meine Denkschrift vom 16. Juli 1939: "Über die Möglichkeit einer absoluten Blockierung Englands". Ich darf noch einmal mit Nachdruck darauf hinweisen, daß das Abwerfen von M-Minen aus Flugzeugen im großen Stil für den Kampf mit England gegebenenfalls kriegsentscheidend ist. Diese kriegsentscheidende Wirkung kann als sicher angesehen werden, wenn es dem Gegner entsprechend lange Zeit hindurch nicht gelingt, ein Mittel zu finden, die M-Minen zu räumen oder sonst unwirksam zu machen.

Technische Voraussetzung ist, daß die Mine auch aus großer Höhe gezielt abgeworfen werden kann, d.h. entweder die Konstruktion eines Zünders gefunden wird, der den Aufprall nach freiem Fall aushält, oder ein Fallschirm nach freiem Fall der Mine kurz über der Wasseroberfläche sich entfaltet und die notwendige Bremswirkung erzielt. Der Abwurf der Mine mit sofort sich öffnendem Fallschirm ist nur ein Notbehelf, der weites Abtreiben zur Folge hat oder sehr tiefen Flug mit allen damit verbundenen Gefahren bedingt.

Anlage ... 1 Nr. 1758 ...

- 2 -

I. Dem Minenabwurf ist vor dem Bombenabwurf der Vorzug zu geben.

1.) Jede Mine wirkt in mehrfacher Hinsicht:

Abschneiden Englands von seinen Rohstoff- und Lebensmittelbasen; Abschneiden Englands vom Festlands-Kriegsschauplatz; weitgehende Behinderung des Transports amerikanischer Waffen usw. nach dem Festlands-Kriegsschauplatz; Behinderung, wenn nicht Beendigung der Operationsfähigkeit der englischen Flotte.

Die Bombe wirkt vorwiegend nur in der einen oder anderen Richtung – je nach Abwurf, d.h. ob sie Schiffe und Docks oder Industriewerke usw. trifft.

2.) Die Wahrscheinlichkeit, daß eine abgeworfene Mine ihren Zweck erfüllt, ist unverhältnismäßig viel größer als die Wahrscheinlichkeit, daß eine abgeworfene Bombe ihren Zweck erfüllt.

Denn das breite Küstenband der See bietet ein viel größeres Ziel als die eng begrenzten Ziele über Land, innerhalb derer durch Bomben ernsthafte Schäden in militärischer oder versorgungsmäßiger Hinsicht angerichtet werden können. Mit der durch gegnerische Abwehr erzwungenen größeren Flughöhe ändert sich die Treffer-Wahrscheinlichkeit weiterhin zugunsten der Mine.

Somit ergibt sich in Berücksichtigung von 1.) und 2.) eine unvergleichlich höhere Wirkung abgeworfener Minen als der gleichen Zahl abgeworfener Bomben.

3.) Die Abwehrmöglichkeit des Gegners ist beim Minenabwurf wesentlich geringer als beim Bombenabwurf.

- 3 -

a) Das Minenflugzeug kann eine wesentlich größere Höhe einhalten als das Bombenflugzeug gemäß der Tatsache, daß seine Ziele Flächen sind und nicht Punkte.

b) Infolge der guten Sichtbarkeit der Küste kann der Minenabwurf mit gleicher Aussicht auf Erfolg in helleren Nächten und bei Tage auch bei unsichtigem Wetter ausgeführt werden. Flak und Jägerabwehr wird hierbei auf ein Mindestmaß herabgesetzt.

c) Der Fortfall der Notwendigkeit für Minenflugzeuge, das Festland selbst zu überfliegen, vermindert die Fernmöglichkeit und den Einsatz von Jägerabwehr erheblich.

4.) Innerhalb des gleichen Zeitraums ist die Zahl möglicher Minenflüge größer als die Zahl möglicher Bombenflüge.

a) Die Zahl der für die Minenaktion zur Verfügung stehenden Flugzeuge ist größer. Denn bei der geringeren Wirkungsaussicht der Abwehr, besonders bei Einschluß der Nachtflüge, ist es möglich, für den Minenflug Flugzeugtypen einzusetzen, die für den Bombenflug infolge von geringer Geschwindigkeit usw. nicht geeignet sind (selbst die Ju 52 dürfte bei Nacht verwendbar sein).

b) Die Zahl der für Minenflüge geeigneten Tage bzw. Nächte ist größer als beim Bombenflug, (Siehe Punkt 3 b). Besonders in den Wintermonaten mit ihren langen Nächten und vielen Schlechtwettertagen verschiebt sich das Verhältnis erheblich zugunsten des Minenfluges.

– 4 –

5.) Minenflüge fordern den Gegner nicht zu Bombenflügen auf deutsches Gebiet heraus, gegen die kein absoluter Schutz besteht.

Für den Fall, daß das Interesse daran, eigene Anlagen vor jedem Bombenabwurf zu bewahren, entsprechend groß ist, bietet der Minenflug die Möglichkeit, den Gegner aufs schwerste zu treffen, ohne daß dieser Bombenflüge ausführt. Die Angst vor dann zu erwartenden deutschen Bombenflügen hält ihn vermutlich hiervon ab.

II. Der Minenkrieg großen Stils, wie er allein durch Abwurf vom Flugzeug geführt werden kann, stellt eine wirkungsvolle Ergänzung des U-Bootskrieges dar.

Die Gefahren für Minenflieger sind geringer als die Gefahren für U-Boote. Die einmal geworfene Mine bedeutet – unter der Voraussetzung, daß sie nicht geräumt werden kann – eine Dauerwirkung. Die Wirkungsmöglichkeit des U-Bootes hingegen wandert mit dem Wechsel seines Standortes.

III. Das Minenlegen vom Flugzeug aus ist in viel kürzerer Frist, in größerer Zahl und bei geringeren Gefahren möglich, als das Minenlegen durch Seestreitkräfte.

Die Minen können durch Flugzeuge auch an Orten geworfen werden, an denen es Seestreitkräften unmöglich ist (z.B. innere Hafenbecken, Bucht von Scapa Flow). Die Minen können durch Flugzeuge als Ergänzung bereits gelegter Minenfelder geworfen werden, in denen es Seestreitkräften nicht möglich ist oder nur unter großen Gefahren. Bei Verwendung von Flugzeugen können zumindest kleinere Minensperren durch einen einzigen Massenwurf gelegt werden. Die gewünschte Lage der Minen zueinander ist auf die einfachste Weise erreichbar, indem die Flugzeuge eine entsprechende Formation mit den für die Minen vorgesehenen Abständen einnehmen und gleichzeitig abwerfen. Bei freiem Fall mit Fallschirmöffnung erst im letztmöglichen Augenblick werden die Minen die Entfernungen unter einander nicht wesentlich ändern.

Voraussetzung für den Erfolg ist das Erstellen von Abwurfminen in möglichst grossem Umfang. Der Weg hierzu ist eine Frage, die nur im Rahmen des Gesamtproduktionsprogramms beantwortet werden kann. Bei Mangel an Sprengstoff ist zu erwägen, ob nicht die Füllung von Beutemunition zu verwenden ist, selbst wenn die Sprengwirkung nicht so groß ist wie bei eigenem Sprengstoff.

Rudolf Heß.

Anlage zu B.Nr. 1/Skl. IE [illegible]

Abschrift.

Der Chef der Seekriegsleitung. Berlin, den 11. Dezember 1939
B.Nr. 1/Skl. IE 1758/39 GKdos.

Geheime Kommandosache

An
den Stellvertreter des Führers der NSDAP,
Herrn Reichsminister Rudolf H e ß

B e r l i n W 8
Wilhelmstr. 64

Sehr verehrter Herr Minister!

Zu der mir zugeleiteten Denkschrift über Minenverwendung gegen England werden folgende Ausführungen von Interesse sein:

Die ersten kriegsmäßigen Würfe von Seeminen vom Flugzeug aus sind im Herbst 1931 vor Kiel durchgeführt worden. Dies bedeutete das Erreichen eines Zieles nach jahrelanger intensivster Entwicklungsarbeit unter den erschwerenden Verhältnissen der Versailler Beschränkungen, die jeden kriegsmäßigen Ansatz von Flugzeugen und eine Entwicklungsarbeit dafür ausschließen wollten.

Einige Jahre vorher war bereits für Minen, die von Seestreitkräften geworfen werden konnten, das Problem einer Fernzündung endgültig und zufriedenstellend gelöst.

Die ersten Anfänge der Entwicklung einer solchen M-Mine reichen bis in das Kriegsjahr 1918 zurück. Im August 1918 glaubte man aus Minentreffern bei deutschen Kriegsfahrzeugen vor Zeebrügge auf Vorhandensein englischer Grundminen mit Magnetzündung schließen zu müssen. Ob diese Annahme zutraf, ist bis heute nicht eindeutig erwiesen. Die Tatsache, daß die englische Seekriegführung offenbar von dem neuen Kriegsmittel überrascht wurde, legt die Schlußfolgerung nahe, daß diese angeblichen Grundminen mit Magnetzündung tatsächlich nicht bzw. höchstens in einer sehr primitiven Form vorhanden waren.

Die Entwicklung wurde in der Nachkriegszeit mit allen Mitteln moderner Wissenschaft vorwärtsgetrieben. Die dann in ihrer Entwicklung schließlich abgeschlossene Grundmine war damals in erster Linie für Verwendung im Falle eines Konfliktes mit Polen zur Blockierung von Gdingen vorgesehen. Die politische Lage Deutschlands in den zwanziger Jahren schloß andere Gedanken militärischer Verwendung aus.

Die Erfindung und Entwicklung der Magnet-Minde in dieser Zeit ist für mich ein Beweis, daß die damalige kleine Reichsmarine in ihrer Zielsetzung für die Waffenentwicklung unablässig vorwärts drängte und allen Beengungen und Erschwerungen trotzend weitgesteckte Ziele erstrebte und erreichte.

Bei dem großen Interesse, das Sie, Herr Minister, der Marine im allgemeinen und dem Gebiet der Minen im besonderen entgegenbringen, nehme ich an, daß für Sie der vorstehende kurze Überblick der Entwicklungsgeschichte von Interesse hat. Die in Ihrer Denkschrift entwickelten Gedankengänge über die Anwendungsformen und möglichen Wirkungen des Mineneinsatzes entsprechen in ihrer Begründung und in ihrem Ziel durchaus den Überlegungen, die hierüber in der Seekriegsleitung angestellt sind. Die zu weiterer Vervollkommnung nötige Entwicklungsarbeit wird mit allem Nachdruck vorwärtsgetrieben.

Heil Hitler!
Ihr
gez. R a e d e r.
Großadmiral

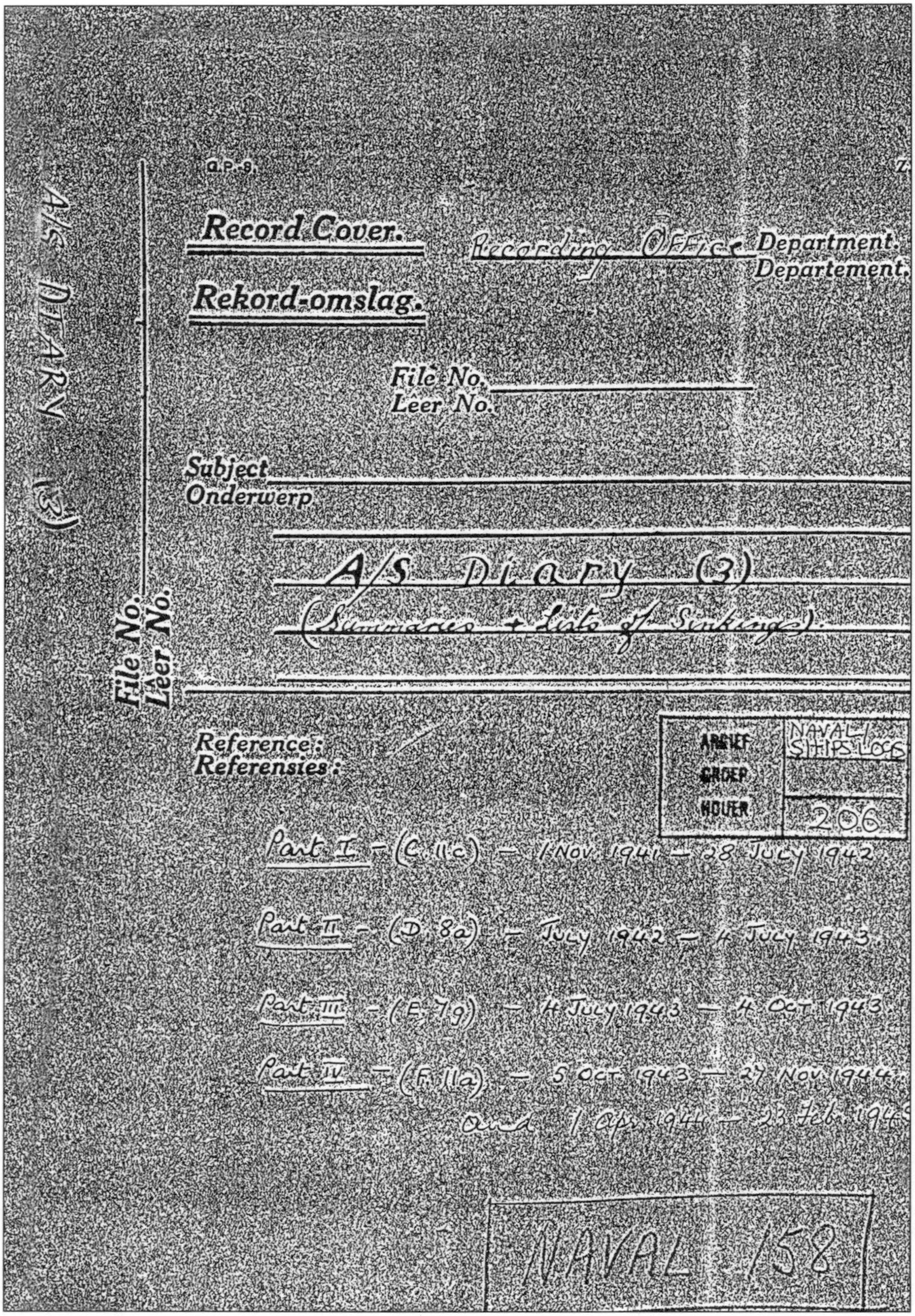

G.P.-S.

Record Cover.
Rekord-omslag.

Recording Office Department.
Departement.

File No.
Leer No.

Subject
Onderwerp

A/S DIARY (3)
(Summaries + lists of sinkings).

File No.
Lêer No.

A/S DIARY (3)

Reference:
Referensies:

ARGIEF	NAVAL / SHIPS LOGS
GROEP	
HOUER	206

Part I – (C 11c) – 1 Nov 1941 – 28 July 1942

Part II – (D 8a) – July 1942 – 4 July 1943.

Part III – (E 7g) – 4 July 1943 – 4 Oct 1943.

Part IV – (F 11a) – 5 Oct 1943 – 27 Nov 1944.
and 1 Apr 1944 – 23 Feb 1945

NAVAL 158

22 AUGUST 42.

Several sinkings have been reported in the Indian Ocean, confirming the presence of JAPANESE raiders in that area. U-boat activity continues off the West Coast of Africa, on a comparatively moderate scale and may be expected to increase.

29 AUGUST 42.

It would appear that the enemy is prepared for a fresh offensive in EGYPT. There are indications that this may be accompanied by enemy naval activity at points on or near the African coast and a U-boat flotilla is believed to be commencing operations in the South Atlantic at the end of this month.

5 SEPTEMBER 42.

It is now confirmed that the suggestion of enemy activity in para (1) of summary No.6 were correct. On September 1, the Germans attacked in Egypt. The same day a flotilla of German submarines commenced operations in the Gulf of Guinea and three Japanese submarines started operations in the Gulf of Aden.
It is thought possible that the Germans may be using a new type of large submarine as a supply ship. It is also possible that a supply ship is using remote points along the uninhabited coast of P.E.A. for harbourage. There are indications that Japanese submarine activity may be resumed in the Mocambique channel.

12 SEPTEMBER 42.

On 26 AUG 42 the Vice-Consul at Mocambique reported that he had been informed by the port authorities that on 24 AUGUST at 1200 hours 4 natives had been killed at a coastal village 18 miles south of LURIO, by shots fired from the sea. The Port Captain at Mocambique believes that the shots were fired from a submarine.

19 SEPTEMBER 42.

A good report from St.Lucia light of an action off the coast turned out to be a merchant ship forming a practice smoke-screen and conducting a firing practice. A submarine reported to the South of Capetown proved to be a whale. An unidentified merchant ship on 18 SEPT S.E. of Capetown reported by air patrol, was a friendly vessel that had sailed later than expected and through various circumstances, was wrongly plotted. Our air patrols put up a good performance in locating the ship on several occasions.
Eight German and one Italian submarines are now operating on the West African Coast. Japanese submarines have been reported in the Gulf of Aden. On 15 SEPT a mine was washed ashore near Bredasdorp. A report, which must be treated with reserve, states that a submarine surfaced on 4 SEPT off GOA Island, near Mocambique.

26 SEPTEMBER 42.

The skipper of a fishing boat has reported that at 1630 hrs on 20 SEPT a submarine about 100 ft long surfaced 30 yards from his boat in MITCHELL'S BAY. He was about 1½ miles from the shore. At the same time eight men were observed on the beach in the same place where Robey Liebbrandt is presumed to have landed. The report was confirmed by the skipper of another fishing boat and is thought to be reliable.

„U 549"

3. JANUAR 1944.

Nachdem die letzten Restarbeiten
und all die vielen „Kleinigkeiten"
im U-Stützpunkt Stettin geschehn
fahrn wir als erstes Boot im „Neuen Jahr"
von hier heut' los, um an den Feind zu gehn.

Kommandant

L.I.

I. WO.

II. WO

III WO.

MOST SECRET 225

FOR THE PERSONAL USE OF THE ADDRESSEE ONLY

PERATIONAL INTELLIGENCE CENTRE SPECIAL INTELLIGENCE SUMMARY

Page 4
U/BOAT SITUATION

It may be hazarded that in the next 10 days about 7 or 8 boats may leave Norway for the Atlantic.

The Atlantic has been very quiet and no shipping losses or encounters have been reported. The main function of the 3 or 4 U/boats in the Northwestern Approaches continues to be to transmit routine weather reports.

There are 2 boats on patrol off Newfoundland and Nova Scotia and 3 outward bound in the Azores area to patrol areas which are probably off the U.S. coast south of Cape Hatteras or in the Caribbean. Two 740 tonners are bound for the South Atlantic of which one is now west of Portugal and the other near the Canaries. One of these may be intended to land agents in the Argentine.

The recent campaign off Takoradi and the Gold Coast is over and all 3 boats are on return passage apparently without having achieved any success.

The Indian Ocean has been wholly inactive though a German and a Japanese have been on patrol between Ceylon and the Maldives and 3 Germans have been coasting between Capetown and Durban en route the Gulf of Aden.

In the Mediterranean 4 U/boats were sunk including one on 15th in the Straits of Gibraltar.

DISTRIBUTION

1. V.C.N.S
First Sea Lord
A.N.C.X.F.
2. A.C.N.S.(H)
D.O.D.(E)
D. of P.
3. A.C.N.S.(U.T)
A.C.N.S.(F)
D.O.D.(F)
4. C. in C. H.F.
5. C. in C. W.A.
6. A.O.C. in C. C.C.

A/Captain R.N.V.R.

O.I.C. S.S.

Abschrift Seite 90

Most Secret
For the personal use of the addressee only
Operational intelligence center special intelligence summary

Page 4
U/boat situation

It may be (unleserlich) that in the next 10 days about 7 or 8 boats may leave Norway for the Atlantic.
The Atlantic has been very quiet and no shipping loses or encounters have been reported.
The main function of the 3 or 4 U/boats in the Northwstern Approaches continues to be to transmit weather reports.
There are 2 boats on Patrol off Newfoundland and Nova Scotia and 3 outward bound in the Azores area to patrol areas which are probably off the US coast south of Cape Hatteras or in the Caribbean. Two 740 tonners are bound for the South Atlantic of which one is now west of Portugal and the other near the Canaries. One of these may be intended to land Agents in the Argentine.
The recent campaign of Takeradi (? schlecht leserlich) and the Gold Coast is over and all 3 boats are on return passage apparently without having achieve any success.
The Indian Ocean has been wholly inactive though a German and a Japanese have been on patrol between Ceylon and the Maldives and 3 Germans have been (unleserlich) between Capetown and Durban en route the Gulf of Aden.
In the Mediterranean 4 U/boats were sunk including one on 15th in the Straits of Gibraltar.

A/Captain (schlecht leserlich)

Distribution

Zusatz d.: Verf. Text aus U-Boat situation and trends – week ending 22.05.1944
PRO – ADM 223/18

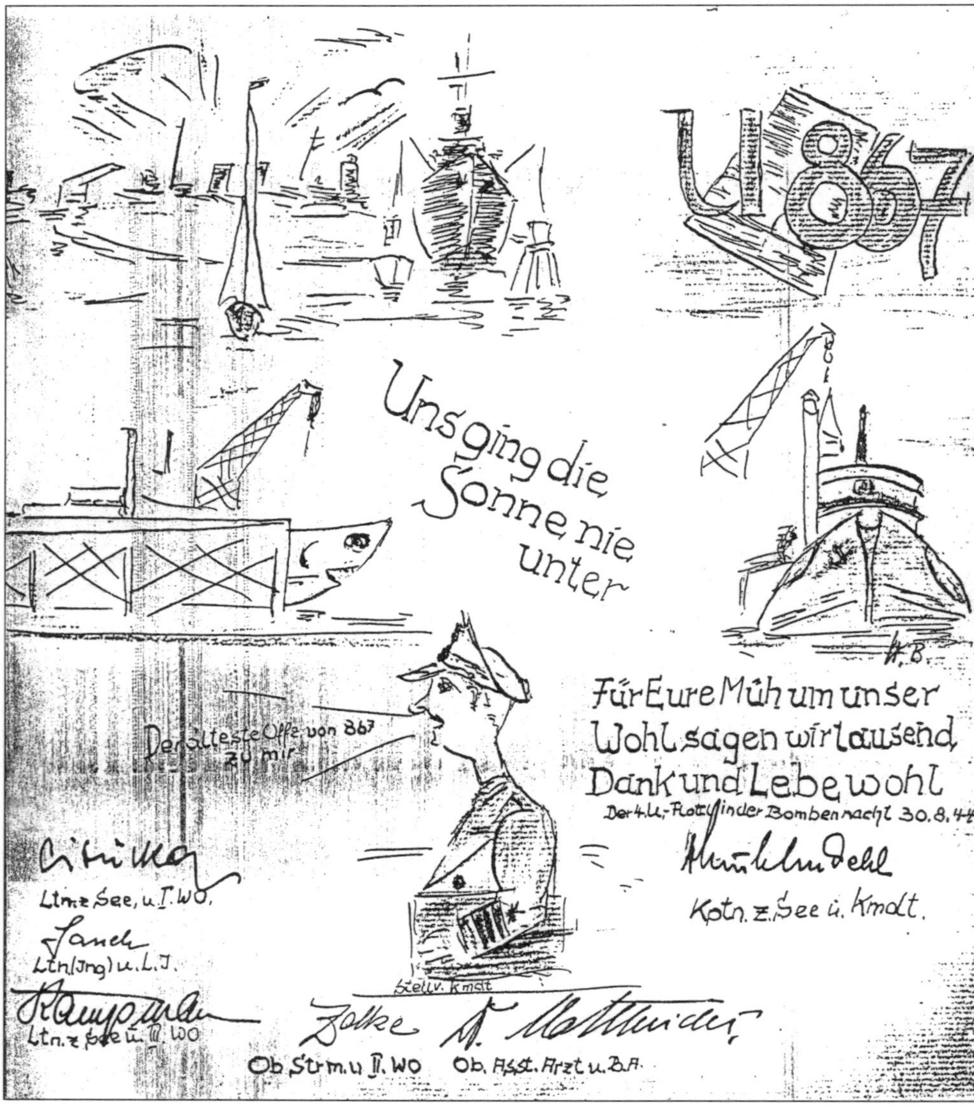
U 867
Uns ging die Sonne nie unter
H.B.
Für Eure Müh um unser Wohl sagen wir tausend Dank und Lebewohl
Der 4. U.-Flottille in der Bombennacht 30.8.44
Der älteste Offz. von 867 zu mir
Kptn. z. See u. Kmdt.
Ltn. z. See, u. I. WO.
Ltn. (Ing) u. L.I.
Ltn. z. See u. II. WO
Stellv. Kmdt.
Ob. Strm. u. II. WO
Ob. Asst. Arzt u. B.A.

224 (GR) SQUADRON

CAPTAIN: Fg. Off. P. M. HILL
CREW: Fg. Off. E. S. LIDDLE
Wt. Off. A. J. PHILLIPS
Wt. Off. K. SAYWELL
Wt. Off. H. SMOLENSKI
F. Sgt. R. W. BECK
F. Sgt. T. R. FRAYNE
F. Sgt. W. V. HOHNSTONE
Sgt. K. ASHWORTH
Sgt. W. IRVING

TARGET: [redacted]
WEAPONS: 6 x 250 depth charges
RESULTS: [redacted]

....

DATE/TIME: [redacted] Zeit wahrscheinlich Zone DSZ - 2
AIRCRAFT: LIBERATOR 'Q'
POSITION: 62°15'N 01°50'W [redacted]

CAPTAIN: Flt. Lt. W. J. RAYNER
CREW: Fg. Off. H. LORD
Plt. Off. M. H. EVANS
Wt. Off. E. C. BROWNING
Wt. Off. L. C. KENNEY
F. Sgt. A. M. BALL
F. Sgt. W. ROBINSON
F. Sgt. S. H. WHITER
Sgt. R. J. MUNRO
Sgt. W. S. NEWLANDS

TARGET: [redacted]
WEAPONS: 6 x 250 lb depth charges
RESULTS: [redacted]

....

DATE/TIME: 0410 / 24.09.44
AIRCRAFT: LIBERATOR 'A'
POSITION: 61°00'N 04°07'W

CAPTAIN: S. Ldr. J. C. T. DOWNEY
CREW: Fg. Off. H. SUTTON
Fg. Off. K. KOWALCHUK
Fg. Off. R. W. LOWE
F. Sgt. A. H. BUTLER
Sgt. V. A'COURT
Sgt. R. H. GRIFFIN
Sgt. R. A. RANSON
Sgt. A. R. WILSON

ANTI-SUBMARIN

(5)

TO: I D 8 G ZIP/ ZTPGU/31544

FROM: N S

3796 KC/S T O O 0155 T O I 0135/18/9/44

FROM: MUEHLENDAHL

TO: 11TH U/B FLOTILLA

BOTH DIESELS OUT OF ORDER. SHALL HAVE TO BE TOWED IN. AM ABLE TO DIVE. POSITION IS AF 7679. SHALL SET SHORT WAVE RECEIVING WATCH FROM 0500 TO 0600. W/T MESSAGE 1213 OF 15/9 INCOMPLETELY RECEIVED.

1211/18/9/44 CFL/MU

ADM(1)

TO I D 8 G ZIP/ZTPGU/31558

FROM N S

5100 KC/S TOO 0703 TOI 0640/18/9/44

FROM: MUEHLENDAHL

TO: 11TH U/B FLOTILLA

1) ENGINES STOPPED IN NAVAL GRID SQUARE AF 7679 AS BATTERIES ARE EXHAUSTED.

2) SHALL SURFACE FROM 1800 TO 2000 TODAY AND FROM 0600 TO 0800 TOMORROW.

3) INTEND TO BE TOWED IN FORTHWITH IF WEATHER PERMITS AND, IF NOT, PART OF THE CREW WILL REMAIN ON BOARD IN ORDER TO BRING THE BOAT IN WHEN THE WEATHER IMPROVES.

1234/18/9/44 CCL/WAB.

ADM (3)

TO: I D 8 G ZIP/ZTPGU/31566.

FROM: N S

20.4 KC/S TOO : 1010 TOI : 0847/18/9/44

TO: STOCK, MARIENFELD, BODE

1) STEER FORTHWITH FOR NAVAL GRID SQUARE AF 7679 WHERE MUEHLENDAHL IS LYING WITH BATTERIES EXHAUSTED AND DIESELS OUT OF ORDER. MUEHLENDAHL WILL SURFACE FROM 1800 TO 2000 TODAY AND FROM 0600 TO 0800 TOMORROW.

2) TAKE OFF THE CREW, SINK THE BOAT AND PUT INTO BERGEN.

ADM(1)

TO I D 8 G ZIP/ZTPGU/31535

FROM N S

5900 KC/S X 2107/18/9/44 B' 7 M O

AM BEING ATTACKED BY AN A/C SQUARE AF 76 ((1 GROUP CORRUPT))

BWE (U 867)

0953/19/9/44+EGT/AM

ADM(1)

TO I D 8 G ZIP/ZTPGU/31534

FROM N S

8370 KC/S T O O 1934 TOI 1822/18/9/44

TO: MUEHLENDAHL AND BOATS GIVING ASSISTANCE

IF NO R/V IS EFFECTED A.M. TOMORROW, SAME PROCEDURE TOMORROW EVENING AND A.M. 20/9. ON 20/9 ~~EXX DIVE~~ surface NOT FROM 0600 TO 0800 BUT FROM 0700 TO 0900. MUEHLENDAHL TO SEND BEACON SIGNALS INSIDE STATED TIME IN ACCORDANCE WITH WAR ORDER AT HIS OWN DISCRETION

0955/19/9/44+EGT/AM

ADM(2)

TO I D 8 G ZIP/ZTPGU/31614

FROM N S

7080 KC/S TOO: 1051 TOI: 0924/21/9/44.

TO: MUEHLENDAHL AND BOATS TAKING PART IN SEARCH

IF MUEHLENDAHL HAS NOT REPORTED HIS POSITION OR TRANSMITTED BEACON SIGNALS BY 0000/22, BREAK OFF SEARCH AND PROCEED INTO PORT.

0148/22/9/44++EE++DG

ADM(2)

TO I D 8 G ZIP/ZTPGU/31641

FROM N S

7090 KC/S TOO: 1115 TOI: 0957/20/9/44

FROM: MARIENFELD

WHEN STEERING FOR MUEHLENDAHL AT 2255/18/9 IN NAVAL GRID SQUARE AF 7962 AIRCRAFT BOMBS FROM SUNDERLAND. SUBSEQUENT SCHNORCHELING NOT POSSIBLE OWING TO BOAT BEING SMOTHERED IN SMOKE. IN THE CASE OF FXXXX DIESEL PASSAGE ON THE SURFACE FAIRLY STRONG SMOKE DEVELOPMENT, THE MAJORITY OF THE CREW BECOMING CASUALTIES. BOAT LAY STATIONARY IN NAVAL GRID SQUARE AF 7931, WHEN IT REPELLED THREE RUNS-IN BY 2 AIRCRAFT. SUBMERGED PASSAGE UNTIL BATTERY USED UP. CARBON MONOXIDE POISONING, ONE DEAD. AM LYING IN FROEISJOENFJORD. REQUEST BERGEN FOR REPAIRS AND FOR RECOVERY OF CREW. AM AGAIN EFFECTIVE FOR DIESEL PASSAGE.

535/22/9/44+EE+DG

ADM(1)

TO I D 8 G ZIP/ZTPGU/31643

FROM N S

7090 KC/S T O O 1745 TOI: 1556/19/9/44

SERIAL NO.75 DEALT WITH - ENCODED SHORT SIGNAL FROM MUEHLENDAHL:
MY POSITION IS AF 7695.

(DEPT NOTE: SERIAL NO.75 IS B' 1721/19/9, ZTPGU/31579)

0536/22/9/44++EE++PG

U-880
Carpe diem
„Vom Hafen bis zum letzten Mann.“
Kmdt. u. Kptlnt.

Datum und Uhrzeit	Angabe des Ortes, Wind, Wetter, Seegang, Beleuchtung, Sichtigkeit der Luft, Mondschein usw.	Geheim! Vorkommnisse Prf.-Nr. 1
		Kriegstagebuch
		" U 880 "
		Kommandant: Kptltn. Gerhard S c h ö t z a u
		Begonnen: 11. Mai 1944 **Beendet:** 9. Januar 1945
11.5.44	Bremen	Indienststellung des Bootes (A - G Weser)
18.-31. Mai 1944	Kiel	U.A.K. Erprobungen . Kiel
2.- 4. Juni 44	Swinemünde	Flakausbildung bei der Flakschule 7
6.6.44	Stettin	Meldung bei der Stammflottille (4.Ufl.) in Stettin.
9.-12.6 Juni 44	Danzig	Erprobung durch U.A.K.
14.-18. Juni 44	Pillau	Hafenausbildung bei der 19. Unterseebootsflottille.
9.6.44	Gotenhafen	Überholung Echolot
21.6. - 6.7. 44	Hela	Ausbildung bei der Agru.- Front.
8.-17.- Juli 44	Östliche Ostsee	Ausbildung bei der 20. Unterseebootsflotti
18.7.- 9.8.44	Danziger Bucht	Torpedoschießen bei 26. Unterseebootsflott Pillau.
11.-16. 8. 1944	Mittl. Ostsee	Taktische Ausbildung bei der 27. Unterseeb flottille.
22.8.- 15.11.44	Stettin	Restarbeiten bei den Oderwerken Stettin.

Anl. Nr. 3 zu 1/Skl 2206/45 g Kdos

Datum und Uhrzeit	Angabe des Ortes, Wind, Wetter, Seegang, Beleuchtung, Sichtigkeit der Luft, Mondschein usw.	Vorkommnisse
-23. 1944	Swinemünde	Gefechtsausbildung bei der Flakschule 7
11. - 12.44	Stettin	Restliche Instandsetzungsarbeiten bei den Oderwerken.
10. 1944	Stettin	Ausrüstung des Bootes, Reihenzahnuntersuchung, Rö.Untersuchung, Gesundheitsmustern der Besatzung durch den Flottillenarzt der 4. Unterseebootsflottille.
2.44	Swinemünde	Gefechtsschießen bei der Flakschule 7, anschließend Marsch nach Kiel.
2.4	Kiel	Restliche Instandsetzungsarbeiten und Einbau Oberdeckstuben für Sonderauftrag bei den Deutschen Werken Kiel. Restausrüstung des Bootes nach Terminbefehl der 5. Unterseebootsflottille.

An Bord, den 10. Januar 1945

[Unterschrift]

175

Oberkommando der Kriegsmarine
– 2 Skl/BdU Op –
B.Nr. Gkdos. 64/h Chefs.

Geheime Kommandosache

St.Qu. "Koralle",
den 13. Jan. 1945

1o Ausfertigungen
2. Ausfertigung

13 Jan 45

Chefsache!
Nur durch Offizier!

Wirkungsgrad der U-Boote.
(Typ VII C im Atlantik).

Wenn man den Wirkungsgrad der U-Boote im August 1942 auf der Höhe des Ubootskrieges mit dem vom Dezember 1944 vergleicht, ergibt sich:

Es versenkten:

Aug. 42	durchschnittl.	33	Boote im Op.-Gebiet	rd. 300 000 BRT
Dez. 44	"	11	" " "	rd. 100 000 BRT.

Der Wirkungsgrad der im eigentlichen Op.-Gebiet stehenden U-Boote war also im Dezember 1944 genau so groß wie im August 1942.

Der Wirkungsgrad des einzelnen Bootes wäre also heute ebenso groß wie 1942, wenn es gelänge, das Verhältnis der Aufenthaltszeit des einzelnen Bootes im Op.-Gebiet zu der Zeit, die dasselbe Boot auf Anmarsch und im Hafen zur Reparatur und Ausbildung verbringt, heute ebenso zu gestalten, wie dies Verhältnis 1942 war.

"Im Op.-Gebiet" befand sich aber das Boot 1942, sobald es aus der Heimat auslaufend die Linie Island-Shetland, aus Frankreich auslaufend die äußere Biskaya passiert hatte, denn die Möglichkeit, aufgetaucht mit hoher Geschwindigkeit große Strecken zurückzulegen, erlaubte es, in der Blütezeit des Geleitzugkrieges ein Boot auf die Meldung anderer Boote hin über Hunderte von Seemeilen erfolgreich anzusetzen. Auf "totem Marsch" waren daher damals außer den Booten in der Nordsee und in der Biskaya eigentlich nur die Boote, die sich nach Aufbrauch ihrer Kampfkraft auf Rückmarsch befanden.

"Im Op.-Gebiet" befinden sich dagegen heute nur die Boote, die in den feindlichen Küstengewässern dort stehen, wo sie an den Bündelungen des Verkehrs Ziele antreffen. In der weiten See dagegen, bei dauerndem Unterwassermarsch fast ohne Gesichtskreis und ohne die Möglichkeit, auf andere als von ihnen selbst gesichtete Ziele zu operieren, können die Boote heute nur durch Zufall

– 2 –

175

- 2 -

zum Erfolg kommen.

Hinzu kommt, daß die Dauer des Marsches bei ausschließlichem Unterwassermarsch gegen früher erheblich angestiegen ist.

Das kommt auch zum Ausdruck, wenn man die Erfolge der Boote nicht mit der Zeit "im Op.-Gebiet", sondern mit der "Gesamtzeit in See" in Beziehung setzt:

Je Boot und Seetag wurden versenkt:

August 1942	rd.	2oo BRT
Dezember 1944	rd.	8o BRT.

An diesem Verhältnis kann im Augenblick nichts geändert werden. Es wird sich jedoch mit dem Einsatz neuer Boote erheblich günstiger gestalten, denn während die jetzigen Boote etwa 6o sm je Tag auf Marsch zurücklegen, ist von den neuen Typen etwa 1oo - 11o sm je Tag zu erwarten, da ihre größere Batteriekapazität höhere Unterwasserfahrt mit E-Maschinen erlaubt.

Daneben ist zu erwarten, daß die neuen Boote auf Grund ihrer hohen Spitzengeschwindigkeit unter Wasser viele Angriffsmöglichkeiten ausnutzen können, die heute den Booten verlorengehen, und sich damit kürzer im Op.-Gebiet als die jetzigen U-Boote befinden werden. Auch hierdurch wird die Ökonomie der neuen Bootstypen größer sein.

Eine erhebliche Rolle spielt aber für den Wirkungsgrad auch das Verhältnis der See- zur Hafenzeit des einzelnen Bootes. 1942 konnte mit einem durchschnittlichen Verhältnis der Seezeit zur Hafenzeit von 6o zu 4o gerechnet werden, heute ist dieses Verhältnis etwa umgekehrt, im Dezember betrug es 37 zu 63.

Von 1oo Tagen befand sich also das einzelne Boot

	in See	im Op.-Gebiet
August 1942	6o	4o
Dezember 1944	37	9

Die Ursachen liegen auf der Hand:

Im Westen sind für den Ubootskrieg im Atlantik 5 leistungsfähigste Ubootswerften verlorengegangen. 7 4oo hochqualifizierte Arbeiter und Angestellte der Ubootswerften sind aus Frankreich nicht in das Reich zurückgekehrt. Der größte Teil von ihnen verteidigt als Soldaten in den Schützengräben die Biskayastützpunkte.

Die dadurch in Deutschland und Norwegen zu bewältigenden Ubootsreparaturen können z.Zt. nicht mit der erforderlichen

- 3 -

- 3 -

Schnelligkeit durchgeführt werden, zum großen Teil müssen die Boote nach der Rückkehr von Frontfahrt kürzere oder längere Zeit warten, bis die Reparatur überhaupt in Angriff genommen werden kann.

Während sich an der Marsch- und Operationszeit der Boote z.Zt. nichts ändern läßt, liegt bei der Hafenzeit also die einzige Möglichkeit, den Wirkungsgrad der Uboote zu erhöhen.

Mein Bestreben geht daher dahin, die Hafenzeiten der Boote so weit wie möglich zu verkürzen. Voraussetzung hierfür sind in erster Linie die erforderlichen Arbeiter, die durch die Anordnung über das Schiffswerftsonderpersonal soweit wie möglich sichergestellt sind und die durch kürzlich angeordnete Sondermaßnahmen vermehrt werden sollen. Ein Abzug von Arbeitern müßte sich dagegen dahin auswirken, daß der Wirkungsgrad der Uboote auf ein untragbares Maß sinken müßte, und daß die Frontbereitschaft der bereits in Dienst befindlichen Uboote neuer Typen untragbar verzögert würde.

Und das in einem Zeitpunkt, in dem die U-Boote bewiesen haben, daß sie an den Brennpunkten des feindl. Verkehrs erfolgreich operieren können, wobei gleichzeitig die Verluste erheblich zurückgegangen sind. (Die Verluste im Dezember betrugen im Atlantik mit 3 Booten 8 % der durchschnittlich in See befindlichen Boote, während sie in den schlechtesten Zeiten bis zu 44 %, im Sommer dieses Jahres durchschnittlich 25,5 % betrugen).

Der Gegner hat - wie aus amtlichen Erklärungen und Pressekommentaren hervorgeht - diese Lage erkannt und begonnen, sich auf sie einzustellen. Damit wachsen die Gefahren für die Uboote in den Häfen, in denen sie heute gefährdeter sind als auf See. Es gilt, die Erfolgsmöglichkeiten auszuschöpfen und diesen Gefahren zu begegnen.

gez.: D ö n i t z

Verteiler:	Prüf-Nr.
Ob.d.M.	1
Adm. Führerhauptquart.	2
OKW/WFSt - Op M	3
Admiral z.b.V.	4
HAS Gen.Direktor Merker	5
K.T.B.	6 - 9
Akte	10

F.d.R.:

Oblt.(V) und Adjutant

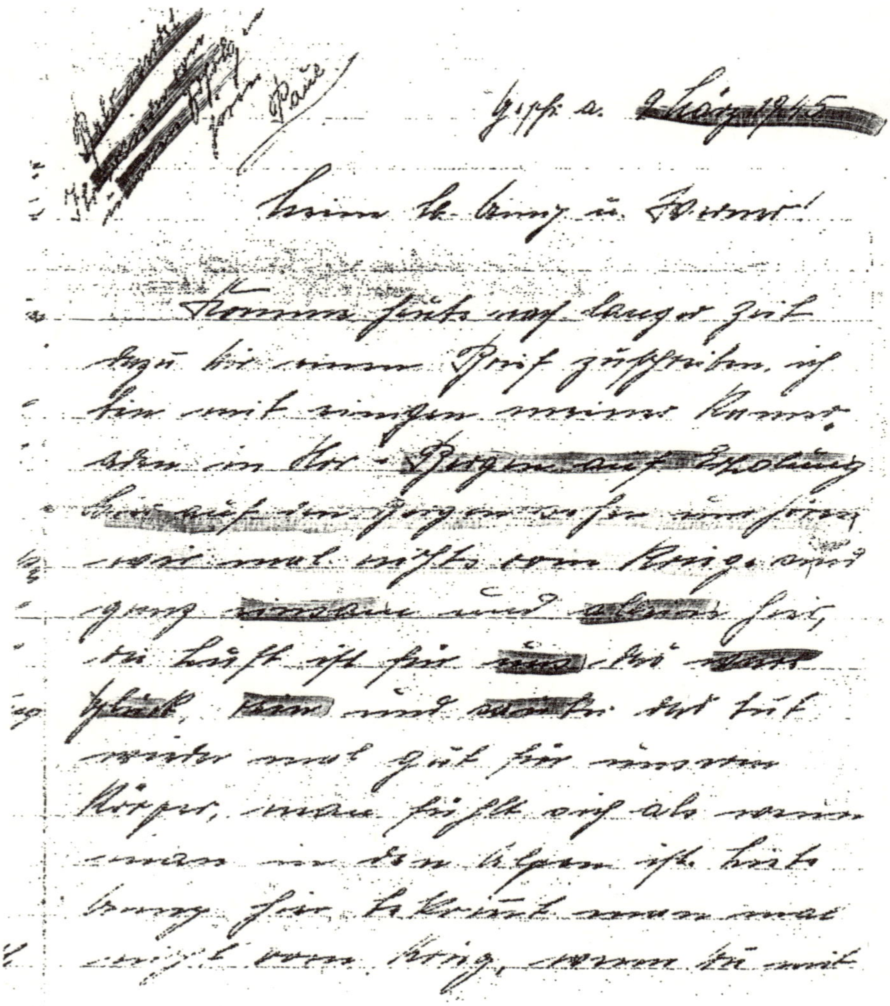

Der letzte Brief des Oberbootsmannsmaat Hoffmann an seine Frau

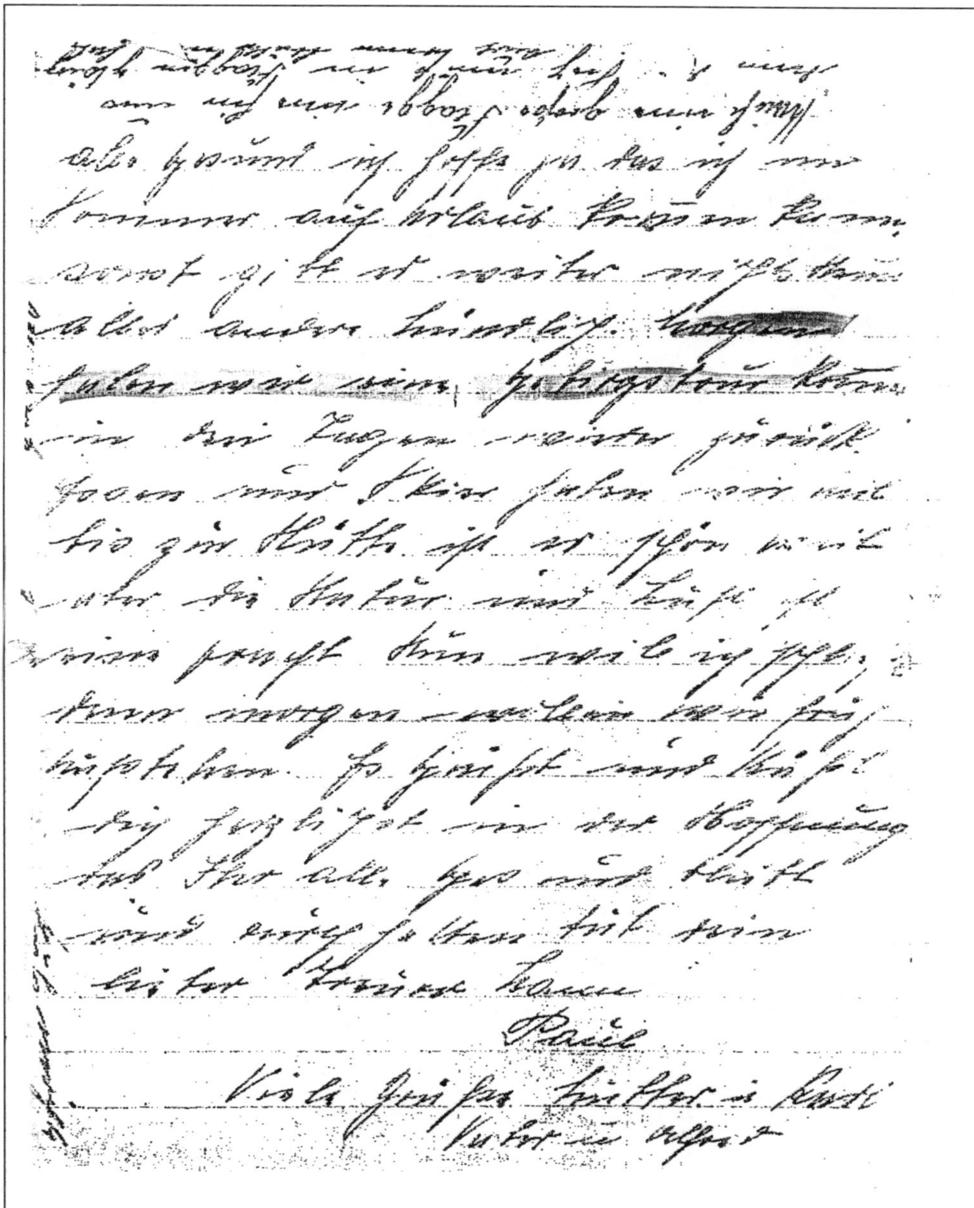

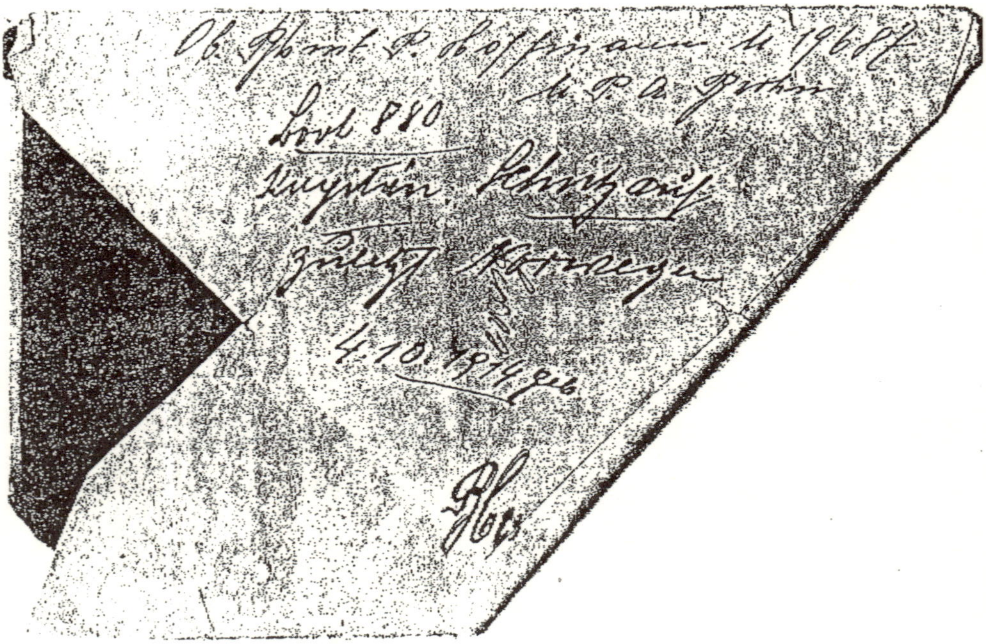
4.10.1914 geb.

13.3.45
Dienststelle Feldp. Nr. M 47511
BRIEFSTEMPEL

27

CONFIDENTIAL

ACTION REPORT

ORIGINAL

USS FROST DE 144

SERIAL 070 23 APRIL 1945

NARRATIVE REPORT OF ANTI-SUBMARINE ACTION BY SURFACE SHIP.

FORWARDS ASW-1 FORM REPORTS - COVERS ACTION WHILE ACTING AS KILLER GROUP, ON 15-16 APRIL 1945 - LAT 47-53N LONG 30-26W - A UNIT OF TASK GROUP 22.5 - ATTACK RESULTED IN SEVERE DAMAGE TO ENEMY SUBMARINE.

Abschrift Seite 107

CONFIDENTIAL

ACTION REPORT

USS Frost	DE 144
Serial 070	23. April 1945

Narrative report of anti-submarine action by surface ship

Forwards ASW-1 Form Reports – covers action while acting as killer group on 15–16 April 1945 – Lat-47-53 N long 30-26 W – a unit of task group 22.5 attack resulted in severe damage to enemy submarine.

(25.) 28

Reg. No. 4507
R. S. No. 5 0426

File No.
DE144/A16-3
AER: fp
Serial No. 071

U. S. S. FROST (DE-144)
c/o Fleet Post Office
New York, N. Y.

23 April, 1945

CONFIDENTIAL

From: The Commanding Officer.
To: The Commander in Chief, U. S. Fleet.

Subject: Submarine action of April 15-16, 1945 - Recording of.

Reference: (a) U.S.S. FROST Serial 070 dated 4/23/45.

Enclosure: (A) One (1) wire reel
(B) Range Recorder Traces.

1. Enclosures (A) and (B) are submitted herewith as part of action report and narrative submitted by the U.S.S. FROST in ref.(a).

2. In view of the fact that this action was the first which had been recorded by the Frost, explanatory remarks are submitted:

(a) The recording starts at 0045, April 16th (0 hr. + 14 min. time). After this announcement the recorder was stopped, and started again approximately 30 minutes later to record the first tremendous explosion at 0114, and the subsequent explosions and "breaking up" noises. The second time it was started it was played continuously until the end of the reel.

(b) TBS transmissions may be heard faintly in the background.

Voice calls used were:

Bulldog - CTG 22.5
Willie or Meteor - CCD13
Popeye or Bugle - USS FROST (DE-144)
Joe or Joshua - USS STANTON (DE-247)
Pete or Perch - USS HUSE (DE-145)
Doug or Turkey - USS SWASEY (DE-248)
Kangaroo - CTG 22.13

A. E. RITCHIE

01292
Enclosure (1)
To Comdesk Serial.........
Dated.........7 MAY 1945

8306

PB

Abschrift Seite 109

U.S.S. Frost (DE-144)
c/o Fleet Post Office

23. April 1945

New York, N.Y.

DE 144/A-16-3
AER:fp
Serial No. 171

CONFIDENTIAL

From: The Commanding Officer
To: The Commander in Chief, U.S. Fleet
Subject: Submarine action of April 15-16, 1945
Recording of.
Reference: (a) U.S.S. Frost Serial 070 dated 4/23/45
Enclosure: (A) One (1) wire reel
(B) Ranger Recorder Traces

1. Enclosures (A) and (B) are submitted herewith as part of action report and narrative submitted by the U.S.S. Frost in ref (a)
2. In view of the fact, that this action report was the first which had been recorded by the Frost, explanatory remarks are submitted:
   a) The recording starts at 0045, April 16th
   (O hr + 14 min. time) After this anouncement the recorder was atopped, and started again approxemately 30 minutes later to record the first tremendous explosion at 0114, and the subsquent explosions and „breaking up" noises. The second time the was startes it was played contionously until the end of the reel.
   b) TBS transmissions may be heard faintly in the background.
   Voice calls used were:
   Bulldog – CTG 22.5
   Willie or Meteor – CCD 13
   Popeye or Bugle – USS-Frost (DE-144)
   JOE or Joshua – USS Stanton (DE-247)
   Pete or Perch – USS Huse (DE-145)
   Doug or Turkey – USS Swasey (DE-248)
   Kangeroo – CTG 22.30

A. E. Ritchie

5 0428

File No.

CONFIDENTIAL

U. S. S. FROST (DE-144)
c/o Fleet Post Office
New York, N. Y.

(Narrative-cont'd)

0033 – FROST starts her second attack (See ASW-1 attack #2)
0036 – Strong odor of Diesel oil is reported by all stations topside on the FROST, confirmed by the Commanding Officer and CCD13.
0037 – FROST fired second H/H attack. No immediate explosions were heard and contact temporarily lost. 147B indicated target depth 500 feet.
0041 – STANTON makes 4th H/H attack. STANTON temporarily loses contact.
0044 – STANTON regains contact when FROST reports sonar contact at 104°T, range 1,800 yds.
0045 – FROST starts 3rd H/H run with initial range, 1,850 yds. This run was not completed, due to the fact that contact was lost at 1,000 yds. Reason for lost contact was believed to be an exceptionally deep target.
0046 – FROST again reports heavy odor of Diesel oil. DRT shows that it was detected at the same position as the oil reported at 0037, which was the immediate area of the FROST'S and STANTON'S last attacks.
0051 – STANTON is directed to make another ahead thrown run.
0052 – FROST regains sonar contact on bearing 092°T, range 600 yds. Considerable quenching reported by ASW officer. Contact was held for 2 minutes then lost on bearing 052°T, range 600 yds.
0054 – STANTON reports lost contact.
0055 – STANTON regains contact.
0055 – FROST regains contact 010°T, range 850 yds. (Comment: It is believed that the reason for the alternate losing and regaining contact by the Frost at this time was the fact that sub was believed to be very deep and also the fact that at times only one transmission in four was getting out because of quenching).
0104 – FROST finally loses contact 285°T, range 650 yds.
0105 – Observant is started, STANTON taking center on initial course 090°T, FROST proceeding to NW corner of box.
0114 – A tremendous underwater explosion is heard and felt, the intensity of which was so great that it was believed the FROST had been torpedoed. (Comment: At this time 22.14, aboard the CARTER (DE-112), then approximately 12-15 miles away, called up and said that he felt the explosion. Later reports also indicate that the CROATAN, approximately 10 miles away, was also shaken up).
0117 – Another underwater explosion is felt, but this was not as severe as the one which occurred at 0114.
0123 – CCD13 requests one more ship from CTG 22.5, so that a three (3) ship box search could be started on the completion of observant. HUSE is directed to report to CCD 13.
0130 – STANTON reports regaining contact 092°T, range 850 yds.
0136 – STANTON reports no echoes, then lost contact. FROST plot shows that STANTON'S last contact coincided with the position where the target was plotted almost stationary 3 minutes prior to the tremendous explosion.

– 2 –

Abschrift Seite 111

U.S.S. Frost (DE 144)
c/o Fleet Post Office
New York N.Y.

Confidential
(narrative report)

0033 Frost starts her second attack (see A-ss attack 2)

0036 Strong odor of Diesel oil is reported by all stations topside on the Frost confirmed by the Commanding Officer and (unleserlich)

0037 Frost fired second H/H attack. No immediate explosions were heard and contact temporarily lost. 1479 indicated target depth 500 feet.

0041 Stanton makes 4th H/H attack. Stanton loses temporarily contact.

0044 Stanton regains contact, when Frost reports sonar contact at 104° T, range 1800 yds.

0045 Frost starts 3rd H/H run with initial range, 1,850 yds. This run was not completed., due to the fact, that contact was lost, at 1000 yds. Reason for lost contact was believed to be an exceptional deep target.

0046 Frost again reports heavy odor or Diesel oil. (unleserlich) shows that it was detected at the same position as the oil reported al 0037, which was the immediate area of the Frost's and Stanton's last attack.

0051 Stanton is directed to make another ahead thown run.

0052 Frost regains sonar contact on 0929° T, range 600 yds Considerable (?) reported by ASS officer. Contact was hold for 2 minutes then lost on 052° T range 600 yds.

0054 Stanton reports lost contact.

0055 Stanton regains contact.

0055 Frost regains contact 010° T, range 850 yds. (Comment: It is believed, that the reason for the alternate losing and regaining contact by the Frost at this time was the fact that sub was believed to be very deep and also the fact that at times only one transmission in four was getting out because of quenshing(?/Wort schlecht leserlich)

0104 Frost finally loses contact 205° T range 650 yds.

0105 Observant is started, Stanton taking center on initial course 090° T. Frost (unleserlich) of the box.

0114 A tremendous underwater explosion is heard and felt, the intensity of which was so great that is was believed, that the Frost has been torpedoed. (Comment: At this time aboard the Carter (DE 112), then approximately 12–15 miles away, called up and said, that he felt the explosion. Later reports also indicate that the Croatan approximately 10 miles away, was also shaken up.

0117 Another underwater explosion is felt, but this war not as severe as the one which occurred at 0114.

0123 (unleserlich) requests one more ship from (unleserlich). So that a three (3) ship Box search could be started on the completion of observant./Rest (unleserlich)

DÖNITZ
GROSSADMIRAL A. D.

AUMÜHLE (HOLSTEIN). 18. 4. 57

Liebe Frau Anna Hoffmann

Ich wünsche Ihnen herzlich alles Gute und ein frohes Osterfest. Wie geht es Ihnen? Ich denke täglich an all die [illegible] der Ubootswaffe. Herzl. Grüße

Dönitz

Ich freue mich [illegible] Sie sind.
Herzlichen Gruß auch Ihrem Sohn
Ihr Dönitz

U-864

214

U 864

dankt der 5. U Flott.
für ihre fürsorgliche
Betreuung.

Wolfram
Korv. Kapt. u. Komdt.

Kptl. (Ing.) u. L.I.

Ob.Ltn. z. S. u. I. W.O.

Stbs. Arzt

Ltn. z. S. u. II. W.O.

Auerbach
Ltn. (Ing.) u. W.I.

4. XI. 44

Wenn wir jetzt fort auf Feindfahrt
geh'n, in unbekannte Zonen,
dann wollen wir mit „Danke schön"
die 4. U-Flott. für ihre
Gastfreundschaft belohnen.

Die Besatzung von „U-864"

mit:

Wolfram
Korv. Kpt. u. Kmdt.

[illegible]
Kptl. (Ing) u. L. I.

[illegible]
Ob. Ltnt. u. I. W.O.

[illegible]
Stbs. Arzt

Sauerbier
Ltnt. z. S. u. II. WO.

Auerbach
Ltnt. (Ing) u. W. I.

SECRET — SECTION "G" — ATTACK FORM

H.M.S. "VENTURER" – Report of Eleventh War Patrol (continued)

SKETCH of ATTACK — Scale:– Two inches = One mile.

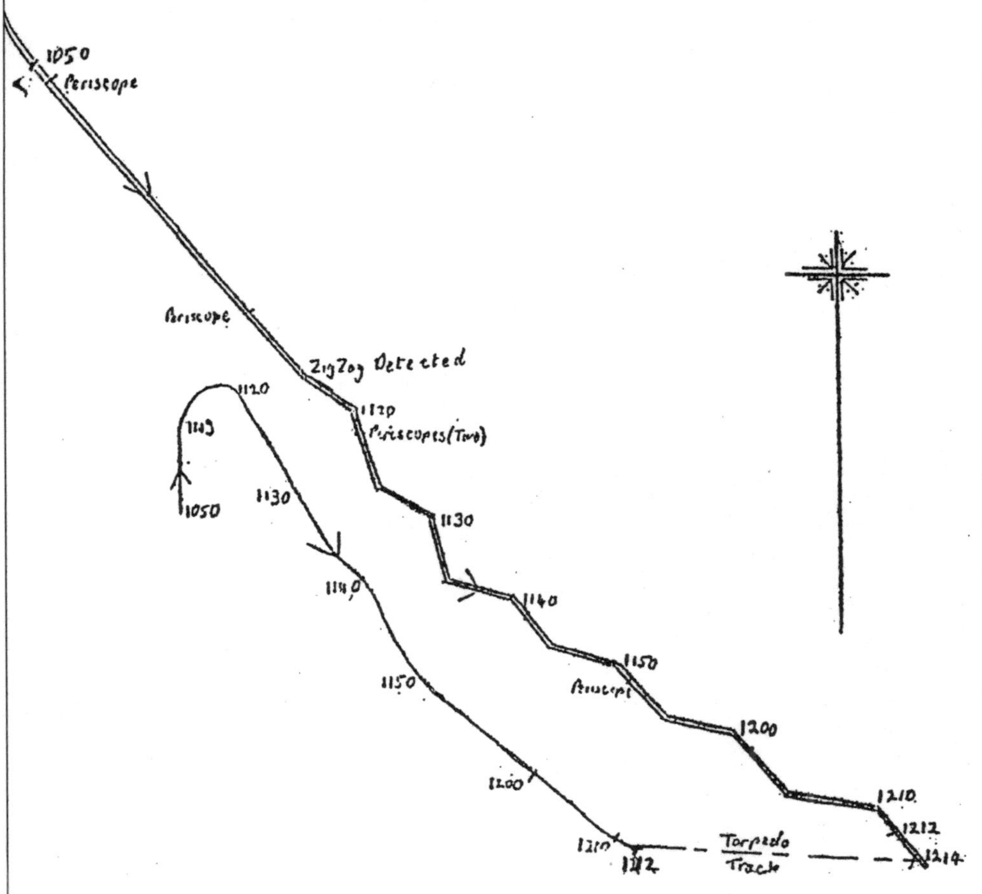

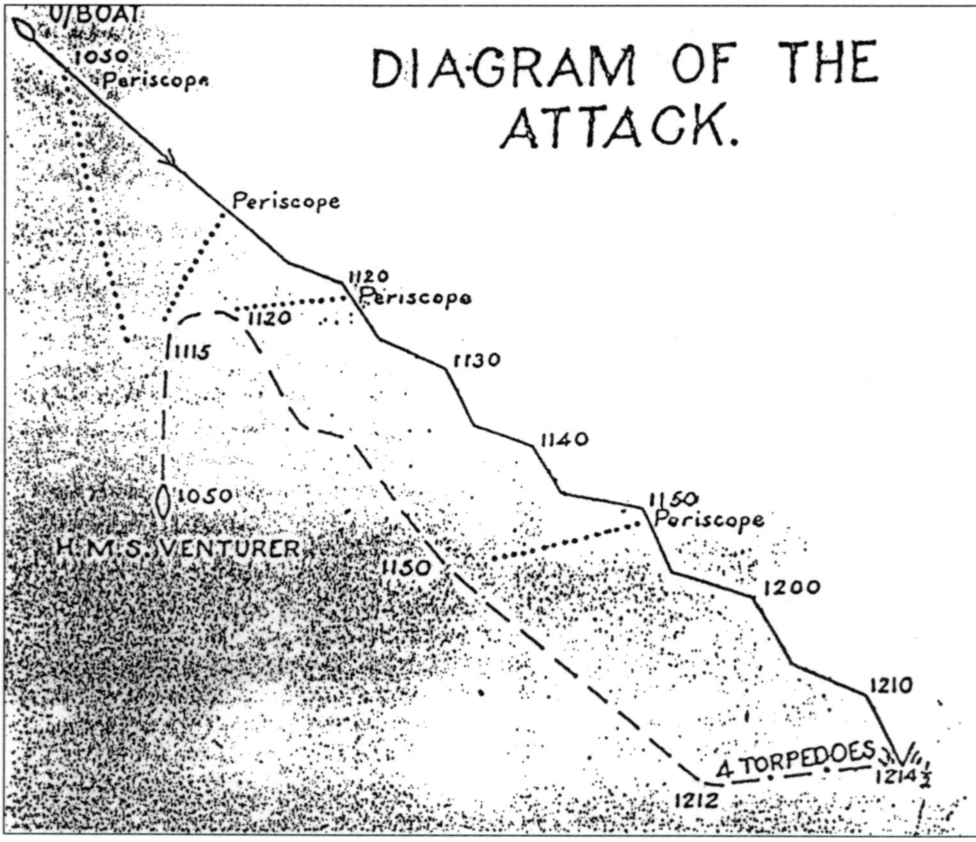
DIAGRAM OF THE ATTACK.
U/BOAT
1050
Periscope
Periscope
1120
Periscope
1120
1115
1130
1140
1050
H.M.S. VENTURER
1150
Periscope
1150
1200
1210
4 TORPEDOES
1212
1214½

PPB 43 88 8 MARCH 1945 GP EJC
CONT ((FROM PPB 42))
((FROM: BERLIN)) COMSUBS 749 FOR SO ONLY
((TO : TOKYO))

-OFFIZIER -

2) PLANS. COUNT ON ONLY 2 U/B'S GOING TO SOUTHEAST AREA (U-234 ((FEHLER)) AND U-876 ((BAHN))), WHICH WILL LEAVE HERE IN MARCH ((AND)) APRIL ((RESPECTIVELY?)). BOTH U/B'S WILL SERVE AS TRANSPORT U/B'S, WITH ONLY 8 TORPEDOES FOR POSSIBLE OPERATION ON THE WAY THERE OR ON RETURN CRUISE. NOTIFY THE JAPANESE.

3) LOSS OF U-864--WOLFRAM IS TO BE ASSUMED. FOR THE PRESENT, THE JAPANESE ARE TO BE INFORMED ONLY THAT IT IS SUSPECTED TO HAVE BEEN LOST.

2025/15

x/1388

STOPPED BY CENSOR.
15th March, 1945.
CORK EXAMINER.

By 'Phone:
Deleted:

Survivors of a German Submarine sunk off the Cork coast landed in the early hours of this morning at Galley Head, Co. Cork from a raft and other members of the crew of the U-boat were picked up by the Courtmacsherry Lifeboat after their boats had been observed in Courtmacsherry Bay, the total number being about 40. The first to come ashore were those who landed at the Galley Head, the raft beaching near the Lighthouse. The local Red Cross turned out to aid any who might have been injured but all were fit. They were later taken into custody by the Military and brought to Cork. There were about a dozen in this party. About the same time several rubber boats with more survivors aboard were seen in Courtmacsherry Bay and the lifeboat went out to bring them in. After several hours at sea the lifeboat succeeded in rounding up all the boats and picked up 27 more sailors. Like those who had landed at the Galley Head they were uninjured and after a meal at Courtmacsherry they were brought to Cork by the Military.

SECRET.

Ref. No. SI/781.

G 2 Staff,
Headquarters,
Southern Command,
Collins Barracks, Cork.

15th. March, 1945.

C.S.O. i/c.,
G 2 Branch,
Dept. of Defence,
Parkgate, Dublin.

Salvage of Items from Sea near Glandore on 13th. March, 1945.

Sir,

I have the honour to report that Captain E.J. Galvin. of this Staff collected a number of items salvaged from the sea near Glandore, Co. Cork, by two fishermen. These included a metal container, which has been taken to G.H.Q. by Lieut. Gageby.

The finder of the container is - Mr. M.l. Scully,
Union Hall, Co. Cork.

In an interview with Captain Galvin, Scully stated that he found the container floating upside down at about 17.00 hours on the 13th. instant about one mile South of Rabbit Island, which is a mile South West of the entrence to Glandore Harbour.

Having taken it aboard his fishing boat he opened it and when he saw what it contained he was inclined to throw it back into the sea. However, he thought it might be of some use to the Military Authorities so he decided to bring it ashore. Immediately he did come ashore he sent his son to Leap Garda Barracks, about three miles away, to report the matter, and kept the container secure in his house until Captain Galvin collected it.

He stated that in his opinion the container could not have been very long in the water and that it could not have travelled very far due to its weight and the mild condition of the sea. He put the time that it was in the water at about eight or twelve hours. He is also satisfied that he can point out the exact spot at which the container was found. Scully also stated that he cannot understand how such a heavy article ever floated and thought that it would have sunk again in a very short time.

I think this man is deserving of some recognition of his service. Such recognition would be an incentive to these

over/

fishermen to hand up anything they find of this nature.
In addition to the metal container, Scully also salvaged three Rubber "One man" Dinghys, which he handed up.

A wallet and soldiers book were also picked up about five miles South East of Glandore near the Galley Head by -

Mr. John Deasy,
Raheen, Myrose,
Union Hall, Co.,Cork.

These have also been taken to G.H.Q. by Lieut. Gageby.

I have the honour to be,
Sir,
Your obedient servant,

J.P.O'Connell. Major,

G 2 : Southern Command.

EJG/JDC.

X/1384

SECRET.

Ref. No. SI/781.

ROINN COSANTA
Rcld.
19 MAR. 1945
BRAINSE G2

G 2 Staff,
Headquarters,
Southern Command,
Collins Barracks, Cork.

16th. March, 1945.

C.S.O. i/c.,
G 2 Branch,
Dept. of Defence,
Parkgate, Dublin.

Landing of Crew of German Submarine at
Galley Head and Courtmacsherry on 13.3.1945.

Sir,

Reference my evennumbered report dated 13th. instant in relation to above subject and the report from Lieut. A. Thompson attached thereto :

I enclose herewith the small notebook which was picked up from the sea by a local fisherman and handed over to Lieut. Thompson, O. i/c. M.T.B. 1., with a uniform cap.

Book passed to Clogerty 19/3/45

I have the honour to be,
Sir,
Your obedient servant,

Capt. for Major,
J.P. O'Connell.

G 2 : Southern Command.

DDL/JDC.

X/1388

Ref. No. SI/781.

S E C R E T.

G 2 Staff,
Headquarters,
Southern Command,
Collins Barracks, Cork.

21st. April, 1945.

C.S.O. i/c.,
G 2 Branch,
Dept. of Defence,
Parkgate, Dublin.

Landing of Survivors of Crew of German Submarine at Galley Head and Courtmacsherry on 13.3.'45.

Sir,

Reference my 'phone conversation with you on 12.4.'45 in connection with the recovery of an Automatic Pistol, the property of a member of the above mentioned submarine crew, I beg to submit hereunder particulars of the recovery of that weapon and also further articles of equipment belonging to the same crew, which have since been recovered.

As a result of a 'phone message from the Garda Superintendent at Clonakilty received on 10.4.'45 Captain Lordan of this Staff proceeded to Clonakilty on 11.4.'45 and received from the Garda Superintendent an Automatic Pistol, less the magazine. The following are the particulars of the weapon : WALTER, .32 Automatic Pistol, No. 72992. The Garda Superintendent informed Captain Lordan that it had come to his knowledge that an automatic Pistol had been given to the Acting Coxwain of the Courtmacsherry Lifeboat as a souvinier, by a member of the rescued crew of the German Submarine. The Acting Coxwain's name is WHELTON and he lives at Courtmacsherry. Whelton sold the pistol to a man named P.J. DEASY of Courtmacsherry. As a result of investigations the Garda authorities recovered the pistol from the Acting Coxwain - Whelton. In the course of his investigations the Superintendent was led to beleive that there was other property in possession of unauthorised persons in Courtmacsherry area.

As a result of further investigations by the Garda authorities a magazine for the Automatic Pistol and two rounds of ammunition were surrendered to the local Garda Sergeant by PATRICK O'NEILL, 2nd. Engineer of the Courtmacsherry Lifeboat, and the same Garda Sergeant discovered that a Signal Pistol and two Life Jackets were in the possession of PERCY EGAN, 1st. Engineer, of the Courtmacsherry Lifeboat, from whom he recovered them.. All the latter articles were handed over to Captain Lordan of this Staff by the Garda Sergt. [redacted], Timoleague on 20.4.'45 and are being handed over to Ordnance here.

Hereunder are particulars of the articles

over/

refered to in the previous paragraph :

One (1) Magazine for an Automatic Pistol,No. 992.

Two (3) Rounds of Ammunition for an Auto. Pistol.

One (1) Double barrel Signal Pistol, No. 2228.

Two (2) Life Saving Jackets.

I would be thankful for a direction as to wheter you wish to have any action taken against the people who retained the articles. So far the Garda authorities have not committed themselves in this direction one way or the other, as the Superintendent was anxious, first of all, to procure all the stuff and to have our view on the matter.

It is possible that a pair of binoculars and a ship's sextant may still be in possession of unauthorised persons and the Gardai are investigating the matter.

I have the honour to be,
Sir,
Your obedient servant,

[signature] Capt. Major,
J.P.O'Connell.

G 2 : Southern Command.

DD1/JDC.

G2/X/1388.

April, 1945.

List of Documents belonging to U.260

The documents fall into four groups:

I. Orders, Reports and Messages.

II. Technical.

III. Signals, Codes and Ciphers.

IV. Maps and Charts.

Below is set out the items contained in these groups:

I. Orders, Reports and Messages:

1. Staendige Kriegsbefehle B.d.U. M.Dv. Nr.97. Herausgegeben vom Befehlshaber der Unterseeboote 1942. Nachdruck 1943. Pr.Nr.1281. (Standing War Orders of the Commander of the U-Boat Fleet M.Dv.No 97. Issued by the Commander of the U-Boat Fleet 1942. Reprint 1943. Copy No.1281).

2. Yellow file cover entitled: Lagemeldungen fuer Typ. VIIc. und IXc. Pr. Nr.79. (Situation Reports for Type VIIc. and IXc. Copy No.79).

3. Red file cover unentitled containing:

(a) Operationsbefehl "Kanal" Nr.2 fuer U-Boote im Kanal. 5 Juli 1944. Pr. Nr.32; (Operation Order "Kanal" No.2 for U-Boats in the Channel. 5 July, 1944. Copy No.32).

(b) Operationsbefehl "Atlantik" Nr. 57 fuer U-Boote im Atlantik 26 Sept. 1944. Pr. Nr. 123. Laufender Befehl. (Operation Order "Atlantik" No.57 for U-Boats in the Atlantic. 26 Sept. 1944. Copy No.123);

(c) Current Orders.

The current orders comprise the greater portion of the file and are confined to the years, late 1943, 1944 and early 1945, and deal with a variety of matters such as instructions regarding the Schnorkel, reports on U-Boat activities, action to be taken in certain circumstances etc.

X 4. Red file cover unentitled containing papers headed:

Erfahrungsfunkspruch Nr. -
(Practical Lesson Wireless Message No. -).

These are reports and messages citing the experiences of various U-Boats, what action they took to meet various contingencies, the success or otherwise of the measures and th lessons learned. The reports are wirelessed so that other U-Boats may benefit from the experiences without delay.

2.

5. Red file cover entitled:

Geheime Bootsakte Kommandant.
(Commander's Secret Document File).

Contains a variety of typescript documents on various subjects mostly technical and administrative.

II. Technical:

1. Fronthinweise der T.I. fuer U-Boote (T.H.U.). T. Dv. Nr. - Aufgestellt von der Torpedoinspektion, Kiel Herausgegeben von Torpedosuchsanstalt, Eckenfoerde. Februar 1943. Pr. Nr. 1260. (Active Service Instructions for U-Boats issued by the Torped Inspectorate. (T.H.U.). T. Dv. No. - Compiled by the Torpedo Directorate, Kiel. Published by the Torpedo Testing Institut Eckenfoerde. February 1943. Copy No.1260).

2. Lut-Apparat. T IIIa. Lut 1. Beschreibung und Bedienungsvorsch rift mit Zeichnungen T. Dv. Nr.164. Eckenfoerde. Januar 1944. Torpedoversuchsanstalt. Pr. Nr. 138.
(Lut-Apparatus T.IIIa. Lut 1 Description and instructions for use with drawings. T. Dv. No. 164. Eckenfoerde. January 1944. Issued by Torpedo Testing Institute. Copy No.138).

3. Torpedo V. (T.V.) Bedienungsvorschrift (Bordausgabe). T. Dv. 115, 32. Ausgabe Juli 1943. Eckenfoerde Torpedoversuchsanstal Pr. Nr.743.
(Torpedo V. (T.V.). Instructions for use (ship's edition) T. No.115,32. Edition July 1943. Eckenfoerde. Torpedo Testing Institute. Copy No.743).

✗ 4. Einsatzauweisung fuer die Torpedo Zuendeinrichtung 3 TZ 3). T. Dv.Nr.123,51. Ausgabe Juli 1943. Genehmigt vom Oberkommand der Kriegsmarine, Torpedowaffenamt. Pr. Nr.842.
(Instructions for use of the Torpedo Detonating gear 3 (TZ 3). T. Dv. Nr. 123,51. Edition July 1943. Approved by the Naval Supreme Command, Torpedo Dept. Copy No.842).
(Note: 123,54 (not 123,51) appears on title page inside).

5. Federapparat fuer den Torpedo G7e Fat II. Beschreibung, Zeich- nungen und Bedienungsvorschritt. Herausgegeben von der Torped versuchsanstalt. Eckenfoerde. 1943. Pr. Nr. 874.
(Spring Apparatus for the Torpedo G.7e Fat II. Description, drawings and instructions for use. Issued by the Torpedo Testing Institute. Eckenfoerde 1943. Copy No.874).

6. Federapparat fuer den Torpedo G7a Fat I. Beschreibung Zeichnu und Bedienungsvorschrift. Herausgegeben von der Torpedoversuc sanstalt. Eckenforde. October 1942.
(Spring Apparatus for the Torpedo G.7a Fat I. Description, drawings and instructions for use. Issued by Torpedo Testing Institute. Eckenfoerde. October 1942).

7. Vorlaufige Maschinen und E Kunde fuer U-Boote Bauart VIIc. He Betriebswirtschaft M. Dv. Nr.382,456/391,456. Pr. Nr.776.
(Provisional instruction for Engines and E. in U-Boats Model VIIc. Handbook 9. Driving and Care of M. Dv. No.382,456/391,4 Copy No.776).

8. Schiessanleitung fuer Wendeschiessen T.V. (Bordausgabe). T.Dv Nr.115,51. Eckenfoerde Marz 1944. Torpedoversuchsaustalt. Pr. Nr.822.
(Fire direction for indirect fire. T.V. (Ship's edition). T. Nr.115,51. Eckenfoerde. March 1944. Torpedo Testing Institute Copy No.822).

3.

9. Torpedo - Schusstafel (fuer U-Boote Typ.VIIc. mit Torpedos I, II, u. III. aufgestellt im Juin 1943). Schusstafelvordruck Marz 1943. Pr. Nr. 856.
(Torpedo Range-table (for U-Boats Type VIIc. with torpedoes I, II, and III. produced in June, 1943). Range-table - Advance edition, March, 1943. Copy No.856).

10. T.V. Tiefeneinstellungs-Tabelle. Wertetafel fuer Wendeschiessen T.V.
(T.V. Depth Adjustment-Table. Table of Values for indirect Fire T.V.).

X 11. E - Messtafel.
(E - Measurement Table).

III. Signals and Ciphers:

× 1. Der Schlussel M. Allgemeine Bestimmungen. Oberkommando der Kriegsmarine, Berlin, 1941. M. Dv. Nr. 32/3.
(The Key M. General Instructions. Naval Headquarters, Berlin, 1941. M. Dv. No.32/3. Copy No.3357).

× 2. Der Schlussel M. Verfahren M. Offizier und M. Stab. (Ausgabe Oktober 1941). Oberkommando der Kriegsmarine, Berlin 1941. M. Dv. Nr. 32/2. Pr. Nr. 1620.
(The Key M. Procedure M. Officer and M. Staff. (October 1941 Edition). Naval Headquarters, Berlin, 1941. M. Dv. No.32/2. Copy No.1620).

✓ 3. KurzSignalheft 1944. I Satzbuch. Oberkommando der Kriegsmarine, Berlin. M. Dv. Nr. 96. Pr. Nr. 624a.
(Short Signal Manual 1944. I. Sentence Book. Naval Headquarters, Berlin, 1944. M. Dv. No.96. Copy No.624a).

✓ 4. KurzSignalheft 1944. II Buchgruppenheft. Oberkommando der Kriegsmarine, Berlin, 1944. M. Dv. Nr.96. Pr. Nr. 624b.
(Short Signal Manual 1944. II. Book Group Manual. Naval Headquarters, Berlin, 1944. M. Dv. Nr.96. Copy No.624b).

× 5. E.S. - Tafel 4. Der Oberbefehshaber der Luftwaffe. Ausgabe August 1943. Pr. Nr. 10487.
(E.S. (= Recognition Signals) Table 4. Issued by the Commander of the Air Force. August, 1943 Edition. Copy No.10487).

× 6. E.S.- Tafeln zur E.S. Vorschrift. Oberkommando der Kriegsmarine, Berlin 1939. Pr. Nr.193. Zu. M. Dv. Nr.75.
(E.S. Tables for the E.S. Regulation. Naval Headquarters, Berlin, 1939. Complementary to M. Dv. No.75. Copy No.193).

✓ 7. Auszug aus der "E.S.-Vorschrift" und Vorschrift "Der Erkennungsdienst" fuer U-Boote. Oberkommando der Kriegsmarine, Berlin,1940. M. Dv.Nr.75a. Pr. Nr. 193.
(Extract from the "E.S. Regulation" and the Regulation for "The Recognition Service" for U-Boats. Naval Headquarters, Berlin 1940. M. Dv. No.75a. Copy No.193).

✓ 8. Schluesselheft F. Pr. Nr. 734.
(The Key Book F. Copy No.734).

✓ 9. Kenngruppenheft Nr.5 zum Kurzignalheft 1941. Oberkommando der Kriegsmarine, Berlin 1943. Zu.M.Dv.Nr.96. Pr. Nr.1627.
(Identification Group Book No.5 for the Short Signal Book 1941. Naval Headquarters, Berlin 1943. Complementary to M.Dv.No.96. Copy No.1627).

4.

10. Kenngruppenheft Nr.7 zum Kurzsignalheft 1944. Oberkommando der Kriegsmarine, Berlin 1944. Zu.M.Dv.Nr.96. Pr.Nr.624. (Identification Group Book No.7 for the Short Signal Book 1944. Naval Headquarters, Berlin 1944. Complementary to M. Dv. Nr.96. Copy No.624).

11. Doppelbuchstabentauschtafeln fuer Kenngruppen. Kennwort : Meer. Zu. M.Dv.Nr.98. Pr.Nr.1645. (Double Alphabet Substitution Groups. Identification word : "Meer" (Sea). Complementary to M. Dv. No.98. Copy No.1645.).

12. Reservehandverfehren Offizier. R.H.V. Offz. Oberkommando der Kriegsmarine, Berlin 1940. M.Dv.Nr.929/2. Pr.Nr.1305. (Reserve Hand System - Officers (R.H.V.Offz.). Naval Headquarters, Berlin, 1940. M.Dv.No. 929/2. Copy No.1305).

13. Schluesselheft Nr.17 zum R.H.V. Allg. Oberkommando der Kriegsmarine, Berlin, 1944. Zu.M.Dv. Nr.929/1. Pr. Nr.4772. (Key Manual No.17 for the R.H.V. General Naval Headquarters, Berlin, 1944. Complementary to M. Dv. No.929/1. Copy No.4772).

14. Funkspruchheft - "Ursula" - Uusgabe Juni 1944. Teil A. xxxxxxx (Hierzugehort ein Teil B mit gleicher Prufnummer). Nachdruck vom 10.11.1944. Berlin, 1944. M.Dv.Nr.142 - Teil A. Pr.Nr.321. (Wireless Message Manual "Ursula". Edition of June, 1944. Part A (to which belongs Part B with the same copy number). Reprint of 10.11.'44. M.Dv. No.142 Part A. Berlin, 1944. Copy No.321).

Note: There were five large and two small cipher discs found with the documents.
These books are incomplete (e.g. Part B. of item No.14 is missing) and it has not been found possible to reconstruct the code and cipher systems used even with the amount of material provided by the documents enumerated above.

IV. Maps and Charts.

1. S.B. - Plan fuer die Ostsee. Nr. 653. M.Dv. Nr.209a. Kiel 1939. Kommando der Marinestation der Ostsee. (S.B.Plan for the Baltic. Kiel 1939. Issued by the Headquarters of the Baltic Naval Station. No.653. M.Dv.No.209a. (S.B. = Specially Marked)).

2. S.B.- Plan fuer die Nordsee. Wilhelmshaven 1940. Nachdruck 1942. Kommando der Marinestation des Nordens. M.Dv.Nr.209b. Pr.Nr.2081. (S.B.Plan for the North Sea. Wilhelmshaven 1940. New Issue 1942. Issued by the Headquarters of the North Naval Station. M.Dv.No. 209b. Copy No.2081).

3. S.B.- Plan Daenemark. Kiel 1942. Kommando der Marinestation der xx Ostsee. M.Dv.Nr.209i. Pr.Nr.0204. (S.B.Plan Denmark. Kiel 1942. Issued by the Headquarters of the Baltic Naval Station. M.Dv.No.209i. Copy No.0204).

4. S.B.-Plan Norwegen. Oslo 1943. Marineoberkommando Norwegen. M.Dv. Nr.209h. Pr.Nr.1899. (S.B.Plan Norway. Oslo 1943. Issued by Naval Headquarters, Norway. M.Dv.No.209h. Copy No.1899).

5. Sperrordnung fuer Kiel. Neudruck 1941. Kommando der Marinestation der Ostee. M.Dv.Nr.213a. Pr.Nr.0152. (Disposition of Barriers for Kiel. Reprint 1941. Issued by the Headquarters of the Baltic Naval Station. M.Dv.Nr.213a. Copy No. 0152).

5.

6. Map entitled "Luftstuetzpunkte im Nord-u.Suedatlantik". O.K.M. 3/SKL.Fl.
(Map entitled "Air Bases in the North and South Atlantic", O.K.M3/SKL/F.1.).

7. Map entitled "Quadratkarte Nr.1870 G. (Klein) Nordatlantischer Ozean".
(Map entitled "Grid Map No.1870 G. (Small) North Atlantic Ocean".

General:

There was also with the documents a typescript list entitled "Gliederungder U-Boots waffe . Stand 1. Dezember 1944" which gives a list of U-Boats and their commanders as they stood evidently on the 1st December, 1944.

TEL: 975499

GEHEIM-PERSÖNLICH!

IV 160 Prüf-Nr. 213

Ein Wort an alle U-Bootskommandanten!

"Verstand ist ein zweischneidig Schwert
Aus hartem Stahl und blankem Schliff,
Charakter ist daran der Griff!
Und ohne Griff ist's ohne Wert!"

Die Berufung eines Offiziers in die Stellung als Kommandant eines U-Bootes bedeutet einen hohen Vertrauensbeweis der Führung nicht nur zu dem fachlichen Können, sondern mehr noch zu den charakterlichen Qualitäten des ausgewählten Offiziers und ist damit eine **besondere Ehre.**

Sie alle kennen das Wort, das im Mittelalter über den Kontoren der Handelshäuser der Hansa stand:

„EHRE IST ZWANG GENUG!"

Die hohe Verpflichtung, der der ausgewählte Offizier damit unterliegt, ist erst kürzlich durch den Sondererlaß des Ob.d.M. „Warum U-Bootskrieg?" jedem eindeutig und eindrucksvoll klar gemacht worden. Wenn in diesem Erlaß gesagt wird, daß der Einsatz jedes Soldaten der Kriegsmarine in dem neu anlaufenden U-Bootskrieg von mindestens der gleichen Bedeutung ist wie der Einsatz des besten Panzerschützen oder Volksgrenadiers an den weiten Fronten, so kann man den U-Bootskommandanten mit Recht als einen

„Vorkämpfer"

an dieser entscheidenden Front [illegible]

Für den „Vorkämpfer" ist es eine selbstverständliche Pflicht, das ihm anvertraute Kampfmittel in rücksichtslosem Angriffsgeist bis an die Ausgangs- und Brennpunkte des Gegnerverkehrs heranzutragen.

Alle von entschlossenem Angriffswillen beseelten U-Bootskommandanten bezeugen, daß der Schnorchel hierfür eine einzigartige Möglichkeit bietet. Die jetzt neu kommende U-Boote werden diesen tapferen Kommandanten noch ganz andere Möglichkeiten zur Verfügung stellen.

Demgegenüber gibt es eine geringe Zahl „übervorsichtiger" Offiziere, die ihre Entschlüsse in starkem Maße von des „Gedankens Blässe" ankränkeln lassen. Hierzu gehören alle jene Offiziere, die dem „Gehör" einen allzu weiten Raum für ihre Entschlußbildung einräumen, anstatt selbst „sehen zu wollen". Für diese Kommandanten hat der Feind die Geräuschbojen konstruiert. Für diese Kommandanten läßt er durch Flugzeuge und Suchgruppen in allen Seegebieten wahllos Schreckwabos werfen, weil er weiß, daß solche Kommandanten diese Wasserbomben auf sich selbst beziehen. (Wir alle kennen die Erzählung von Prien, der während der Norwegen-Unternehmung einen viele Seemeilen weit entfernten starken feindlichen Fliegerangriff auf deutsche Überwasserstreitkräfte als Wabo-Verfolgung gegen sein eigenes Boot ansprach. Prien hat sich später niemals wieder einer solchen Täuschung hingegeben, sondern nur Wabos in unmittelbarer Nähe seines Bootes auf sich selbst bezogen.)

Damals mußten erst Erfahrungen auf diesem Gebiet gesammelt werden. Sie sind von tapferen Kommandanten gesammelt und durch die K.T.B.'s, durch die Erfahrungs-FT's und durch die fortgesetzten Belehrungen jedem zugänglich gemacht und von all denen verstanden worden, die nach den Worten leben, daß **„Angst keine Weltanschauung"** ist. Hierzu gehören ferner jene Kommandanten, die den Angriff bald vom Tag auf die Nacht und dann wieder von der Nacht auf den Tag verschieben und diese „Überlegungen" mit einer großen Zahl „intellektueller Erwägungen" nachträglich zu rechtfertigen suchen, — aber erst dann, wenn die Angriffschance längst verstrichen ist.

Daneben gibt es eine — gottlob! — ganz verschwindend geringe Zahl von Offizieren, die — sagen wir es einmal ganz offen und hart! — aus nackter Angst ihre Pflicht nicht tun.

(Nicht die Angst an sich ist zu tadeln, denn ich möchte den Soldaten kennen lernen, dem in harten Kampflagen nicht einmal das Herz gezittert hat. Ich behaupte, daß es solche Soldaten gar nicht gibt! Wer es bestreitet, hat entweder noch nie in einer sehr, sehr ırten Situation gestanden oder er lügt! Darauf, meine Kameraden, kommt es überhaupt cht an, sondern darauf, daß der betreffende Offizier als der „Vorkämpfer" der ihm ıvertrauten Soldaten sein Herz in beide Hände nimmt oder — wie ich es stets in meinen nsprachen bezeichne — „sich ein **eisernes Herz** anschafft"!)

Wenn ein U-Bootskommandant, der sich jetzt vor dem Kriegsgericht verantworten muß, ı seinen Offizieren äußert, es sei zwecklos, auf das Geleit zu operieren und es unterläßt, it höchster Fahrt hinter dem festgestellten Geleit nachzustoßen, wenn ein U-Bootskommanant nach weit entfernter Flugzeugsichtung ohne Bomben nicht wieder auf Sehrohrtiefe eht, wenn er ihm gemeldete Horchpeilungen weder untersucht noch meldet und nach Rundblick frei" nicht auftaucht, dafür aber ohne Grund unter Wasser bleibt, während ie anderen Kameraden das Geleit verfolgen, wenn er nach Meldung des erfahrenen Horhers über ein breites Geräuschband, das nach übereinstimmender Ansicht des L.I. und beier W.O.'s vermutlich der Geleitzug ist, angibt, es handele sich um ein eigenes U-Boot, so edarf es für uns nicht erst des Spruches des Kriegsgerichts, um festzustellen, daß es sich m einen Feigling handelt. Wenn ein U-Bootskommandant aus Scheu vor dem Feind nicht ı das ihm befohlene Operationsgebiet geht, aber die Führung durch die Meldung täuscht, aß er in dem befohlenen Quadrat gestanden habe, so wird er mit Recht von uns ausgeıerzt, weil er den Ehrenschild unserer Waffe besudelt und gegen die unabingbare sittliche Forderung verstoßen hat, daß man sich selbst einetzen muß, wenn man töten will!

Für Schwächlinge und Feiglinge ist in der U-Bootswaffe, ist in der deutschen Kriegsıarine kein Raum!

Die U-Bootswaffe ist eine verschworene Gemeinschaft waffengewohnter ın... ffenfroher Männer, die gelernt haben, zu gehorchen, geführt von Männern, ıie befehlen gelernt haben.

Wir sind stolz darauf, daß bei dem bedauerlichen Rückschlag im Westen die Kriegsmarine in den eingeschlossenen Küstenfestungen das Rückgrat des Widerstandes st und damit die feindlichen Anstrengungen so lange verzögert hat, bis es gelang, eine ıeue Westfront auf die Füsse zu stellen.

Wir sind stolz darauf, daß durch die totale Erhebung des deutschen Volkes der Feind an jeder Straßenkreuzung, in jedem Haus einen verbissenen Widerstand findet, der m feindlichen Lager die größte Bestürzung ausgelöst und alle siegessicheren Pläne und Voraussagen über den Haufen geworfen h[illegible] zum K[illegible] den Preis entschlossen! Wir wissen, daß ein Volk zugrunde geht, das keine Männer, [illegible] Kämpfer mehr erzeugt und daß die Lebensgeschichte eines Volkes die Geschichte seiner Kämpfe ist!

Das deutsche Volk hat seine Wiedergeburt erlebt. Unser Führer steht wie ein Fels der tobenden Brandung der gegen uns verschworenen Gewalten und hat noch nie so fest e jetzt an den Sieg unserer gerechten Sache geglaubt.

Daraus erwächst für uns alle — vornehmlich aber für den U-Bootskommandanten n Feind und für alle die zu dieser stolzen Führungsaufgabe berufen sind, die

heilige Pflicht:

[illegible] er und Vorkämpfer seiner Männer im wahrsten Sinne — noch ... r als der härteste seiner Soldaten zu sein und jede ihm gestellte Aufgabe getreu dem Wahlspruch unserer Wa[illegible]

„Angriff — Ra[illegible] — Versenken!"

in soldatischen Draufgängertum unter Ausnutzung aller Mittel zu erfüllen.

So allein erweist sich der U-Bootskommandant des Vertrauens und der Ehre würdig, die ihm durch die Berufung in diese Stellung zuteil geworden ist.

Für seine Entschlüsse und sein Handeln kann es in diesem Kampf um jeden Preis bis zum Siege nur den einen Maßstab geben:

„EHRE IST ZWANG GENUG!"

v. Friedeburg

Admiral
Kommandierender Admiral der Unterseeboot e

Bord „Otto Wünsche", Oktober 1944.

GEHEIME KOMMANDOSACHE

GEHEIME KOMMANDOSACHE

[illegible]ungsfunkspruch Nr. 171

[illegible] Boot, das [illegible] hatte, vor dem Nordkanal zu operieren, hat
[illegible] Norwegen [illegible], den Weg über Marqu AF 12, AE 35, 39 ge-
[illegible]en und [illegible] Horchpeilungen und anderen Beobachtungen be-
[illegible]rückt, [illegible] als Marqu AM 5736 an sein befohlenes Op-
[illegible]biet herangegangen. So können keine Erfolge errungen werden.
[illegible] Erfahrungen [illegible] Kommandanten beweisen:
[illegible] Schnorchel erlaubt Marsch ohne grosse Umwege. Der Schnorchel
[illegible]laubt sich in [illegible] Seegebieten trotz stärkster Bewachung
[illegible] halten und in [illegible] Erfolge zu erzielen. Hinweise für das Ver-
[illegible]lten in diesen Gebieten und gegenüber der feindlichen Abwehr
[illegible]rden laufend gegeben. Ich verlange von den Kommandanten, dass
[illegible] die einzigartige Möglichkeit, die der Schnorchel bietet, mit
[illegible]ler Energie ausnützen und der gegnerischen Abwehr herrwerdend,
[illegible] an die Ausgangspunkte des Gegnerverkehrs herangehen und dort
[illegible] Angriff kommen. Auftreten von See- und Luftabwehr ist selbst-
[illegible]rständlich, sie zu umgehen oder ihr zu begegnen ist Maßstab für
[illegible]griffsgebiet und Können des Kommandanten. Ich werde unnachsicht-
[illegible]ch, alle die Kommandanten zur Rechenschaft ziehen, die die gestell-
[illegible]en Aufgaben nicht unter Ausnutzung aller Mittel in dem alten Ver-
[illegible]twortungsbewusstsein und Draufgängertum unserer Waffe erfüllen.

Dönitz

[illegible].Ufl. Gkdos 231

Kommando „U 260"
Eing. 6. IV. 1944
B.-Nr. Gkdos. 178 Anl. X

U 260

Br. Nr. 3

Kdt.	I.W.O.	II.W.O.	L.I.

Vereinnahmt unter GT Nr. 178
im Verzeichnis der Dienstvorschriften
der Torpedoversuchsanstalt.

Prüf-Nr. 1260

Geheim!

Fronthinweise der T.I. für U-Boote

(T.H.U.)

Dies ist ein geheimer Gegenstand im Sinne des § 88 des Reichsstrafgesetzbuches (Fassung vom 24. April 1934). Mißbrauch wird nach den Bestimmungen dieses Gesetzes bestraft, sofern nicht andere Strafbestimmungen in Frage kommen.

Aufgestellt von der Torpedoinspektion Kiel

Herausgegeben von der Torpedoversuchsanstalt, Eckernförde
Februar 1943

.Dv.Nr. ....

~~Nur gültig für die Entgegennahme des Ehestandsdarlehens.~~

Bescheinigung der Eheschließung.

Zwischen dem Oberleutnant zur See Klaus B e c k e r, 29.4.1920 Überlingen, (NEAR BAD WILDBAD)

wohnhaft in bis zur Einberufung in Überlingen, Feldpost-Nr. M 42 831,

und der Apoth.Assistentin Ruth Edith Céline Gauthier, 13.4.1921 Calmbach

75323

wohnhaft in Heubach

ist vor dem unterzeichneten Standesbeamten heute die Ehe geschlossen worden.

Calmbach, am 18. November 1944.

Gebühr: — 0 —

Standesbeamter in Calmbach Landkreis Calw

Der Standesbeamte.

[Unterschrift]

MILITARY ARCHIVES CATHAL ... BARRACKS DUBLIN TEL 97...

Reg.-Nr. 7600 | ~~Bescheinigung der Eheschließung (nur für Ehestandsdarlehen).~~

Karl Schumacher, Reutlingen
Bestellnummer 130

Geheime Kommandosache! Prf-Nr.

25

Laufender Befehl Nr. ~~X~~ - Jan.1945

Feindliche Minenlage in Op.-Gebieten um England.

Obwohl Minengefahr um England zur Zeit als gering angesehen wird, ist es richtig, in minenverdächtigen Gebieten sich stets so zu verhalten, daß die geringste Gefährdung für U-Boote besteht.

Dazu gehört:

a) Warngebiete - möglichst dicht unter der Küste auf flachem Wasser, eventuell nachts aufgetaucht - passieren, Zum Beispiel Warngebiet Georgskanal dicht unter Irl.Küste.

) Ist dies nicht möglich, Warngebiete grundsätzlich so tief wie möglich passieren. Sind Wassertiefen über 120 Meter, etwa 30 Meter unter Kiel halten. Hierdurch auch Grundminengefahr herabgesetzt.

c) Auf bekannten oder selbst beobachteten Geleitwegen und Durchfahrten Marsch auf Sehrrohrtiefe, Hier flachstehende Minen wegen Gefährdung engl. Schiffahrt ausgeschlossen. Hierbei möglichst Hochwasserzeiten oder Zeiten starken Stroms ausnutzen.

d) Marsch zum Schnorcheln, FT.Empfang und zur Navigation möglichst nicht in Warngebieten oder unmittelbar vor den Löchern durchführen, um benutzte U-Bootswege nicht bloßzustellen.

2) Alle Merkmale, die auf Vorhanden-oder nicht Vorhandensein von Minen schließen lassen (Auftreten von Räumfahrzeugen, fahren von Gerät, Überwachung durch Fischdampfer, starker Schiffsverkehr usw.) sind im K.T.B. am Schluß unter "Minengefährdung" anzuführen. Wichtige Erkenntnisse und Unterlagen nach Einlaufen im im Kurzbericht aufnehmen bzw. bei Gelegenheit an FT. anhängen.

3) Dieser lfd.Bef. ist nur für Kommandanten und Offiziere. Bei Äusserung über befohlene Maßnahmen gegenüber Besatzung jede unnötige Beunruhigung vermeiden.

Abschrift Seite 135

Geheime Kommandosache Prüf.-Nr.

Laufender Befehl Nr. 25 – Jan. 1945

Feindliche Minenlage in Op.-Gebieten um England.

1) Obwohl Minengefahr um England zur Zeit als gering angesehen wird, ist es richtig, in minenverdächtigen Gebieten sich stets so zu verhalten, daß die geringste Gefährdung für U-Boote besteht.
   Dazu gehört:
   a) Warngebiete – möglichst dicht unter der Küste auf flachem Wasser, eventuell nachts aufgetaucht – passieren. Zum Beispiel Warngebiet Georgskanal dicht unter irischer Küste.
   b) Ist dies nicht möglich, Warngebiete grundsätzlich so tief wie möglich passieren. Sind Wassertiefen über 120 Meter, etwa 30 Meter unter Kiel halten. Hierdurch auch Grundminengefahr herabgesetzt.
   c) Auf bekannten oder selbst beobachteten Geleitwegen und Durchfahrten Marsch auf Sehrohrtiefe. Hier flachstehende Minen wegen Gefährdung engl. Schiffahrt ausgeschlossen. Hierbei möglichst Hochwasserzeiten oder Zeiten starken Stroms ausnutzen.
   d) Marsch zum Schnorcheln, FT. Empfang und zur Navigation möglichst nicht in Warngebieten oder unmittelbar vor den Löchern durchführen, um benutzte U-Bootswege nicht bloßzustellen.

2) Alle Merkmale, die auf Vorhanden – oder nicht Vorhandensein von Minen schließen lassen (Auftreten von Räumfahrzeugen, fahren von Gerät, Überwachung durch Fischdampfer, starker Schiffsverkehr usw.) sind im K.T.B. am Schluß unter „Minengefährdung“ anzuführen. Wichtige Erkenntnisse und Unterlagen nach Einlaufen im Kurzbericht aufnehmen bzw. bei Gelegenheit an FT. anhängen.

3) Dieser laufende Bef. ist nur für Kommandanten und Offiziere. Bei Äußerung über befohlene Maßnahmen gegenüber Besatzung jede unnötige Beunruhigung vermeiden.

Kommando
d. Unterseebootsflottille
B.-Nr. 0. 1076/00

Laufender Befehl Nr. 41

Kommando „U 260"
Eing. 17.8. 1943
B.-Nr. 432 Anl.

Notsendegerät für Schlauchboote und Flöße.

1.) Das Notsendegerät ist für Abgabe von Notsignalen aus Schlauchbooten oder von Flößen vorgesehen. Welle 500 kHz (600 m). Antennenleistung 8 Watt bei tonlos und 6 Watt bei tönend.
Reichweiten gegen Flugzeuge:
Hörbarkeit bis 450 km
Peilbar bis 300 km.
Reichweiten gegen U-Boote:
Hörbarkeit 300 km
Peilbar 100 km.

2.) Das Notsenden kann mit automatischem Geber erfolgen. Dieser gibt SOS und das Zeichen für Alarmgeräte (12 Striche von 4 sec. Dauer mit 1 sec. Pause zwischen den Strichen).
Bei Geben der Notzeichen von Hand ist im Anschluß an Alarmzeichen, soweit möglich, der Standort nach Länge und Breite (Grad und Min. als vierstellige Zahl) zu geben.

3.) Sendezeiten für Notsignale.
a) 15. - 18. und 45. - 48. Min. jeder Stunde (International festgelegte Zeiten der Funkstille zur Aufnahme von Notsignalen). Während dieser Zeiten besteht meiste Aussicht auf Empfang durch See- oder Landfunkstellen.
b) Darüber hinaus Notsignale öfters abgeben, wenn in Küstennähe (bis 500 km) befindlich oder andere Boote in Nähe.
c) Hat das havarierte U-Boot noch Kriegsnotmeldung bzw. Kurzsignal über Havarie absetzen können, so sind Notzeichen außer zu Zeiten gem. a) mindestens alle 10 Min. zu geben, da dann mit baldigem Einsetzen der Bergungsaktion zu rechen ist und Notsignale zum Anpeilen benutzt werden können.

4.) Empfangszeiten für Notsignale:
a) Alle in See befindlichen Boote, bei Ausmarsch aus der Heimat, in Nordsee, Norwegenbereich, Nord- und Mittelmeer und in Nordatlantik nach Süden bis 35 Grad Nord schalten, soweit sonstige Dienste zulassen, stündlich von 15. - 18. und 45. - 48. Min. 500 kHz (600 m) auf Empfang.

b)

x/1398

STOPPED BY CENSOR.
15th March, 1945.
CORK EXAMINER.

By 'Phone:
Deleted:

Survivors of a German Submarine sunk off the Cork coast landed in the early hours of this morning at Galley Head, Co. Cork from a raft and other members of the crew of the U-boat were picked up by the Courtmacsherry Lifeboat after their boats had been observed in Courtmacsherry Bay, the total number being about 40. The first to come ashore were those who landed at the Galley Head, the raft beaching near the Lighthouse. The local Red Cross turned out to aid any who might have been injured but all were fit. They were later taken into custody by the Military and brought to Cork. There were about a dozen in this party. About the same time several rubber boats with more survivors aboard were seen in Courtmacsherry Bay and the lifeboat went out to bring them in. After several hours at sea the lifeboat succeeded in rounding up all the boats and picked up 27 more sailors. Like those who had landed at the Galley Head they were uninjured and after a meal at Courtmacsherry they were brought to Cork by the Military.

Geheime Kommandosache! Prf.Nr.

Laufender Befehl Nr. ~~39~~ 31 32 - Januar 1945

Wichtig für Führung ist Ursache der Bootsverluste und frühzeitige Erkenntnis neuer feindlicher Angriffsverfahren und Waffen.
Befehl: Boote halten folgende Kurzsignale klar (dazu Sender stets abgestimmt, über Wasser und auf Sehrohrtiefe auch vorgeheizt):

a) Wenn aufgetaucht: UJKZ: "Werde von Flugzeug angegriffen", und
ULJA: "Werde von Überwasserstreitkräften angegriffen".

Bei Flugzeugangriff ist das Signal auf den Befehl "Flieger" sofort vom Funkraum selbständig abzusetzen.

b) Beim Schnorcheln und Unterwassermarsch: UJVK:" Bin beim Schnorcheln bei Tage gebombt worden".
UJWL: "Bin beim Schnorcheln bei N acht gebombt worden".
UJXM: "Bin beim Schnorcheln in der Dämmerung gebombt worden."
UJYN:" Bin auf Sehrohrtiefe ohne zu Schnorcheln gebombt worden."
UJZO: "Bin während Unterwassermarsch (etwa 40 m Tiefe) gebombt worden."

Signal soll abgesetzt werden, wenn infolge des Angriffs aufgetaucht werden muß.

c) Ausserdem ist möglichst ergänzende Meldung über eigenen Zustand und Art des Angriffs zu machen. Folgende Kurzsignale stehen zur Verfügung:

COWI:" Bin ohne Erfolg angegriffen worden."
UIVJ:" Bin leicht beschädigt."
UITH:" Bin beschränkt tauchklar"
UIUI:" Bin tauchunklar"
UIWK:" Bin tauchunklar und manöverierunfähig"
UJMB:" Flugzeug hat im Hochangriff angegriffen"
UJNC:" Flugzeug hat im Tiefangriff angegriffen"
UJOD:" Flugzeug hat mit einer Bombe angegriffen"
UJQF:" Flugzeug hat mit überschweren Bordwaffen angegriffen"
UJPE:" Flugzeug hat im Bombenreihenwurf angegriffen"
UJRG:" Flugzeug hat mit Torpedo angegriffen"
UJSH:" Angriff durch zwei oder mehr Flugzeuge"
CPJW:" Flugzeug hält Fühlung"
UJUJ:" Vor oder bei Angriff keine Ortung festgestellt"

Notfalls sind Kriegsnotmeldungen gem."Signaltafel für Kriegsnotmeldungen" abzusetzen. Die Signaltafel ist im Funkraum sichtbar

Prüf-Nr.: ~~4952~~

<u>Geheim!</u>

Schlüsselheft Nr. 17

zum

R. H. V.

Allg.

„U-260“

Vereinnahmt im GL Durchschriftenverzeichnis unter lfd. Nr. 10 [illegible]

[illegible] Band H Seite 170 [illegible]

Oberkommando der Kriegsmarine

Berlin 1944

Zu M. Dv. Nr. 929/1

Tafel 1

AA = NL	BA = PK	CA = KK	DA = LF	EA = PX	FA = BK	GA = YQ	HA = HU	İA = FN	JA = BR	KA = TZ	LA = TC	MA = ES
B = İL	B = PG	B = TD	B = YP	B = MB	B = PQ	B = LB	B = WD	B = SE	B = OJ	B = BM	B = GB	B = EB
C = FF	C = VL	C = OY	C = AX	C = ZQ	C = YW	C = Mİ	C = TQ	C = VQ	C = YY	C = ZO	C = EF	C = UH
D = FP	D = TP	D = JK	D = LE	D = FK	D = İT	D = AG	D = EZ	D = İR	D = XH	D = UR	D = LU	D = QC
E = UW	E = YT	E = LG	E = DK	E = GY	E = YC	E = LM	E = PS	E = BX	E = VV	E = Bİ	E = DD	E = JN
F = MR	F = YS	F = PE	F = Gİ	F = LC	F = AC	F = SH	F = QO	F = AR	F = SP	F = UQ	F = DA	F = FY
G = GD	G = XK	G = MT	G = QM	G = BL	G = CY	G = VG	G = VE	G = VF	G = XC	G = PB	G = CE	G = ZZ
H = YF	H = WP	H = TJ	H = UN	H = AZ	H = GX	H = KW	H = CU	H = PW	H = MV	H = KZ	H = QL	H = SR
İ = UE	İ = KE	İ = MU	İ = JM	İ = EP	İ = JP	İ = DF	İ = NR	İ = OV	İ = OG	İ = DT	İ = İJ	İ = GC
J = SK	J = PL	J = SL	J = UY	J = LX	J = QN	J = KP	J = NP	J = Lİ	J = CZ	J = YK	J = RJ	J = ER
K = TY	K = FA	K = BW	K = DE	K = AW	K = ED	K = SZ	K = SU	K = PF	K = CD	K = CA	K = WE	K = WL
L = TS	L = EG	L = XP	L = JO	L = XW	L = GS	L = OW	L = JW	L = AB	L = GN	L = KQ	L = RB	L = JR
M = QU	M = KB	M = VO	M = KN	M = RF	M = KT	M = WM	M = JS	M = SQ	M = Dİ	M = VR	M = GE	M = FV
N = WG	N = RC	N = KR	N = RP	N = SO	N = İA	N = JL	N = NZ	N = MQ	N = ME	N = DM	N = RW	N = WT
O = VA	O = NF	O = XY	O = RV	O = QQ	O = NM	O = OF	O = QP	O = VX	O = DL	O = RD	O = OX	O = XJ
P = İQ	P = AV	P = UU	P = RZ	P = Eİ	P = AD	P = WA	P = QX	P = ZD	P = Fİ	P = GJ	P = RM	P = FW
Q = UF	Q = VJ	Q = XL	Q = UG	Q = FQ	Q = EQ	Q = SD	Q = UL	Q = AP	Q = JZ	Q = KL	Q = XO	Q = İN
R = İF	R = JA	R = Rİ	R = UJ	R = MJ	R = XB	R = KX	R = ZP	R = İD	R = ML	R = CN	R = TO	R = AF
S = NC	S = QH	S = JU	S = MW	S = MA	S = OH	S = FL	S = SJ	S = ZK	S = HM	S = İW	S = İV	S = OP
T = YH	T = Yİ	T = KU	T = Kİ	T = RE	T = ZB	T = NU	T = NX	T = FD	T = UZ	T = FM	T = NJ	T = CG
U = QD	U = DU	U = HH	U = BU	U = NA	U = QZ	U = EW	U = HA	U = SV	U = CS	U = CT	U = LD	U = Cİ
V = BP	V = TV	V = PJ	V = XU	V = WZ	V = MM	V = RR	V = QY	V = LS	V = NV	V = OO	V = XA	V = JH
W = EK	W = CK	W = Tİ	W = PR	W = GU	W = MP	W = WK	W = UP	W = KS	W = HL	W = GH	W = TB	W = DS
X = DC	X = İE	X = YU	X = NG	X = WY	X = WJ	X = FH	X = RY	X = OE	X = VP	X = GR	X = EJ	X = Uİ
Y = NO	Y = XR	Y = FG	Y = VS	Y = TR	Y = MF	Y = EE	Y = VD	Y = ND	Y = ZV	Y = TU	Y = RK	Y = YX
Z = EH	BZ = TX	CZ = JJ	DZ = ZF	EZ = HD	FZ = OK	GZ = ZJ	HZ = NH	İZ = OS	JZ = JQ	KZ = KH	LZ = SM	MZ = PD

Geheim! Prüfnr. 1627

Vorsicht! Wasserlösliche Farbe!

Kenngruppenheft Nr. 5

zum

Kurzsignalheft 1941

Das Kenngruppenheft ist nach Gebrauch wieder in den Schutzdeckel einzuschieben.

Oberkommando der Kriegsmarine
Berlin 1943

Zu M. Dv. Nr. 96

Vorsicht! Wasserlöslicher Druck!

Geheim! [illegible]

[illegible] 4772

Zahlenreihentafel zum R.H.V. Allgemein

M. Dv. Nr. 929/1

[illegible]	Zahlenreihe																	
1	6	10	2	13	7	1	14	5	9	4	12	3	8	11				
2	8	1	10	5	2	9	7	4	11	3	6							
3	14	4	11	7	3	16	10	12	5	15	2	9	6	13	1	8		
4	11	9	3	6	12	1	7	4	10	2	8	5						
5	1	13	7	10	2	16	9	17	3	11	6	15	8	5	12	4	14	
6	5	7	13	1	9	4	11	2	8	6	12	3	10					
7	9	6	1	5	3	8	2	7	4									
8	10	4	14	8	13	3	11	9	5	15	7	2	12	6	1			
9	3	13	6	9	1	12	8	5	10	2	11	7	4					
10	12	4	17	7	13	3	16	9	1	14	8	6	18	11	2	15	10	5
11	4	7	1	10	5	9	2	8	6	3								
12	13	4	10	6	14	5	16	1	11	9	3	15	7	2	12	8		
13	7	9	5	1	11	8	2	10	6	4	12	3						
14	15	5	13	7	2	17	10	1	14	11	4	16	9	3	12	6	8	
15	2	9	6	14	8	11	1	13	5	15	10	3	12	7	4			
16	6	4	9	1	7	3	5	2	8									
17	8	13	4	11	2	7	10	5	12	1	9	6	3					
18	18	5	10	3	9	15	6	13	2	17	8	14	4	11	7	16	1	12
19	1	6	9	4	8	2	11	7	5	3	10							
20	7	12	8	1	14	9	3	11	2	13	6	5	10	4				
21	11	2	13	7	4	16	10	1	15	6	12	8	3	17	9	5	14	
22	4	7	3	8	6	1	9	5	2	10								
23	10	8	4	14	2	12	6	13	9	1	7	5	15	3	11			
24	2	12	6	1	10	5	9	3	11	7	4	8						
25	5	10	15	4	12	18	6	14	3	11	7	17	2	13	8	1	16	9

Beispiel: Einsatzstelle 19 = Zahlenreihe 1 6 9 4 8 2 11 7 5 3 10

[illegible]

Geheim! Prüfnr. 624

Vorsicht! Wasserlösliche Farbe!

„V-260"
Vereinnahmt
im Geh. Druckschriftenverzeichnis unter lfd. Nr. 447

Kenngruppenheft Nr. 7

zum

Kurzsignalheft 1944

Dies ist ein Staatsgeheimnis im Sinne des § 88 Reichsstrafgesetzbuchs (Fassung vom 24. April 1934). Mißbrauch wird nach den Bestimmungen dieses Gesetzes bestraft, sofern nicht andere Strafbestimmungen in Frage kommen.

Oberkommando der Kriegsmarine
Berlin 1944

Zu M. Dv. Nr. 96

Zuteilungsliste zum Kenngruppen

Schiff	Monatstag							
	1. u. 2.	3. u. 4.	5. u. 6.	7. u. 8.	9. u. 10.	11. u. 12.	13. u. 14.	15. u. 16.
Triton	71—80 306—315 156—165 26—30 206—210 116—120 251—255	151—160 191—200 66—75 266—270 111—115 86—90 311—315	111—120 41—50 201—210 161—165 71—75 231—235 51—55	51—60 221—230 96—105 276—280 136—140 16—20 331—335	221—230 36—45 171—180 131—135 351—355 186—190 76—80	326—335 86—95 131—140 211—215 171—175 6—10 201—205	336—345 126—135 391—400 176—180 1—5 356—360 281—285	171—180 246—255 336—345 41—45 381—385 211—215 241—245
Medusa	326—335 1—10	211—220 141—150	291—300 101—110	126—135 266—275	156—165 366—375	306—315 71—80	116—125 251—260	81—90 371—380
Niobe	236—245 351—360	331—340 101—110	151—160 366—375	171—180 41—50	201—210 281—290	161—170 236—245	221—230 166—175	296—305 121—130
Poseidon	261—270	366—375	386—395	371—380	6—15	346—355	136—145	46—55
Thetis	46—65 236—305 106—115 91—100 175—185 121—130 211—215 31—35 321—325 151—155	171—190 11—30 256—265 131—140 201—210 56—65 251—255 166—170 276—280 96—100	1—20 236—255 141—150 351—360 91—100 171—180 66—70 226—230 346—350 121—125	201—220 76—95 351—360 116—125 241—250 6—15 316—320 261—265 166—170 286—290	106—125 296—315 46—55 246—255 146—155 81—90 326—330 396—400 16—20 271—275	111—130 266—285 11—20 381—390 41—50 296—305 156—160 36—40 341—345 246—250	316—335 31—50 346—355 201—210 66—75 146—155 81—85 311—315 6—10 291—295	131—150 61—80 216—225 256—275 1—10 106—115 291—295 206—210 331—335 116—120
Hydra	201—205 316—320 66—70 281—285	361—365 31—35 161—165 126—130	301—305 21—25 271—275 196—200	196—200 111—115 1—5 256—260	291—295 71—75 196—200 316—320	146—150 51—55 226—230 106—110	381—385 246—250 86—90 276—280	396—400 131—185 11—15 236—240
Potsdam	21—25 171—175	91—95 221—225	361—365 166—170	236—240 61—65	1—5 346—350	176—180 321—325	136—190 26—30	261—265 101—105
Neptun	371—375 131—135	6—10 246—250	381—385 86—90	311—315 151—155	136—140 231—235	356—360 21—25	216—220 161—165	286—290 56—60
Aegir	386—390 166—170	51—55 296—300	321—325 56—60	31—35 301—305	256—260 91—95	206—210 336—340	241—245 306—310	366—370 16—20
Sch. S. Schl. Nr. 100	101—105 256—260	121—125 326—330	256—260 221—225	281—285 71—75	211—215 321—325	66—70 196—200	191—195 91—95	186—190 306—310
Sch. S. Schl. Nr. 1	216—220	351—355	396—400	366—370	181—185	261—265	76—80	326—330
Sch. S. Schl. Nr. 2	81—85	1—5	26—30	251—255	31—35	396—400	51—55	151—155
Sch. S. Schl. Nr. 3	391—395	241—245	376—380	306—310	331—335	181—185	261—265	346—350
Sch. S. Schl. Nr. 4	246—250	386—390	126—130	36—40	191—195	1—5	286—290	21—25
Sch. S. Schl. Nr. 5	146—150	291—295	341—345	191—195	126—130	141—145	131—185	361—365
[illegible]	396—400 186—190 336—340 221—225 86—90	46—50 271—275 116—120 356—360 236—240	181—185 306—310 276—280 61—65 326—330	346—350 106—110 231—235 66—70 361—365	216—220 166—170 56—60 276—280 141—145	391—395 231—235 151—155 316—320 81—85	11—15 386—390 196—200 211—215 156—160	166—170 201—205 26—30 311—315 256—260
[illegible]	36—45 341—350	301—310 376—385	261—270 131—140	321—330 181—190	336—345 21—30	186—195 371—380	96—105 56—65	226—235 386—395
[illegible]	376—385 136—145	281—290 36—45	311—320 186—195	391—400 141—150	356—365 236—245	26—35 286—295	231—240 371—[illegible]	[illegible]
[illegible]	271—280 11—20	391—400 316—325	76—85 31—40	336—345 21—30	386—395 96—105	216—225 56—65	[illegible]	[illegible]
[illegible]	361—370 191—200	226—235 341—350	331—340 211—220	381—390 291—300	261—270 376—385	251—[illegible] 361—370	[illegible]	[illegible]
[illegible]	[illegible]	76—85	[illegible]	156—165	61—70	96—[illegible]	[illegible]	[illegible]

Prüf-Nr. 16[illegible]5

Geheim!

Doppelbuchstabentauschtafeln für Kenngruppen

Kennwort: Meer

Zu dieser Ausgabe gehören 9 Einzeltafeln, bezeichnet mit Tafeln A bis J ohne I. Die Tafeln sind zum Verschlüsseln und zum Entschlüsseln zu verwenden.

Zu dieser Ausgabe gehören außerdem 2 Abdrucke »Tauschtafelplan« mit gleicher Prüfnummer.

Zu M. Dv. Nr. 98

Vorsicht! Wasserlöslicher Druck!

Geheim!

Anmerkung: Dieser Tauschtafelplan ist in der durchlöcherten Hülle für die Doppelbuchstabentauschtafeln für Kenngruppen, Kennwort: »Meer«, aufzubewahren.

Prüf-Nr. 1645 a

Tauschtafelplan

zu den Doppelbuchstabentauschtafeln für Kenngruppen

Kennwort: Meer

Monatstag	Kennziffer eins	zwei	drei	vier	fünf	sechs	Monatstag
	Tauschtafel						
1.	A	D	C	G	E	H	1.
2.	E	B	F	D	A	G	2.
3.	G	D	H	J	E	B	3.
4.	J	A	D	C	B	E	4.
5.	B	C	G	E	J	A	5.
6.	D	H	J	G	F	C	6.
7.	H	C	B	E	D	F	7.
8.	C	A	E	B	G	J	8.
9.	F	J	A	D	C	E	9.
10.	C	G	E	F	H	B	10.
11.	F	B	J	H	A	G	11.
12.	D	G	B	A	J	C	12.
13.	G	B	F	C	D	H	13.
14.	E	C	A	J	B	D	14.
15.	B	E	G	D	H	A	15.
16.	H	D	C	G	F	B	16.
17.	A	J	H	B	G	E	17.
18.	J	F	D	E	C	A	18.
19.	C	H	A	J	E	G	19.
20.	A	F	G	C	B	D	20.
21.	B	J	D	F	G	H	21.
22.	G	D	F	H	A	C	22.
23.	J	E	H	A	D	F	23.
24.	D	B	C	F	E	J	24.
25.	F	A	E	D	H	B	25.
26.	H	E	J	B	F	D	26.
27.	E	H	B	J	C	F	27.
28.	H	G	F	C	J	A	28.
29.	B	E	A	H	F	C	29.
30.	F	C	H	A	B	J	30.
31.	A	F	B	G	D	E	31.

Fortsetzung Rückseite!

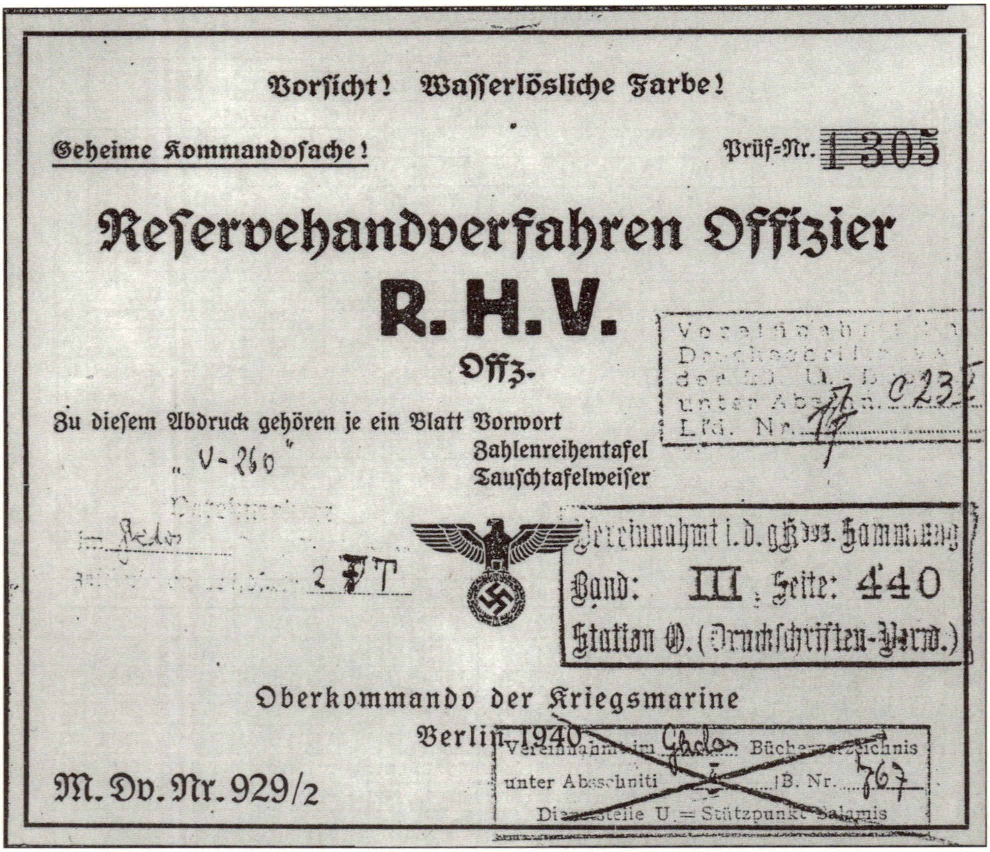

Vorsicht! Wasserlösliche Farbe!

Geheime Kommandosache! Prüf=Nr. 1305

Reservehandverfahren Offizier

R. H. V.

Offz.

Zu diesem Abdruck gehören je ein Blatt Vorwort
Zahlenreihentafel
Tauschtafelweiser

„V-260"

2 FT

Vereinnahmt i. d. gKdos. Sammlung
Band: III Seite: 440
Station O. (Druckschriften-Verw.)

Oberkommando der Kriegsmarine
Berlin 1940

Vereinnahmt im Bücherverzeichnis
unter Abschnitt B. Nr. 767
Dienststelle U. = Stützpunkt Salamis

M. Dv. Nr. 929/2

Vorsicht! Wasserlöslicher Druck!

Geheime Kommandosache! Prüfnr. 1305

Ausgabe I. 42

Tauschtafelweiser zum R.H.V. Offizier

M. Dv. Nr. 929/2

Lfde. Nr. der Verfahrenkenngruppe

Lfde. Nr. der Schlüsselkenngruppe	1	2	3	4	5	6	7	8	9	10	11	12	13	14	15	16	17	18	19	20	21	22	23	24				
1	15	24	1	25	7	16	19	3	21	12	23	5	18	8	4	20	10	13	6	17	2	11	14	9	1	7	22	1
2	5	22	16	10	18	3	14	8	4	15	7	1	19	9	20	6	12	23	2	21	13	25	17	11	6	24	4	2
3	10	14	23	6	24	15	1	9	18	5	25	11	12	2	8	16	3	13	7	19	4	20	21	17	1	22	9	3
4	25	2	22	11	21	6	14	8	20	3	18	4	9	10	7	16	1	15	17	5	13	12	23	19	10	24	16	4
5	25	8	20	18	4	17	7	21	14	2	24	10	11	6	13	19	9	16	3	15	12	22	5	1	2	23	13	5
6	14	17	1	20	7	12	24	4	19	15	11	6	18	2	25	8	21	3	10	23	5	16	9	13	22	21	3	6
7	25	12	24	6	15	11	19	3	14	17	5	20	8	21	1	10	13	7	18	2	23	9	4	16	5	22	17	7
8	23	5	15	19	3	22	10	20	1	17	9	12	4	13	14	7	11	2	21	6	16	8	18	24	22	25	11	8
9	25	10	24	1	17	9	4	15	19	5	8	18	13	16	3	12	20	14	6	11	23	21	7	2	18	8	22	9
10	6	21	10	22	8	16	5	14	23	2	18	7	17	9	1	15	4	19	11	3	13	12	20	24	2	25	14	10
11	6	25	8	2	14	9	20	7	21	12	22	3	16	15	5	17	4	10	24	13	11	19	1	18	4	23	3	11
12	21	16	9	25	6	17	1	14	10	20	4	18	2	15	7	13	8	23	3	12	5	24	11	19	21	22	8	12
13	14	19	1	18	17	10	21	4	20	2	22	7	9	6	8	3	16	13	5	24	15	11	25	12	23	1	20	13
14	11	17	25	12	7	22	14	3	16	9	18	5	21	13	6	19	1	10	20	4	2	15	23	8	5	24	2	14
15	7	25	9	23	3	17	5	12	19	1	11	24	8	16	2	18	13	20	4	10	15	21	6	14	22	7	3	15
16	25	5	19	10	16	2	12	24	8	14	7	11	23	3	17	18	6	3	15	1	21	13	20	4	15	11	22	16
17	4	16	10	19	7	18	1	22	12	5	15	21	9	2	14	6	11	8	13	20	3	24	17	25	8	23	5	17
18	15	18	8	21	12	20	4	14	9	5	13	10	16	1	7	19	3	17	22	11	25	6	2	24	13	23	4	18
19	20	11	2	12	6	14	9	1	18	13	8	19	5	17	23	3	10	15	16	4	21	7	25	22	24	12	9	19
20	5	20	17	25	11	19	3	12	6	21	2	14	16	9	4	10	13	1	18	8	24	15	7	21	22	14	16	20
21	12	24	8	17	3	9	14	20	11	1	19	7	16	4	15	6	21	10	18	25	2	5	13	1	20	22	23	21
22	24	14	1	21	10	12	2	18	17	9	19	5	15	8	20	16	3	7	4	13	22	6	23	11	2	25	21	22
23	8	21	6	22	7	16	12	10	2	14	9	18	4	20	13	1	19	5	21	17	3	11	24	15	10	23	25	23
24	15	25	4	21	16	7	3	23	12	5	11	6	20	8	10	18	2	14	9	13	19	1	22	17	11	24	13	24
	1	2	3	4	5	6	7	8	9	10	11	12	13	14	15	16	17	18	19	20	21	22	23	24				

Beispiel für Verschlüsseln.

Die gewählte Schlüsselkenngruppe hat die laufende Nummer 7 in der Spalte 427 und die Verfahrenkenngruppe die laufende Nummer 12 in der Spalte 614 der Spaltenliste des K. Buches. Daraus ergibt sich im Tauschtafelweiser als Einsatzstelle die Zahl 20 und die Tauschtafelfolge 20 8 21 1.

Es sind zum Verschlüsseln anzuwenden: Zahlenreihe lfde. Nr. 20
Tauschtafeln 20 8 21 1

Beispiel für Entschlüsseln.

Neben der Schlüsselkenngruppe steht in der Gruppenliste des K. Buches die Spaltennr. 42, neben der Verfahrenkenngruppe die Spaltennr. 287. In der Spaltenliste hat die Schlüsselkenngruppe in der Spalte 42 die lfde. Nr. 21 und die Verfahrenkenngruppe in der Spalte 287. die lfde. Nr. 14. Daraus ergibt sich im Tauschtafelweiser als Einsatzstelle die Zahl 4 und die Tauschtafelfolge 4 15 6 21.

Es sind zum Entschlüsseln anzuwenden: Tauschtafeln 4 15 6 21
Zahlenreihe lfde. Nr. 4

Reichsdruckerei.
11705 41 23

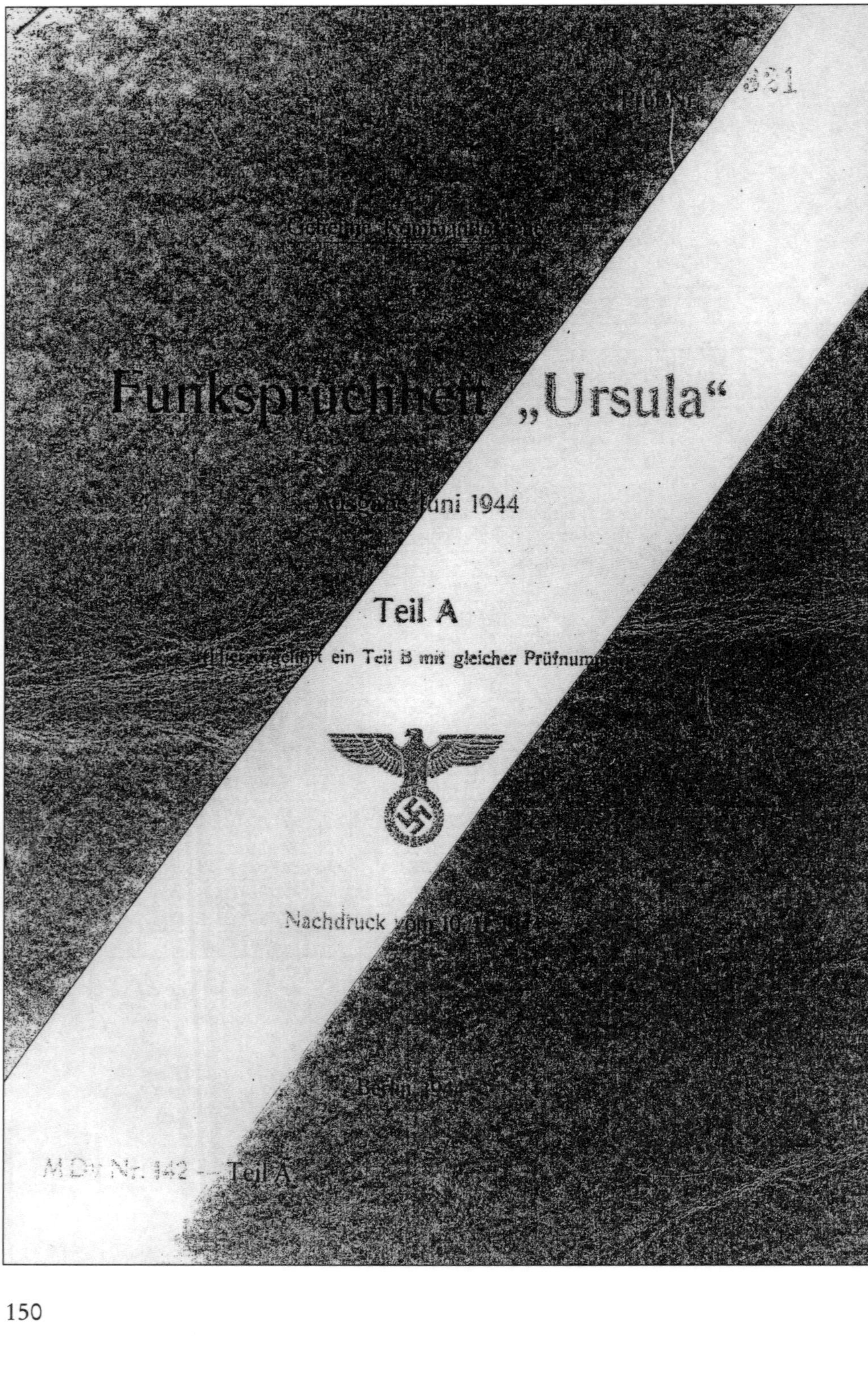
Funkspruchheft „Ursula“
Juni 1944
Teil A
ein Teil B mit gleicher Prüfnum
Nachdruck
Teil A

— 3 —

V. Aufstellungen

301 In genannter Reihenfolge im Vp. Streifen stehen von Qu. … nach Qu. …
302 In genannter Reihenfolge im Vp. Streifen stehen von Qu. … über Qu. … nach Qu. …
303 In genannter Reihenfolge Vp. Streifen besetzen von Qu. … nach Qu. …
304 In genannter Reihenfolge Vp. Streifen besetzen von Qu. … über Qu. … nach Qu. …
305 In genannter Reihenfolge im Vp. Streifen stehen unter Wasser von Qu. … nach Qu. …
306 In genannter Reihenfolge im Vp. Streifen stehen unter Wasser von Qu. … über Qu. … nach Qu. …
307 In genannter Reihenfolge in Aufkl. Streifen stehen von Qu. … nach Qu. …, Kurs …,
308 In genannter Reihenfolge in Standlinie stehen von Qu. … nach Qu. … Fahrt …
309 Im Vp. Streifen tags unter Wasser, nachts aufgetaucht stehen
310 ……………………
311 ……………………
312 ……………………
313 ……………………
314 ……………………
315 ……………………

351 Auftauchen … (Uhrzeit), zugeteilten Aufklärungsraum gut überwachen
352 Auf Peilempfang stehen, Peilungen sofort melden
353 Auf Peilempfang stehen, Peilungen auf Anforderung melden
354 ……………………
355 ……………………

371 Geleitzug aus … Richtung wird erwartet am …
372 ……………………
373 ……………………
374 ……………………

VI. Quadrate

401	AD	419	CG	437	FB	455	KZ
402	AE	420	DC	438	FE	456	LA
403	AF	421	DF	439	FH	457	LC
404	AJ	422	DG	440	FK	458	LF
405	AK	423	DJ	441	FN	459	LK
406	AL	424	DM	442	FR	460	LN
407	AM	425	DO	443	FV	461	LQ
408	AN	426	DR	444	GB	462	LU
409	BB	427	DT	445	GF	463	LX
410	BC	428	EC	446	GR	464	MG
411	BD	429	EE	447	GZ	465	MQ
412	BE	430	EH	448	JC	466	MS
413	BF	431	EK	449	JK	467	MU
414	CA	432	EL	450	KA		
415	CC	433	EP	451	KF	468	…………
416	CD	434	ER	452	KH		
417	CE	435	ET	453	KQ	469	…………
418	CF	436	EV	454	KT	470	…………

Prüf-Nr. 034 a

Geheim!

Kurzsignalheft 1944

I
Satzbuch

Zu diesem Abdruck gehört ein Teil II »Buchgruppenheft«
mit Schlüsselzahlentafel und Kenngruppenheft

Dies ist ein Staatsgeheimnis im Sinne des § 88 Reichsstrafgesetzbuchs (Fassung vom 24. April 1934). Mißbrauch wird nach den Bestimmungen dieses Gesetzes bestraft, sofern nicht andere Strafbestimmungen in Frage kommen.

Oberkommando der Kriegsmarine

Berlin 1944

M. Dv. Nr. 96

Ich genehmige das »Kurzsignalheft 1944« (M. Dv. Nr. 96).

Das »Kurzsignalheft 1944« tritt erst auf besonderen Befehl des OKM (4/Skl II) in Kraft. Mit dem gleichen Zeitpunkt tritt das »Kurzsignalheft 1941« außer Kraft.

Für Seestreitkräfte und Landdienststellen, die bis zu diesem Termin noch nicht mit dem »Kurzsignalheft 1944« ausgerüstet werden konnten, ergehen besondere Befehle.

Änderungen des Verfahrens oder des vorgesehenen Ausrüstungskreises sind verboten.

Für die dauernde Überwachung des im Gebrauch befindlichen »Kurzsignalheftes 1944« ist der Funkoffizier verantwortlich.

Das Kurzsignalheft ist bei jeder Wachübergabe besonders zu übergeben. Die Übernahme ist vom Übernehmenden im Wachmeldebuch zu vermerken.

Bei Nichtgebrauch ist das Kurzsignalheft unter sicheren Verschluß zu nehmen.

Bei drohendem Feindzugriff oder Sinken des Schiffes ist das »Kurzsignalheft 1944« wirksam zu vernichten.

Berlin, im September 1944.

Der Oberbefehlshaber der Kriegsmarine
(4/Skl II ca 27500/44 geh.)

„U-250“

Prüf-Nr. 624 b

Geheim!

Kurzsignalheft 1944

II

Buchgruppenheft

Zu diesem Abdruck gehört ein Teil I »Satzbuch«. Ferner gehören zu diesem Abdruck eine Schlüsselzahlen-Tafel und ein Kenngruppen-Heft, die beide in den hinteren Einbanddeckel eingeschoben werden.

Dies ist ein Staatsgeheimnis im Sinne des § 88 Reichsstrafgesetzbuches (Fassung vom 24. April 1934). Mißbrauch wird nach den Bestimmungen dieses Gesetzes bestraft, sofern nicht andere Strafbestimmungen in Frage kommen.

Oberkommando der Kriegsmarine

Berlin 1944

M. Dv. Nr. 96

Raum für Eintragungen der D. V., Vereinnahmungsvermerke u. ä.

[illegible]
Band: I · Seite: 310
Stichwort D. (Druckschriften-Verz.)

[illegible]
Im Geh Druckschriften[illegible]
zeichnis Nr 3 F T

— 5 — 0000—0249

Teil A.

0000	AIRZ	*0050*	PCLY	*0100*	JRSA	*0150*	YNAP	*0200*	OAMY
0001	KIZX	*0051*	OPVW	*0101*	WJWJ	*0151*	YIYI	*0201*	SSVV
0002	QMDZ	*0052*	VFMW	*0102*	YYUU	*0152*	MYHT	*0202*	ORWZ
0003	FEAZ	*0053*	BLXH	*0103*	FHZB	*0153*	ROOL	*0203*	YOJZ
0004	LTHP	*0054*	KZJY	*0104*	COJV	*0154*	VQRM	*0204*	XQXQ
0005	DQER	*0055*	ZYHG	*0105*	UUHH	*0155*	JQTA	*0205*	VOPI
0006	NHOI	*0056*	YKGS	*0106*	NQOR	*0156*	AMZL	*0206*	BVZT
0007	VPQK	*0057*	TQWT	*0107*	HXQG	*0157*	LNIK	*0207*	IHAZ
0008	OAAM	*0058*	JENI	*0108*	YRBU	*0158*	RMDY	*0208*	QGSI
0009	VVZZ	*0059*	VCOV	*0109*	BUJC	*0159*	OIBV	*0209*	OKYU
0010	HKMP	*0060*	ZLKW	*0110*	XRVP	*0160*	VRWS	*0210*	TGWJ
0011	JZFV	*0061*	OQSU	*0111*	RQIH	*0161*	SQPN	*0211*	TULM
0012	SLIB	*0062*	NIID	*0112*	ZPEU	*0162*	AWQM	*0212*	ISFP
0013	DWGZ	*0063*	HRBL	*0113*	JFJF	*0163*	MLML	*0213*	HRZJ
0014	RRWW	*0064*	QMUQ	*0114*	QDYL	*0164*	XCEJ	*0214*	HWCR
0015	KMHJ	*0065*	WUMK	*0115*	OPAB	*0165*	ERFS	*0215*	MWJT
0016	SIGW	*0066*	ZVHD	*0116*	XHAK	*0166*	TTPP	*0216*	UGDP
0017	BXMI	*0067*	HGYX	*0117*	QASC	*0167*	QSDF	*0217*	WTUR
0018	TGVI	*0068*	OWKS	*0118*	GVIX	*0168*	LXAM	*0218*	HCFA
0019	PQDE	*0069*	QDAN	*0119*	NXAK	*0169*	TTHH	*0219*	MTYF
0020	NXJT	*0070*	RRTT	*0120*	MYSE	*0170*	PSFI	*0220*	MYFR
0021	OYPZ	*0071*	PJIC	*0121*	TQPM	*0171*	WMOE	*0221*	OQQS
0022	DYGB	*0072*	COKW	*0122*	FAUP	*0172*	CVNG	*0222*	YTNI
0023	QPDC	*0073*	UULL	*0123*	JQUB	*0173*	VOEX	*0223*	FZWQ
0024	AMFR	*0074*	WZKN	*0124*	UGFR	*0174*	GATN	*0224*	EABX
0025	TQUR	*0075*	QGEU	*0125*	MOSU	*0175*	PONM	*0225*	XVEC
0026	OJCX	*0076*	SLHA	*0126*	VQPK	*0176*	QGTJ	*0226*	SOHD
0027	AHAH	*0077*	UNCV	*0127*	TNAU	*0177*	TPAW	*0227*	EDFE
0028	EQJV	*0078*	WQEY	*0128*	NJKG	*0178*	VIBO	*0228*	XCRW
0029	RTOQ	*0079*	JLUW	*0129*	MKWU	*0179*	TUPQ	*0229*	YLER
0030	JYMB	*0080*	QGLB	*0130*	OKCY	*0180*	SCGQ	*0230*	SSCC
0031	HRVF	*0081*	WSDZ	*0131*	YXPO	*0181*	HRLV	*0231*	LNXZ
0032	SOSO	*0082*	TGUH	*0132*	QYDL	*0182*	CRNC	*0232*	FRZL
0033	RPTR	*0083*	OPFG	*0133*	DQQD	*0183*	QAZJ	*0233*	AVFA
0034	QMWS	*0084*	XHYI	*0134*	RRJJ	*0184*	NZAM	*0234*	YBCF
0035	HGCB	*0085*	QATD	*0135*	NPFH	*0185*	ZWWT	*0235*	DTLB
0036	JRXF	*0086*	DSRG	*0136*	TFWI	*0186*	SNWR	*0236*	PICV
0037	SFVI	*0087*	GQXH	*0137*	TTQQ	*0187*	CJRY	*0237*	DWTM
0038	BVDX	*0088*	QCPB	*0138*	GJQT	*0188*	IUPB	*0238*	VPHB
0039	DXHB	*0089*	OLMJ	*0139*	MCRH	*0189*	RTCE	*0239*	IHKJ
0040	JVMY	*0090*	EZGB	*0140*	HAMF	*0190*	DYXS	*0240*	MCLB
0041	VVRR	*0091*	HOWD	*0141*	WPRK	*0191*	AUZT	*0241*	FBRN
0042	ADOR	*0092*	NZKW	*0142*	CWNH	*0192*	MIOK	*0242*	LYAN
0043	JZRH	*0093*	NPIK	*0143*	ONQP	*0193*	GESQ	*0243*	RSWX
0044	LEXQ	*0094*	VQEZ	*0144*	UKOE	*0194*	BXBX	*0244*	YIFP
0045	ZSJC	*0095*	GAHB	*0145*	VRQM	*0195*	DCPO	*0245*	NXFP
0046	SSDD	*0096*	LHIE	*0146*	JWVI	*0196*	ZEVA	*0246*	JYBQ
0047	JLSU	*0097*	NLMK	*0147*	UVVW	*0197*	ZMJW	*0247*	OYXH
0048	RHZP	*0098*	PLBX	*0148*	YIAK	*0198*	SSLL	*0248*	GSCO
0049	LHGC	*0099*	ONGF	*0149*	MWLV	*0199*	MOVX	*0249*	FFYY

0—0499 — 6 —

0250	XSBW	0300	PIDW	0350	NICX	0400	QGHX	0450	LHXT
0251	AHDK	0301	RKDW	0351	NHBV	0401	AXNK	0451	UTGF
0252	RDDP	0302	EYSM	0352	LHSO	0402	UHXK	0452	MRYD
0253	MOFH	0303	LKED	0353	YWAY	0403	CDEF	0453	JWXK
0254	EZQL	0304	MCGW	0354	VRVR	0404	LVJT	0454	QQYY
0255	ICJD	0305	JFZV	0355	POXW	0405	MWSC	0455	EGDF
0256	MIRN	0306	IVWJ	0356	SXYD	0406	VQYT	0456	XJIU
0257	VTZX	0307	CDMN	0357	BOAN	0407	XIEP	0457	CXRM
0258	HDSO	0308	TDSC	0358	XXQQ	0408	BNVH	0458	YBEH
0259	BALK	0309	QAPZ	0359	DFRT	0409	EFTU	0459	DTYO
0260	AFJO	0310	VKAP	0360	XJQC	0410	LGJE	0460	GZTM
0261	BOJW	0311	CMGQ	0361	QLGB	0411	RYVC	0461	YRKD
0262	RRZZ	0312	EQGS	0362	LOFI	0412	UGZL	0462	HBEY
0263	PRHJ	0313	XXZZ	0363	FVBR	0413	KHUR	0463	ZYQP
0264	LXGS	0314	AVQL	0364	KDLE	0414	ZUDY	0464	PFQG
0265	ZUSN	0315	CJDK	0365	MFNG	0415	GADX	0465	SPXU
0266	ADAD	0316	FRQC	0366	UOFZ	0416	ZVRN	0466	VIAN
0267	ZPWM	0317	NPXZ	0367	DCQP	0417	QOUS	0467	MONP
0268	FYAT	0318	BWUP	0368	WMFV	0418	SOIE	0468	JTRB
0269	IBTM	0319	FZRL	0369	ZWFC	0419	LKQP	0469	VFVF
0270	UORL	0320	DZKG	0370	XKIV	0420	VASX	0470	GBJE
0271	UTDC	0321	USFD	0371	XYBC	0421	WJRE	0471	SDXI
0272	RHOE	0322	FBOK	0372	QAJT	0422	QQZZ	0472	IUUG
0273	AWUQ	0323	LKYX	0373	QAHR	0423	EGIK	0473	BCNO
0274	OBMZ	0324	SXZE	0374	CRLA	0424	XJLX	0474	HCUP
0275	RSJK	0325	XKWJ	0375	WGIS	0425	DYOJ	0475	KRSZ
0276	RBSC	0326	RRKK	0376	COWI	0426	ADJM	0476	DPUG
0277	XHFP	0327	NPKM	0377	FFSS	0427	PFGW	0477	ZWKH
0278	HWUJ	0328	XJKW	0378	WRGB	0428	DWIB	0478	OJHC
0279	CMMW	0329	QLJE	0379	NUBI	0429	TMOH	0479	ICQK
0280	KWTF	0330	WZQT	0380	NZQC	0430	TNHB	0480	GCHD
0281	ZZZZ	0331	PFOE	0381	MOBD	0431	XWCB	0481	GERP
0282	MHZU	0332	TMTM	0382	CXMH	0432	OEPF	0482	DZGC
0283	DKOV	0333	EXAT	0383	OIPJ	0433	KHYV	0483	BAFE
0284	LXPB	0334	DXZT	0384	ZVIE	0434	ERVI	0484	AFDI
0285	LNHJ	0335	BARQ	0385	SQSQ	0435	XYXY	0485	OBKX
0286	PKUP	0336	YOOE	0386	JFTP	0436	LVWG	0486	QQUU
0287	BVTN	0337	PLGC	0387	IHZY	0437	MWWG	0487	ACRT
0288	JFKG	0338	XKKX	0388	YDRW	0438	LGBW	0488	OAJV
0289	FDOM	0339	RSRS	0389	JWFS	0439	SDWH	0489	OJSN
0290	IEXT	0340	HRFP	0390	RRAA	0440	HTJV	0490	KNGJ
0291	XWKJ	0341	EOGQ	0391	CERT	0441	CDBC	0491	MCND
0292	MRMR	0342	YNZO	0392	RDYK	0442	ZUXS	0492	EXXQ
0293	WJER	0343	EOXH	0393	FANI	0443	GNMT	0493	DWMF
0294	RRRR	0344	GSXJ	0394	XAEH	0444	TFRD	0494	ICEY
0295	NPVX	0345	UUFF	0395	FVRH	0445	PMOL	0495	XWNM
0296	IUWI	0346	TOSN	0396	IBZS	0446	TOBW	0496	UKBR
0297	XSQL	0347	FMPW	0397	HAPI	0447	WQHB	0497	NKCZ
0298	EHQT	0348	EQIU	0398	DXEY	0448	DZHD	0498	NARE
0299	ZPIY	0349	NPQS	0399	TSQP	0449	LJIG	0499	DCDC

— 7 — 0500—0749

0500	NXZJ	*0550*	RRQQ	*0600*	HTVH	*0650*	XASV	*0700*	WIYK
0501	LVXH	*0551*	ACCE	*0601*	EYVP	*0651*	ZPPF	*0701*	LIOL
0502	UPSN	*0552*	COAM	*0602*	KFWR	*0652*	PIPI	*0702*	YTCX
0503	SDYJ	*0553*	EGUW	*0603*	FMAH	*0653*	ATDW	*0703*	GAPJ
0504	OASE	*0554*	ZCHK	*0604*	KWRD	*0654*	LFVP	*0704*	EAOK
0505	BCKL	*0555*	QGZP	*0605*	SPQN	*0655*	KJKJ	*0705*	HFJH
0506	RMMH	*0556*	KDRK	*0606*	YTZU	*0656*	KACS	*0706*	PLMI
0507	SZLS	*0557*	IBKD	*0607*	ZTNH	*0657*	EBIF	*0707*	DCNM
0508	FRAM	*0558*	SMMG	*0608*	IEGC	*0658*	HUNA	*0708*	XCJO
0509	VSGD	*0559*	TSVU	*0609*	XVDB	*0659*	QPCB	*0709*	JWHU
0510	GBUP	*0560*	OESI	*0610*	QMPL	*0660*	LVCM	*0710*	RRGG
0511	QKQK	*0561*	UREB	*0611*	AZWV	*0661*	LVPZ	*0711*	IKVX
0512	DZCY	*0562*	CPLY	*0612*	PUMR	*0662*	CXCX	*0712*	KWJV
0513	BZCA	*0563*	FEGF	*0613*	MZAN	*0663*	KVOZ	*0713*	GIBD
0514	AWKG	*0564*	TDDN	*0614*	RRHH	*0664*	PBJV	*0714*	SVHK
0515	JIWV	*0565*	HRQA	*0615*	LNAC	*0665*	TNGA	*0715*	FVWM
0516	GLLQ	*0566*	IDID	*0616*	XJOA	*0666*	NIVQ	*0716*	VOJC
0517	BOCP	*0567*	PAFQ	*0617*	ACWY	*0667*	OVDK	*0717*	LEVO
0518	QQRR	*0568*	RDMY	*0618*	DGTW	*0668*	KWHT	*0718*	AULF
0519	HJSU	*0569*	QKRL	*0619*	IYIY	*0669*	URXU	*0719*	JIAZ
0520	NZNZ	*0570*	EZPK	*0620*	XQWP	*0670*	BWSN	*0720*	AQYO
0521	DFSU	*0571*	ZGZG	*0621*	ZSLE	*0671*	KEEY	*0721*	VSHE
0522	ORPS	*0572*	UGUG	*0622*	HBTN	*0672*	GCRN	*0722*	GTLY
0523	WMZP	*0573*	IFSP	*0623*	TSWV	*0673*	ZXGE	*0723*	JIPO
0524	XQIB	*0574*	BWYT	*0624*	ZPOE	*0674*	KGJF	*0724*	KUCM
0525	KDZS	*0575*	MGGA	*0625*	KHLI	*0675*	IHNM	*0725*	ZJMW
0526	YSJD	*0576*	QMQM	*0626*	YLXK	*0676*	XCMR	*0726*	DYNI
0527	TSXW	*0577*	OMFD	*0627*	GFON	*0677*	GTBO	*0727*	QBRC
0528	PFRH	*0578*	DZSO	*0628*	TDBL	*0678*	RRUU	*0728*	VHPB
0529	LILI	*0579*	YXFE	*0629*	AKGQ	*0679*	IKZB	*0729*	ICMG
0530	YLZM	*0580*	INUZ	*0630*	GBLG	*0680*	HTDP	*0730*	AVVQ
0531	NMHG	*0581*	GTQD	*0631*	DORC	*0681*	HJOQ	*0731*	MTRY
0532	LVSC	*0582*	RRPP	*0632*	XJFR	*0682*	VYMP	*0732*	DPTF
0533	PZIS	*0583*	FHKM	*0633*	JDGA	*0683*	OECS	*0733*	MJGD
0534	FAYT	*0584*	MYDP	*0634*	EZEZ	*0684*	DWSL	*0734*	OJNI
0535	QBMX	*0585*	DFKM	*0635*	IPUB	*0685*	HATM	*0735*	FZXR
0536	FRXJ	*0586*	WZLO	*0636*	FRTF	*0686*	SMEY	*0736*	VRAW
0537	UOYS	*0587*	JZJZ	*0637*	QNLI	*0687*	TSDC	*0737*	GEAY
0538	MHLG	*0588*	VOHA	*0638*	ZUZU	*0688*	XNMC	*0738*	TPKG
0539	ELRY	*0589*	WPFY	*0639*	BVQK	*0689*	AXJG	*0739*	VUCB
0540	COHT	*0590*	SMGA	*0640*	XTUQ	*0690*	QDIV	*0740*	VAUZ
0541	JGSP	*0591*	TSUT	*0641*	USHF	*0691*	JIZY	*0741*	TGLY
0542	GBMH	*0592*	SIMC	*0642*	TPDZ	*0692*	SCKU	*0742*	RRFF
0543	GAEY	*0593*	EBVS	*0643*	RQAZ	*0693*	XHBL	*0743*	JLLN
0544	IEQM	*0594*	GTGT	*0644*	HMFK	*0694*	YTBW	*0744*	UGXJ
0545	AYYW	*0595*	FEJI	*0645*	TGOB	*0695*	NYRC	*0745*	IKNP
0546	TPCY	*0596*	PZZJ	*0646*	RREE	*0696*	ZLMY	*0746*	UXJM
0547	CBLK	*0597*	VFZJ	*0647*	JLBD	*0697*	MGDX	*0747*	FVZP
0548	VAXC	*0598*	ZUCX	*0648*	XJPB	*0698*	PKMH	*0748*	WPXQ
0549	IVHU	*0599*	PAYJ	*0649*	ACMO	*0699*	WDFM	*0749*	PIXQ

Prüf-Nr 734

Geheim!

Schlüsselheft F

Tafel 1

AA = RO	BA = HS	CA = YN	DA = ET	EA = WT	FA = Hİ	GA = PN	HA = EP	İA = VQ	JA = BC	KA = OG	LA = Bİ	MA = YZ
B = DM	B = TL	B = DO	B = QU	B = LK	B = OO	B = FY	B = ZN	B = DS	B = NR	B = GF	B = WX	B = FG
C = TR	C = JA	C = NH	C = AP	C = OW	C = JK	C = SW	C = GZ	C = ZD	C = EH	C = ZZ	C = GH	C = SU
D = CH	D = NP	D = Fİ	D = ZX	D = KR	D = YB	D = İZ	D = NV	D = HQ	D = PX	D = HM	D = ZP	D = GL
E = Vİ	E = FO	E = XM	E = HK	E = YV	E = LS	E = UB	E = CF	E = PD	E = AT	E = QQ	E = JO	E = ZJ
F = GJ	F = QS	F = HE	F = SS	F = İX	F = QG	F = KB	F = XE	F = KH	F = RM	F = BQ	F = PZ	F = İL
G = XQ	G = DW	G = PP	G = MT	G = QK	G = MB	G = ZH	G = İR	G = SA	G = HY	G = XA	G = CP	G = QA
H = MP	H = SE	H = AD	H = Xİ	H = JC	H = WJ	H = LC	H = PT	H = BW	H = TD	H = İF	H = RQ	H = JS
İ = ZV	İ = LA	İ = VE	İ = JW	İ = ZL	İ = CD	İ = WB	İ = FA	İ = XK	İ = EX	İ = VU	İ = GV	İ = XY
J = KP	J = WN	J = KL	J = UF	J = FU	J = SM	J = AF	J = VG	J = LM	J = VK	J = LY	J = TZ	J = KV
K = OU	K = AZ	K = RG	K = GR	K = TF	K = MR	K = ND	K = DE	K = TP	K = FC	K = UN	K = EB	K = PB
L = İT	L = YF	L = MX	L = Oİ	L = GT	L = UJ	L = MD	L = SC	L = MF	L = ZB	L = CJ	L = ZF	L = EZ
M = QY	M = CX	M = TV	M = AB	M = UX	M = KT	M = Rİ	M = KD	M = OE	M = WV	M = TT	M = İJ	M = TA
N = FS	N = XU	N = BS	N = PV	N = AV	N = VO	N = BY	N = RY	N = FW	N = XG	N = DQ	N = UZ	N = HO
O = PF	O = MZ	O = SK	O = CB	O = SY	O = BE	O = VY	O = MN	O = OY	O = LE	O = UH	O = AX	O = QZ
P = DC	P = VM	P = LG	P = VS	P = HA	P = TB	P = CV	P = TN	P = JY	P = NF	P = AJ	P = XO	P = AH
Q = NL	Q = KF	Q = UT	Q = KN	Q = RW	Q = DU	Q = YX	Q = İD	Q = RA	Q = GX	Q = WL	Q = KX	Q = RE
R = HU	R = RK	R = DY	R = NT	R = CZ	R = RC	R = DK	R = UV	R = HG	R = YL	R = ED	R = SG	R = FK
S = YJ	S = CN	S = QO	S = İB	S = PL	S = AN	S = VW	S = BA	S = NN	S = MH	S = RU	S = FE	S = OA
T = JE	T = PJ	T = İV	T = WH	T = DA	T = XC	T = EL	T = QW	T = AL	T = UR	T = FM	T = QE	T = DG
U = WD	U = EV	U = WR	U = FQ	U = XW	U = EJ	U = TJ	U = AR	U = WP	U = KZ	U = YT	U = HW	U = TH
V = EN	V = OM	V = GP	V = TX	V = BU	V = PR	V = Lİ	V = WF	V = CT	V = SO	V = MJ	V = NZ	V = ZW
W = UL	W = İH	W = OQ	W = BG	W = NB	W = İN	W = QC	W = LU	W = YH	W = Dİ	W = PH	W = ZY	W = XS
X = LO	X = UP	X = BM	X = YR	X = Jİ	X = ZT	X = JQ	X = OS	X = EF	X = Qİ	X = LQ	X = YD	X = CL
Y = Sİ	Y = GN	Y = ZR	Y = CR	Y = VC	Y = GB	Y = OC	Y = JG	Y = UD	Y = İP	Y = NX	Y = KJ	Y = WZ
Z = BK	Z = SQ	Z = ER	Z = RS	Z = ML	Z = NJ	Z = HC	Z = YP	Z = GD	Z = OK	Z = JU	Z = VA	Z = BO

Tafel 2

AA = SC	BA = HF	CA = IK	DA = WU	EA = DE	FA = WG	GA = BR	HA = XU	IA = PA	JA = CG	KA = FS	LA = DM	MA = UH
B = KP	B = YK	B = UW	B = PQ	B = WV	B = VY	B = TW	B = PH	B = KB	B = AR	B = IB	B = IL	B = VX
C = WT	C = YR	C = KW	C = LW	C = TP	C = DD	C = DY	C = LO	C = HH	C = DV	C = BU	C = HY	C = RM
D = DX	D = TR	D = VW	D = FC	D = JU	D = KQ	D = FQ	D = CM	D = GG	D = DH	D = MO	D = IE	D = XO
E = WK	E = ZJ	E = ZT	E = EA	E = NR	E = TK	E = NZ	E = XF	E = LD	E = ZR	E = CK	E = IU	E = FP
F = OO	F = DS	F = LX	F = XE	F = VZ	F = BW	F = VR	F = BA	F = JR	F = BO	F = JN	F = SN	F = LP
G = WP	G = GR	G = JA	G = HZ	G = XI	G = DN	G = ID	G = DK	G = VT	G = WL	G = QR	G = QV	G = WY
H = RQ	H = EV	H = LL	H = JD	H = QP	H = NA	H = YU	H = IC	H = KH	H = VO	H = IH	H = QH	H = TM
I = PL	I = IP	I = JL	I = GV	I = SJ	I = XH	I = HM	I = UA	I = AS	I = NS	I = HP	I = NT	I = OF
J = MQ	J = XW	J = FT	J = UI	J = SS	J = TX	J = XC	J = TN	J = RR	J = VC	J = QC	J = RZ	J = NG
K = SQ	K = TU	K = KE	K = HG	K = YX	K = ZQ	K = KV	K = KY	K = CA	K = AQ	K = SB	K = HO	K = WW
L = OA	L = OP	L = YA	L = XJ	L = ZU	L = MR	L = TF	L = TV	L = LB	L = CI	L = ZG	L = CH	L = RT
M = TC	M = UN	M = HD	M = LA	M = RK	M = RI	M = FV	M = GI	M = JX	M = YY	M = PT	M = RJ	M = MU
N = YG	N = RD	N = PB	N = FG	N = ZO	N = PN	N = WI	N = VL	N = TS	N = KF	N = LN	N = KN	N = VM
O = RH	O = JF	O = PV	O = VE	O = IS	O = FU	O = YN	O = LK	O = QT	O = BT	O = XZ	O = HC	O = KD
P = NH	P = IV	P = YQ	P = ZC	P = MT	P = ME	P = LQ	P = KI	P = BI	P = WD	P = AB	P = MF	P = RB
Q = JK	Q = ON	Q = JS	Q = YT	Q = GZ	Q = GD	Q = ZM	Q = JW	Q = WB	Q = XM	Q = FD	Q = GP	Q = AJ
R = JB	R = GA	R = OW	R = JT	R = NX	R = QB	R = BG	R = EX	R = YD	R = IF	R = ZH	R = XD	R = FL
S = II	S = WN	S = RW	S = BF	S = NL	S = KA	S = PM	S = JV	S = EO	S = CQ	S = OZ	S = PX	S = XQ
T = WM	T = JO	T = UM	T = RO	T = PP	T = CJ	T = VJ	T = UE	T = RL	T = DR	T = PR	T = GX	T = EP
U = VG	U = KC	U = WE	U = EU	U = DU	U = FO	U = RC	U = PD	U = LE	U = ED	U = SY	U = PJ	U = MM
V = VI	V = VF	V = VN	V = JC	V = BH	V = GM	V = DI	V = XG	V = BP	V = HS	V = GK	V = SI	V = ZZ
W = FZ	W = FF	W = OX	W = EW	W = DW	W = SK	W = XY	W = SP	W = XB	W = HQ	W = CC	W = DC	W = XS
X = CY	X = RN	X = QL	X = AD	X = HR	X = QW	X = LT	X = WF	X = TD	X = IM	X = XL	X = CF	X = AY
Y = MX	Y = UQ	Y = AX	Y = GC	Y = UC	Y = OE	= OM	Y = LC	Y = VV	Y = WS	Y = HX	Y = XN	Y = VS
Az = SZ	Bz = PK	Cz = YS	Dz = QG	Ez = SV	Fz = AW	Gz = EQ	Hz = DG	Iz = XV	Jz = PF	Kz = YB	Lz = RF	Mz = ZD

Dies ist ein geheimer Gegenstand im Sinne des § 88 Reichsstrafgesetzbuchs (Fassung vom 24. April 1934). Mißbrauch wird nach den Bestimmungen dieses Gesetzes bestraft, sofern nicht andere Strafbestimmungen in Frage kommen.

3357

Der Schlüss...

Allgemeine Bes...

„V-260"

4 FT

Schlüsselausrüstung.

6. Jedes Kommando, insbesondere Bordkommando darf nur solche und so viele Schlüsselmittel und Schlüssel an Bord haben, wie für die ihm gestellten Aufgaben gebraucht werden. Die Schlüsselmittel sollen nicht früher an Bord genommen bzw. nicht später von Bord gegeben werden, als dies unbedingt erforderlich ist. In der Regel werden nur die für den laufenden und den folgenden Monat gültigen Schlüsseltafeln gleichzeitig ausgegeben.

7. Die Schlüsselausrüstung von Fahrzeugen, die bei einer kriegerischen Unternehmung besonderer Gefahr ausgesetzt sind, ist auf den Zweck und die Dauer der Unternehmung zu beschränken.

8. Jeder Verlust von Schlüsselmitteln setzt die Schlüsselsicherheit herab oder kann sie völlig aufheben. Hierdurch werden alle zu demselben Schlüsselbereich gehörenden Dienststellen in Mitleidenschaft gezogen. Die Führung der Seestreitkräfte kann in einem solchen Falle gefährdet und u. U. unmöglich gemacht werden.

9. Die Verantwortung für die richtige, rechtzeitige und einheitliche Ausrüstung liegt bei den Schiffs- bzw. Verbandskommandos.

10. Weitere Einzelheiten siehe Teil II.

Dies ist ein geheimer Gegenstand im Sinne des § 88 Reichsstrafgesetzbuchs (Fassung vom 24. April 1934). Mißbrauch wird nach den Bestimmungen dieses Gesetzes bestraft, sofern nicht andere Strafbestimmungen in Frage kommen.

Prüf-Nr. 1620

Geheime Kommandosache!

Der Schlüssel M

Verfahren M Offizier und M Stab

(Ausgabe Oktober 1941)

Oberkommando der Kriegsmarine
Berlin 1941

M. Dv. Nr. 32/2

6

4. Der gewählte Spruchschlüssel ist an den Fenstern des Schlüssel M von links nach rechts einzustellen.

Dabei ist zu beachten:

Bei den Schlüsseln M Form M 1—M 3 (Prüfnr. M 501—M 2801) kommen nur dreistellige Spruchschlüssel in Frage,

bei den Schlüsseln M Form M 4 (von Prüfnr. M 2802 an aufwärts) können drei- und vierstellige Spruchschlüssel verwendet werden.

Ist der Spruchschlüssel eine dreistellige Buchstabengruppe, so werden bei den Schlüsseln M Form M 4 die drei Buchstaben von links nach rechts am 2., 3. und 4. Fenster eingestellt. Am 1. Fenster muß immer der Buchstabe A eingestellt sein.

Ist der Spruchschlüssel eine vierstellige Buchstabengruppe, so werden die vier Buchstaben an den Fenstern des Schlüssel M von links nach rechts eingestellt.

Beispiel: Spruchschlüssel D F L bei

Schlüssel M Form M 1 bis M 3	Schlüssel M Form M 4
D F L	A D F L

5. Der offene Wortlaut des Funkspruchs ist gem. »Schlüssel M Verfahren M Allgemein« — M. Dv. Nr. 32/1, vorzubereiten. An- und Unterschriften bleiben hierbei unberücksichtigt.

6. Der gem. Ziffer 5 vorbereitete offene Wortlaut ist wie folgt zu verschlüsseln:

Die mit den Buchstaben des zu verschlüsselnden Klartextes gleichnamigen Tasten werden eine nach der anderen vollständig niedergedrückt und die aufleuchtenden Buchstaben unter »Funkgruppen« eingetragen.

Eine andere Taste darf erst dann niedergedrückt werden, wenn sich die vorhergehende wieder vollständig in Ruhestellung befindet.

In dieser Weise werden alle Buchstaben des vorbereiteten offenen Wortlautes einzeln und zeilenweise von links nach rechts aus der Spalte »Buchgruppen«

Der Oberbefehlshaber der Luftwaffe
Chef NVW Abt. 3 vier B

Geheim!

Mitnahme im Flugzeug oder in die vordere Linie ist Landesverrat!

Dies ist ein geheimer Gegenstand im Sinne des § 88 Reichsstrafgesetzbuchs (Fassung vom 24. April 1934). Mißbrauch wird nach den Bestimmungen dieses Gesetzes bestraft, sofern nicht andere Strafbestimmungen in Frage kommen.

E. S.-Tafel 4

„V-260"

Ausgabe August 1943

— 2 —

1. Es ist verboten, beim Anfertigen der Auszüge die laufenden Nummern in der Tafel mit Bleistift oder in anderer Weise zu kennzeichnen.
2. Der Verlust dieser Tafel ist auf dem Dienstwege schriftlich an Ob. d. L., Chef NVW Abt. 3 vier B zu melden.

Lfde. Nr.	E. S.	E. L.	Funkmeß-E. S.	Blinksignal	Lfde. Nr.	E. S.	E. L.	Funkmeß-E. S.	Blinksignal
1	2	3	4	5	1	2	3	4	5
1	4	rw	d	• • • •	51	4	wg	a	• • • •
2	6	rg	m	• • • •	52	6	gw	m	— — — —
3	2	wr	t	— — — —	53	2	rg	r	— — — —
4	5	rr	h	• • • •	54	5	wg	h	• • • •
5	3	rw	w	— — — —	55	3	rw	w	— — — —
6	4	gw	r	• • • •	56	6	wg	t	• • • •
7	5	wr	u	— — — —	57	4	rg	d	— — — —
8	2	wg	a	• • • •	58	2	gg	i	• • • •
9	3	gg	n	— — — —	59	3	wr	u	• • • •
10	5	gr	i	— — — —	60	5	rr	n	— — — —
11	4	gg	m	• • • •	61	6	gw	u	• • • •
12	6	wg	t	— — — —	62	4	gg	d	— — — —
13	3	gr	n	• • • •	63	5	rw	a	• • • •
14	6	ww	r	— — — —	64	2	gr	m	— — — —
15	2	gw	a	— — — —	65	6	rg	h	— — — —
16	5	wr	i	• • • •	66	2	wr	r	• • • •
17	3	rw	d	— — — —	67	4	rw	i	— — — —
18	6	gg	h	• • • •	68	6	wr	w	• • • •
19	4	rw	w	— — — —	69	5	gg	t	— — — —
20	2	gw	u	• • • •	70	3	gr	n	• • • •
21	3	rr	r	• • • •	71	4	gw	m	• • • •
22	6	rw	u	— — — —	72	2	ww	h	— — — —
23	7	rg	d	• • • •	73	7	rw	d	• • • •
24	5	ww	t	— — — —	74	3	wr	t	— — — —
25	4	wg	m	• • • •	75	6	rg	w	• • • •
26	3	rw	h	— — — —	76	2	gw	n	— — — —
27	2	ww	i	• • • •	77	4	gr	a	— — — —
28	5	wg	w	— — — —	78	3	ww	i	• • • •
29	6	wr	a	• • • •	79	5	gg	r	— — — —
30	3	gr	n	— — — —	80	4	wg	u	• • • •
31	2	rr	u	— — — —	81	6	rr	t	— — — —
32	4	rg	a	• • • •	82	5	rg	w	• • • •
33	5	wg	d	• • • •	83	3	rw	u	— — — —
34	6	gw	m	— — — —	84	6	wr	i	• • • •
35	2	gg	h	— — — —	85	5	ww	m	• • • •
36	3	rr	i	• • • •	86	2	gr	n	— — — —
37	6	wr	r	— — — —	87	4	wr	r	— — — —
38	5	wg	n	• • • •	88	2	rg	a	• • • •
39	3	rg	w	— — — —	89	5	wg	d	— — — —
40	2	rw	t	• • • •	90	4	gw	h	• • • •
41	4	gr	u	• • • •	91	2	rw	m	— — — —
42	6	gg	a	— — — —	92	3	gg	r	• • • •
43	5	ww	n	• • • •	93	5	rr	a	— — — —
44	2	wg	t	— — — —	94	6	gr	d	• • • •
45	3	rw	w	• • • •	95	3	ww	u	• • • •
46	7	wr	h	— — — —	96	2	wr	i	— — — —
47	2	rg	i	— — — —	97	6	gw	h	• • • •
48	6	gg	r	• • • •	98	3	ww	t	— — — —
49	4	rg	m	— — — —	99	6	gw	n	— — — —
50	5	gw	d	• • • •	100	7	gr	w	• • • •

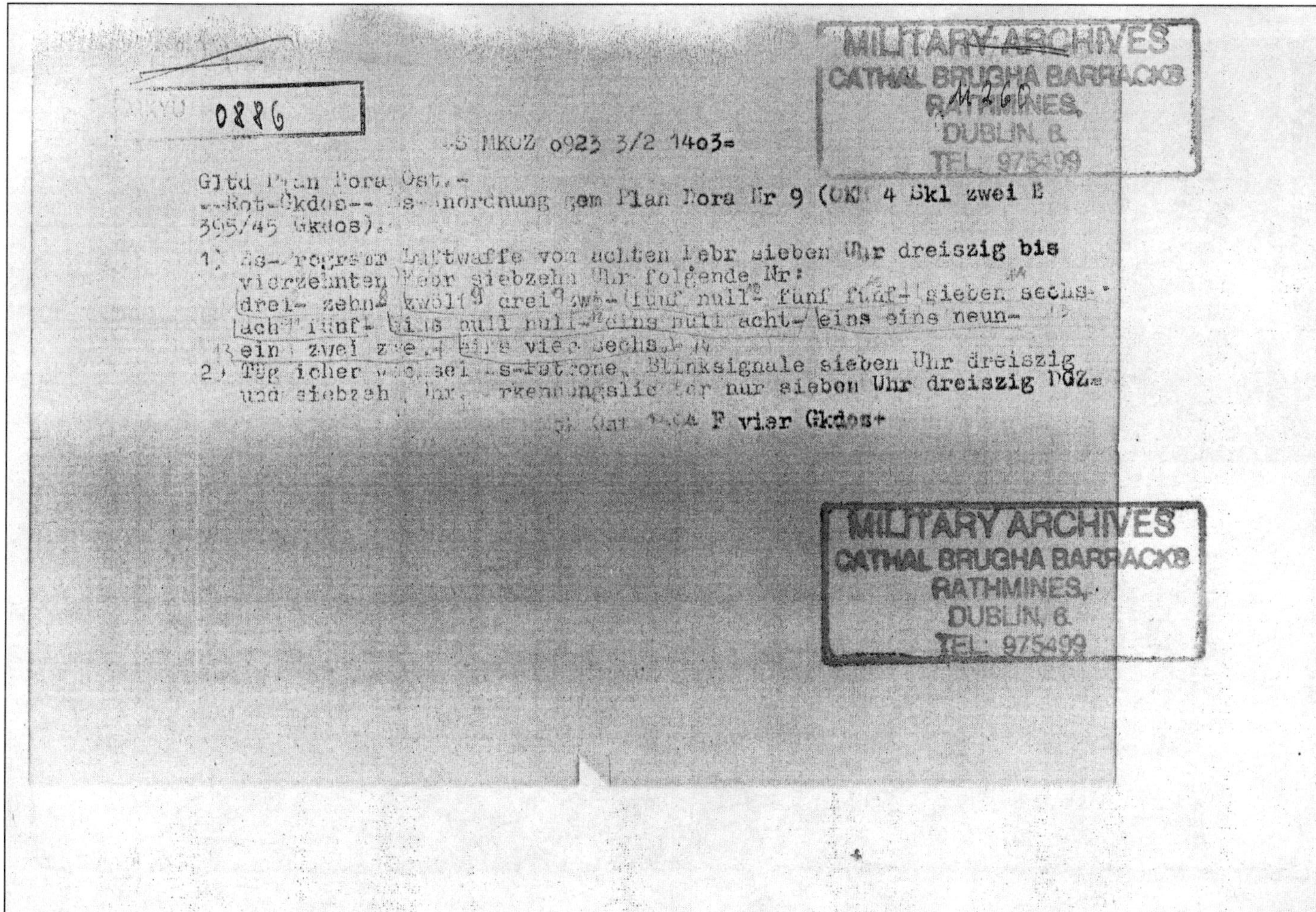

0886

S MKOZ 0923 3/2 1403=

Gltd Plan Dora Ost.-
--Rot-Gkdos-- As-anordnung gem Plan Dora Nr 9 (OKM 4 Skl zwei E 395/45 Gkdos).

1) As-rogrser Luftwaffe von achten Febr sieben Uhr dreiszig bis vierzehnten Febr siebzehn Uhr folgende Nr:
drei- zehn- zwölf drei zwo- fünf null- fünf fünf- sieben sechs- acht- fünf- eins null null- eins null acht- eins eine neun- ein zwei zwe- eins vier sechs.
2) Tüg icher wechsel s-Patrone, Blinksignale sieben Uhr dreiszig und siebzeh Uhr, rkennungslichter nur sieben Uhr dreiszig DGZ=

Gkdos F vier Gkdos+

MILITARY ARCHIVES
CATHAL BRUGHA BARRACKS
RATHMINES,
DUBLIN, 6.
TEL. 975499

MILITARY ARCHIVES
CATHAL BRUGHA BARRACKS
RATHMINES,
DUBLIN, 6.
TEL. 975499

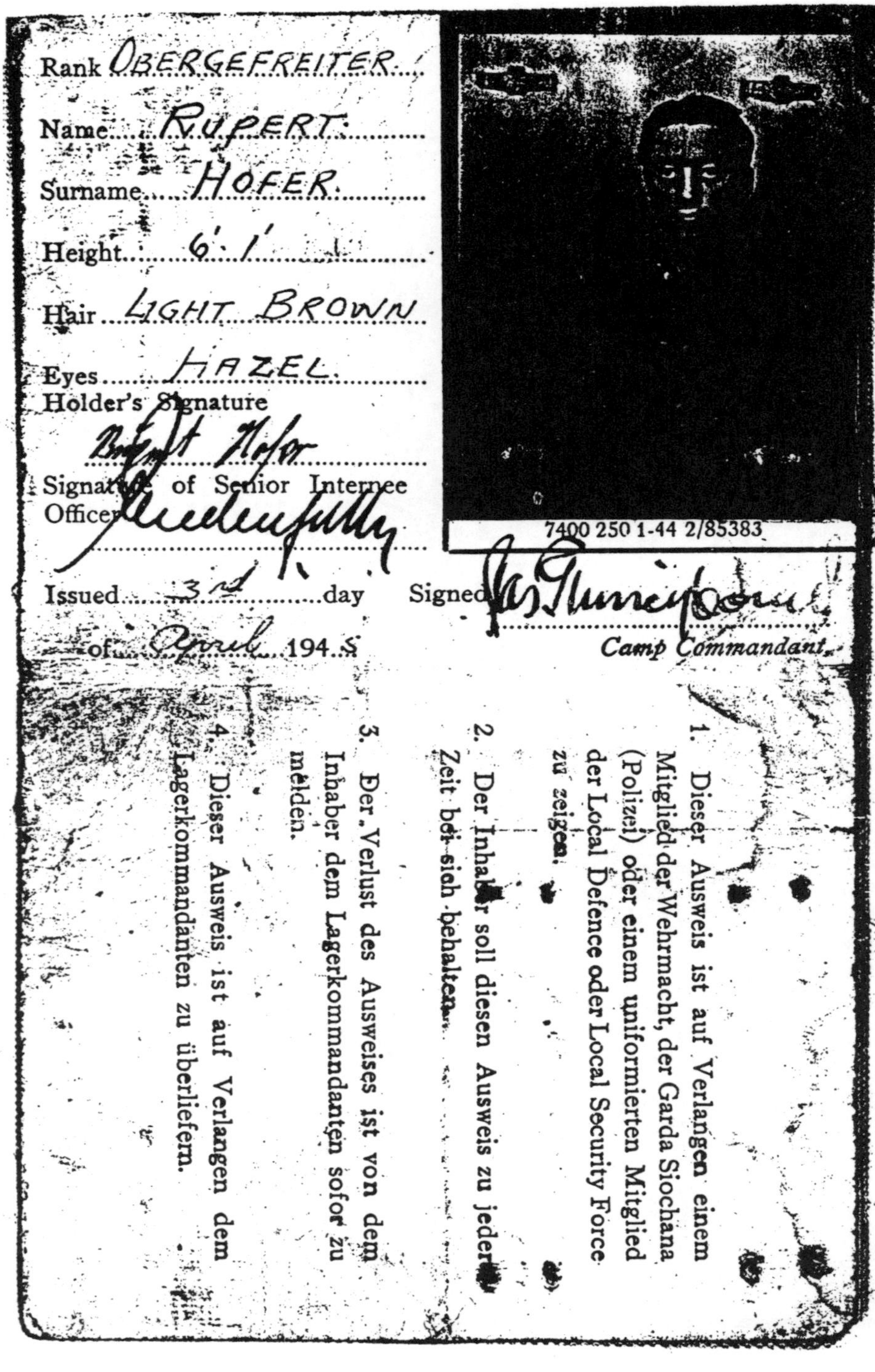
Rank OBERGEFREITER
Name RUPERT
Surname HOFER
Height 6' 1"
Hair LIGHT BROWN
Eyes HAZEL
Holder's Signature
Signature of Senior Internee Officer
Issued 3rd day of April 1945
Signed
Camp Commandant
7400 250 1-44 2/85383

1. Dieser Ausweis ist auf Verlangen einem Mitglied der Wehrmacht, der Garda Siochana (Polizei) oder einem uniformierten Mitglied der Local Defence oder Local Security Force zu zeigen.
2. Der Inhaber soll diesen Ausweis zu jeder Zeit bei sich behalten.
3. Der Verlust des Ausweises ist von dem Inhaber dem Lagerkommandanten sofort zu melden.
4. Dieser Ausweis ist auf Verlangen dem Lagerkommandanten zu überliefern.

12.7. – 30.8.1942

Allen Kameraden des Stützpunktes Stettin und der „Usambara" für Hilfsbereitschaft und Unterstützung Dank der Männer von „U 183".
Beste Wünsche für weiteres dienstliches und persönliches Wohlergehen lassen wir zurück.

Schäfer
Kaptlt. u. Kmdt.

stets in bleibender Erinnerg.
Oberltn(Ing) u. L.I.

Ltn z S. u 1 WO

Ltn z S. u 2 WO

C-O-N-F-I-D-E-N-T-I-A-L

Subject: U.S.S. BESUGO (SS321), Report of Fourth War Patrol.

- -

22 April 1945

0545(I) Completed transit of GOAGOA CHANNEL, slowed to 2 engine speed heading for assigned wolf pack station. Sailboats and land in sight occasionally.

1200(I) Position 06°-03.5'S, 113°-55'E.

1953(I) Made 35 minute trim dive on station.

2105(I) Communicated with pack commander, Commander J. H. CAMPBELL, U.S.N., in U.S.S. BLOWER (SS325), Lat. 04°59'S, Long. 112° 12.5'E. (SC #14).

5(I) Communicating with U.S.S. BLOWER by flashing light at 500 yds. Received instructions to patrol near 04°-55'S, 110°-10'E. BLOWER will be 60 miles to west, PERCH 40 miles to east. Had not received BLOWER's message of previous night.

2227(I) Opening from BLOWER conducting tracking drill until 2315(I)

2344(I) Radar contact bearing 310°(T), range 11,500 yds., should be BLOWER patrolling on station. Before we could exchange calls again his radar interference suddenly ceased. Opened out to east at 4 engine speed to get clear of him for sure.

23 April 1945

0400(I) Arrived on station, commenced converting #4 F.B.T.

05 (I) Dove to flush out tank. Surfaced at 0542(I), patrolling north and south on station until

07 (I) Dived for submerged patrol during day.

1200(I) Position 04°-56'S, 112°-52'E.

1350(I) Sighted submarine bearing 262°(T), commenced submerged approach. (SC #15) Target zigging radically about 50° each side of base course 085°(T), making 10 kts. over the ground Turn count 240 RPM.

1414(I) Identified submarine as GERMAN with JAPANESE merchant flag painted on upper side of conning tower and flying enormous JAPANESE warship colors.

1427-29(I) Commenced firing spread of 6 Mk. 18 torpedoes, set depth 8 feet. Range 1500 yds., speed 10, angle on bow 90° Port.

- 20 -

C-O-N-F-I-D-E-N-T I-A-L

Subject: U.S.S. BESUGO (SS321), Report of Fourth War Patrol.

- -

1429(I) One hit. Looked no more than 4 second later, but sub had disappeared. Nothing visible but smoke, a slick of air bubbles and the beginning of an oil slick. Lat. 04°-56'S, Long. 112°-55'E.

1436(I) Surfaced to recover survivors.

1440(I) Rescued GERMAN war prisoner Warrant Officer KARL WISNEIWSKI, # UN2101/343, GERMAN NAVY: who had been navigator of the sunken submarine and who identified her as the U183, of 740 ton class. He was the only survivor in the large oil slick and was treated for the following injuries: Dislocated left knee, broken right collar bone, lacerated bridge of nose, lacerated lips and mouth, and three missing teeth.

1510(I) Recovered what we thought might be a "burn" bag. It, turned out to be a large rubber boat in a canvas bag. The prisone says his ship sank in one second, taking him far under wate with her.

2200(I) Cleared report of action to task force commander from position north of BAWEAN ISLAND; passed through fleet of nativ fishing boats while transmitting. SD radar out of commission with broken lead in mast.

2230(I) Orders from pack commander to be in position 05°-00'S, 115°-48'E by 1000(I) tomorrow. Made 3 engine speed until end of battery charge, then 4 engine speed.

24 April 1945

0600(I) Passed between LITTLE MASALEMBO ISLAND and ARENDS ISLAND.

1129(I) Arrived at and dove on station. Sailboats in sight most of day.

1200(I) Position 05°-01.5'S, 115°-48.5'E.

1940(I) Surfaced, patrolling on station at 2 engine speed.

25 April 1945

0130(I) Commenced travel to life guard station off BATAVIA at 3 engine speed.

0715(I) Sighted U.S. Submarine BLOWER (SC #16) on opposite course. Commenced long exchange of information by flashing light, then radar.

- 21 -

Cuxhaven, den 11.1.1945

Bericht des Ob.Strm. a.D.
Karl W i s n i e w s k i
Brahmstraße 1

An den Heimatstab Ausland in Kiel

Nach Eintreffen in der Heimat sende ich Nachricht über das Schicksal von U-183:

Am 21. April 1945 Batavia ausgelaufen. Am 23. April 13.25 Uhr etwa 70 bis 80 sm westlich der Bawean Inseln (nördlich Sörabaja) in der Javasee von einem amerikanischen U-Boot ohne vorherige Warnung während der Überwasserfahrt mit Sechserfächer torpediert und sofort auf etwa 65 m Wassertiefe gesunken. Seegang 3. Ich war mit 7 Mann auf der Brücke und ging zunächst mit dem Boot unter, welches infolge Mittschiffstreffer sofort sank. Als ich auftauchte, war keine Spur von Boot oder Mann zu sehen; nur ein großer Ölfleck blieb übrig. Nach etwa 10 bis 15 Minuten wurde ich von dem amerikanischen U-Boot, welches inzwischen aufgetaucht war, an Bord genommen. Ein Offizier des Bootes erklärte mir später, daß sie die Stelle 1 Stunde lang abgesucht hätten, aber sich niemand mehr an der Oberfläche gezeigt hätte.

Bei der Explosion wurden mir linker Oberschenkel, Schlüsselbein und Rippe gebrochen, sowie einige weitere geringfügigere Verletzungen zugefügt. Alle Anzeichen deute darauf hin, daß die Besatzung ertrunken ist, welches durch die heftige Explosion und das schnelle Sinken des Bootes verständlich wird.

Am 8. Januar traf ich, aus Gefangenschaft entlassen, in Cuxhaven ein.

Mit freundlichen Grüßen

Karl Wisniewski

Dieser Artikel wurde von Wolfgang Zopf für "U-Boot - Die Geschichte der dt. WK-II U-Boote" zur Verfügung gestellt. Heribert Zopf, der Urgrossonkel von Wolfgang Zopf, diente ebenfalls auf U-183 und ist bei der Versenkung des Bootes umgekommen.

Karl Wisniewski,
Cuxhaven,Brahmsstrasse 1.

Cuxhaven,den 16.Februar 1947.

MILITARY CENSORSHIP
2924
CIVIL MAILS

Sehr geehrte Frau Willert,

vor einigen Tagen erhielt ich Ihr wertes Schreiben,in dem Sie mich
um Nachricht ueber das Schicksal Ihres Neffen Heribert Zopf baten.Im
letzten Jahre,ich glaube es war im Oktober,antwortete ich auf ein Schreiben
Ihres Vetters,Herrn Josef Zopf,aus Linz,doch wie es scheint,hat er den Brief
nie erhalten.Sie wird es sicherlich erreichen,und Sie koennen ja dann die Nach-
richt weitergeben.Ich habe die Adresse von Linz vergessen und kann deshalb nicht
nach dort schreiben.Wuerden Sie mir bitte kurz den Empfang meiner Antwort bestae-
tigen,damit diesmal Herr Zopf sicher diese Nachricht erhaelt.

Heribert Zopf ist mir persoenlich sehr gut bekannt.Er kam Februar 1945 an
Bord U-183.Es war in Kobe(Japan),er war Steuermanns-Maat und wurde meinem Rasort
zugewiesen.Deshalb hatte ich etwas Fuehlung mit ihm.Soweit ich mich erinnere,war
er mit einem Hilfskreuzer nach Japan gekommen,spaeter war dann auf einem anderen
Handelsschiff,mit dem er an der Chinesischen Kueste torpediert wurde und unver-
letzt unter den Ueberlebenden war .Nach einer 7 taegigen Reise in einem Rettungs6
boot,die ueberaus gluecklich verlief,da man Proviant und alle Hilfsmittel an Bord
hatte,erreichten die Ueberlebenden die chinesische Kueste,von wo aus sie nach Japan
weitergeleitet wurden.Von Kobe gingen wir nach Batavia.Am 21.April 45 verliessen wi
den Hafen und wurden am 23. desselben Monats von einem amerikanischen U-Boot tor-
pediert.Heribert Zopf befand sich im Bootsinnern .Nach allem was bekannt ist,ist
nicht mit einer Rettung eines Besatzungsmitgliedes zu rechnen.Ich habe die Mel-
dung letztes Jahr September beeidiegen muessen und zwar wurde es von einer Docu-
mentenzentrale Minden verlangt,die angab,die Sache U-183 abzuschliessen.-

Heribert Zopf war ein guter Kamerad und mir ein guter Mitarbeiter,auf den
ich mich zu jeder Zeit verlassen konnte.Er war gesund und sehr anstandigen Charak-
ters,ueber seine Braut,Hedi Hochreiter hat er sich mir gegenueber nicht geaeussert,
doch kann ich ihm nachsagen,dass er nie eine Verbindung zu einer weiblichen Persoen
lichkeit gehabt hat,jedenfalls soweit ich darueber unterrichtet gewesen bin.Die
letzten Tage in Batavia waren fuer alle Besatzungsangehoerigen eine Erholung ,wir
hatten gute Unterkuenfte,gutes Essen und auch fuer Abwechslung war gesorgt.Nun
fiel das Auslaufen gerade in die kritischen Tage des Zusammenbruchs,trotzdem waren
wir froh,als wir das Boot auslauffertig hatten,da wir jaden Tag mit einer Beschlag-
nahme durch die Japaner rechnen mussten.Wir zogen ein Auslaufen diesem vor.Leider
nahm dann die Fahrt ein so ungluecklichés Ende.Aber was heisst heute ungluecklich.
Es hat schon Tage gegeben,an denen ich bedauerte ,nicht bei meinen Kameraden ge-
blieben zu sein.Sie hatten alle einen kurzen Tod und ausserdem kam er voellig aus
heiterem Himmel.Sie haben nicht viel davon gemerkt,es dauerte nur Sekunden.-

Soweit kann ich darueber berichten,ausserdem erhielt Herr Zopf den Bericht
von dem Heimatstab Ausland.Heribert Zopf hat noch mehrere Bekannte die in Japan
blieben,leider kann ich keinen namhaft machen,und mir ist auch nicht bekannt,ob
schon jemand zurueck gekommen ist.Wenn noch spezielle Fragen interessieren sollten,
stehe ich jederzeit zur Verfuegung.Verbleibe mit den herzlichsten Gruessen Ihr

ergebener

Karl Wisniewski

1

Reichsminister Albert Speer.
Führerhauptquartier, den 23. April 1945.

Herrn
Oberstleutnant B a u m b a c h ,
B e r l i n .

Lieber Winnetou ! -

Laut anliegendemSchreiben ist klar, daß die Tschechen nach Paris fliegen müssen.

Ich bitte, Flugzeug und Flugzeugführer zur Durchführung des Fluges zu bestimmen.

Vorgang ist nach Eingang zu vernichten.

Heil Hitler

- Anlage -

[illegible]

Albert S p e e r,

Reichsminister.

191

Führerhauptquartier,
den 23. April 1945.

Herrn
Staatsminister F r a n k ,
P r a g .

Lieber Frank!

Ich habe heute dem Führer vorgeschlagen, dass die tschechischen Industriellen nach Frankreich fliegen sollen. Der Führer hat seine Zustimmung dazu gegeben.
Maschine steht bereit.
Der Überbringer dieses Schreibens wird alle weiteren Einzelheiten über die Maschine klären.

Ich hoffe, dass diese von ihnen eingeleitete Aktion von Erfolg begleitet ist.

Anliegendes Schreiben des Reichsaussenministers zur Kenntnisnahme.

Heil Hitler !

Ihr

Anlage

Nachschrift:
Ich bitte, den Vorgang nach Eingang und Kenntnisnahme zu vernichten.

Führerhauptquartier, den 22.APRIL 1945

Herrn

Staatsminister F r a n k,

P r a g.

===============

Auf Anregung von Reichsminister Speer habe ich dem Führer den Vorschlag gemacht, namhafte tschechische Industrielle nach Frankreich fliegen zu lassen, um dort mit ihren amerikanischen Verbindungen Verhandlungen über den Schutz der Tschechoslowakei vor den Bolschewisten zu führen.

Der Führer hat seine Zustimmung hierfür gegeben.

Herrn

Staatsminister Frank

P r a g .

Lieber Parteigenosse Frank !

Nach anliegendem Schreiben des Reichsaussenministers [illegible] bitte ich sofort zu handeln.
Soviel mir bekannt, stehen in Prag auch für die geeignete Maschinen startklar. Es soll sich um Siebel-Reisemaschinen handeln.
Falls dies nicht zutrifft, fliegt heute Nacht noch eine geeignete Maschine nach Prag.
An Fliegerhorstkommandanten bitte ich, beiliegendes Schreiben abzugeben.
Weiter bitte ich, die beiden beiliegenden Schreiben an Tschörner und Kesselring sofort durch Kurier weiterzuleiten.
Die von hier abgesandte Reisemaschine fasst 8-lo Plätze und sie wird etwa 23-24 Uhr dort eintreffen und müsste etwa 4 Uhr früh wieder starten.
Wo das Quartier des Herrn ist, den die Industriellen aufsuchen werden, kann bei Feldmarschall Kesselring erfragt werden.
Ich bitte, den Vorgang nach Einsicht und Kenntnisnahme zu vernichten.
Herzlichen Gruss und

Heil Hitler !

Ihr

24.7.
46.
den 25.7.46.

GEHEIM

B e r i c h t

über das in Dübendorf am 27.4.45, 0508,
gelandete Verkehrsflz. Si 204 D-1, Nr. D-OWKA.

Nr. R-10339/

**Bericht über das am 27.4.45, 0508,
in Dübendorf gelandete Verkehrsflz.
Si 204 D-1, Immatr. D-OWKA.**

Ursache und Hergang der Landung:	Kurierflug des Int. Roten Kreuzes von Prag nach der Schweiz. Die Landung erfolgte normal auf dem Flugplatz Dübendorf.
Zustand des Flz.:	Gut unterhalten.
Flz.-Typ:	Zweimotoriges Verkehrsflz. für 7 Mann Besatzung (2 Piloten, 1 Funker und 4 Fluggäste). Freitragender Tiefdecker. Ausführung: Ganzmetall-Bauweise. Hersteller: SIEBEL-Flugzeugwerke G.m.b.H., Halle a/S. Baujahr: nicht feststellbar.

Kennzeichen und technische Daten:

Spannweite	21,3 m	
Länge	13,0 m	
Höhe	4,25 m	
Rüstgewicht	3850 kg	
Kraftstoff	800	1585 kg
Schmierstoff	80	
Besatzung	270	
Fluggäste und Gepäck	435	
zul. Fluggewicht	5435 kg	

Leistungen:

Va horizontal in Höhe 0 m	330 km/h
Vmax in gedrücktem Gleitflug	450 km/h
Vmax bei unsichtigem Wetter, Flug in Bodennähe	220 km/h
Landegeschwindigkeit	130 km/h

Anstrich:	oben olivgrün / unten hellblau. Auf Rumpf und Tragfläche: Immatrikulation D-OWKA in weisser bezw. schwarzer Farbe.
Motoren:	2 luftgekühlte, 12 Zylinder Argusmotoren, Typ As 411 von je 600 PS Dauerleistung.
Kraftstoff:	OZ 87 (A4).
Luftschrauben:	Argus-Verstell-Luftschrauben (Holz). Satz Nr. 64.3 835/1.
Besatzung:	4 Mann, wovon 1 Schweizer (Herr Dunant, Vertreter des Int. Roten Kreuzes).
Bewaffnung:	Keine.
Funkanlagen:	Diese besteht im wesentlichen aus einer Kurz-Lang-Bordfunkanlage vom Typ FuG 10 mit getrennten Kurz- und Langwellen und Sende- und Empfangsgeräten zusammen. Der Langwellen-Empfänger dient zugleich als automatischer Eigenpeiler.

Frequenzbereich:

Kurzwellen-Sender und -Empfänger:	3000 – 6000 KHz
Langwellen-Sender:	300 – 600 "
Langwellen-Empfänger bezw. Zielflug-Empfänger:	150 – 1200 "

– 2 –

Funkanlagen: (Fortsetzung)	Die Anlage ist oh die übliche Schleppantenne nur mit einer Festantenne ausgestet.
	Für den Schlechtwetteranflug sind die Blindlande-Empfänger, Typ FBK 2 und EBG eingebaut, welche auf die Frequenzen 30 MHz und 31,5 Hz abgestimmt sind.
	Eine getrennte Bordtelefon-Anlage mit dem Verstärker BG 10 a gestattet die Veständigung unter der Besatzung an Bord.
Atmungsanlage:	Installation hiér vorhanden, Geräte jedoch nicht eingebaut.
Anmerkungen:	Das Flz. startet am 29.4.45, 0230, zum Rückflug.

– – –·–

DIREKTION DER MILITÄRFLUGPLÄTZE
Techn. Dienst:
Hogger C.

Beilagen:

1 Photo Nr. TD 7056a,
1 Photo Nr. TD 7056d.

-4.Mai 1945

Abschrift.

Kdo.Fl. und Flab.Trp.
Nachrichtendienst

Verletzung des s veizerischen Luftraumes vom 26 .7.4.45. .1604

P.K. 27.4.45.

	Einflug		überflog.Ortschaften		Ausflug		Flughöhe	Anzahl	Fiz.-Typ	Nationalität
	Zeit	Ort	Zeit	Ort	Zeit	Ort	m ü. M.			
6	1758	Hoher Randen			1800	Unter Hallau	1500	02	1-Deck., 1-mot.	unbekannt
1	0445	Merishausen	0452	Flawil						
			0508	Düb. Landung				01	1-Deck., 2-mot.	Deutschland

Wetterlage: bedeckt

Einsatz-Staffeln	Flab.-Schiessen	Fliegeralarm
	Flabräume wurden nicht überflogen	Baden Basel Frauenfeld Glarus Olten St. Gallen Zürich

Bemerkungen:

Am 26.4.45, 2100, landeten bei Oberriet, St.Gallen, 2 deutsche Militärflugzeuge. Die Besatzungen wurden interniert.
Am 27.4.45, 05808, landete in Dübendorf ein deutsches Kurierflugzeug, das den Delegierten des Roten Kreuzes aus dem Protektorat zurückbrachte.

Kommando
Flieger- und Fliegerabwehrtruppen
i.A. der Gst.Of. Nachrichtendienst

COMITÉ INTERNATIONAL GENÈVE

COMITÉ INTERNATIONAL
DE LA
CROIX-ROUGE

Mit Major Bracher erledigt
FL 28.4

EXPRESS

Herrn Minister Dr. W.O. STUCKI,
Chef der Abteilung für Auwärtiges des
Eidgenössischen Politischen Departementes,
Bundeshaus,
B e r n .

Genf, den 27. April 1945.
Hotel Metropol.

Sehr verehrter Herr Minister,

Das Büro des Delegierten des Bundesrates für Internationale Hilfswerke, Herrn Ed. de Haller's, hat mich gebeten, Ihnen über die Umstände, die zur unerwarteten Ankunft unseres Delegierten, Paul Dunant, aus Prag geführt hab Aufschluss zu geben. Tatsächlich widerspricht die Art und We se seines Transportes den schweizerischen Vorschriften und ich möchte mit diesen Zeilen bitten, in Anbetracht der Dring lichkeit der Mission, in der Herr Dunant in die Schweiz geflogen ist, bei den schweizerischen Behörden dahin zu wirken dass diese sich nicht auf einen allzu formellen Standpunkt stellen.

Herr Dunant brachte zunächst den Bericht von der Garantierung persönlichen Schutzes, die er für tschechische, wichtige politische Häftlinge erreichen konnte, sodann und dies vor allem war der Grund zur besondern Dringlichkeit seiner Mission und führte dazu, dass der Staatsminister Franck zu deren Durchführung ein Flugzeug zur Verfugung stellte, brachte er die Bitte der deutschen Behörden, Prag als Lazarettstadt behandelt zu wissen.

../..

– 2 –

Wir haben dies Gesuch unverzüglich an die zuständigen Stellen weitergeleitet.

Herr Dunant soll morgen Abend auf gleichem Wege nach Prag zurückkehren. Wenn ich auf Ihre Unterstützung rechnen kann, damit seiner Abreise mit dem gleichen Flugzeug, mit dem er angekommen ist, keine Schwierigkeiten gemacht werden, bin ich Ihnen zu besonderm Dank verpflichtet.

Genehmigen Sie, sehr verehrter Herr Minister, den Ausdruck meiner vollkommenen Hochachtung.

Carl J. Burckhardt

Carl J. Burckhardt,
Präsident des Internationalen Komitees
vom Roten Kreuz.

B. 11. 47. A. 1. 1.

Bern, den 28. April 1945.

Herrn Prof. Dr. Burckhardt,
Präsident des Internationalen Komitees
vom Roten Kreuz,
G e n f .
Hotel Metropol

Sehr geehrter Herr Professor,

Mit bestem Dank bestätige ich Ihnen den Empfang Ihres gestrigen Express-Schreibens betreffend die Mission des Herrn Dunant aus Prag. Angesichts der ausserordentlichen Umstände haben wir uns, nicht ohne Bedenken, mit den Militärbehörden verständigt und die Ausreise mit dem gleichen Flugzeug für heute abend zugestanden.

Genehmigen Sie, sehr geehrter Herr Professor, die Versicherung meiner vorzüglichsten Hochachtung.

s/g. W. Stucki

Überholt Fl 30.4

Dunant parti

B.16.110.2.-CG

N o t i c e

Atterrissage à Dubendorf
d'un avion civil allemand
amenant de Prague
1 délégué du C.I.C.R.

Hier soir, vers 18.oo heures, le colonel Primault, du commandement des troupes d'aviation, a téléphoné que le 27 avril, à l'aube, à atterri à l'improviste à Dubendorf un avion civil allemand, piloté par un équipage en civil, à bord duquel se trouvait le Dr. Dunant, chargé de mission du C.I.C.R. en Allemagne.

Le Dr. Dunant, qui a pu être atteint à Genève, a déclaré qu'il avait obtenu des Autorités allemandes, à Prague, qu'un avion fût mis à sa disposition pour lui permettre de venir d'urgence prendre contact avec le C.I.C.R. Sur l'appareil, qui est de type militaire, ont été peintes des marques d'immatriculation civiles. Le Dr. Dunant entend repartir avec le même avion pour Prague dans la nuit du 28 au 29 avril; il prétend que le C.I.C.R. s'occupe de la question de la benzine avec l'Armée.

Pour le colonel Primault, il s'agissait de savoir ce qu'il fallait faire de l'avion et de l'équipage. Sur les instructions de M. le Ministre Stucki, le colonel Primault a été invité à attendre une décision du Département Politique. D'ici là, l'avion sera retenu et l'équipage considéré comme interné.

Au sens des dispositions en vigueur pendant le service actif, le trafic aérien civil avec l'étranger ne peut se faire que sur les aérodromes frontière et moyennant une autorisation du Département Politique (donnée d'entente avec le Département des Postes et des Chemins de fer et le Commandement de l'Armée. Or Dubendorf n'est pas considéré comme aérodrome frontière et est exclu de ce fait du trafic aérien avec l'étranger.

Si les dispositions applicables n'ont pas été observées en l'occurrence, il y a lieu de tenir compte des circonstances spéciales qui ont amené le Dr. Dunant à agir comme il l'a fait dans l'intérêt de sa mission pour le C.I.C.R. L'Armée, dit le colonel Primault, n'a pas lieu de penser que ce vol dissimulerait on ne sait trop quelles intentions des Autorités allemand. Elle a intérêt, toutefois, à ce que l'équipage allemand ne stationne pas plus de temps qu'il ne faut à Dubendorf.

Nous proposons donc d'aviser le colonel Primault que le Dr. Dunant est autorisé à repartir avec l'avion dont il s'est servi. Vu, pourtant, les dispositions en vigueur (arrêté du Conseil fédéral du 16.6.1942 ci-joint), et pour tenir compte du désir de l'Armée de voir l'équipage allemand quitter au plus tôt la place d'aviation militaire de Dubendorf, le départ devrait se faire d'Altenrhein (aérodrome frontière au sens de l'arrêté du 16.6.1942), où l'avion serait dirigé immédiatement.

Berne, le 28 avril 1945.

1 annexe.

Ref: B.11.41.A.1

M E R K B L A T T

für Neutralitätsverletzungs-Schäden

Datum der Neutralitätsverletzung 27.4.45. (0508.)

verursacht durch: ~~Bombardierung~~ *)

~~Beschiessung~~

Landung

~~Absturz~~

....

....

Ort Dübendorf (deutsches Kurierflugzeug.

Art des Schadens. Gebäudeschaden *)

Mobiliarschaden

Kulturschaden

Personenschaden

Fliegeralarm

Verursacherstaat A

Wurde der Schädiger einwandfrei festgestellt ? ja ~~/ nein *)~~

Beleg Tel. notiz 27.4.45.

Grundsätzliche Verantwortung

anerkannt / abgelehnt *)

Angaben über eventuelle Recharge:

*) Nichtzutreffendes streichen.

– 2 –

Auftrag zur Bestimmung des Schadens
an Eidg. Kommissar

vom

Bericht des Eidg. Kommissars vom

Reine Schadenssumme	Fr.	verzinsbar zu 5% ab ....
Ermittlungskosten	Fr.	nicht verzinsbar
Gesamtforderung	Fr.	

Antrag an Bundesrat vom

Bundesratsbeschluss vom

Weitere Demarche vom bei

Antwort vom

Auszahlung des Schadenersatzes durch den Schädiger

am

an

Bemerkungen: Flugzeug und Insassen sind am 28. 4. 45 zum Rückflug freigegeben worden.

MINISTERIO
ASUNTOS EXTERIORES

MINUTA

257

TELEGRAMA POSTAL

Madrid, 24 *de* Abril *de 194*8

ción Europa
nèro 1260
tl A - 2

El Director Gral. de Política Exterior.
Almirante Jefe del E.M. de la Armada
Director General de Seguridad. Nº 2348

La Embajada de la Gran Bretaña afirma tener noticias según las cuáles
los súbditos alemanes que a continuación se citan, están realizando gestio-
nes en combinación con el también súbdito alemán Sr. Lipperheide, para salir
ilegalmente de España a bordo de un buque con destino a América del Sur, su-
poniéndose que se trata de un barco surto en la actualidad en algún puerto
del Norte de España: Agregado Naval, Meyer Doehner, Id. Aéreo, KRAMMER, Id.
Militar, Doerr, Ingeniero Dr. Wollhardt, Comandante Brey, Capitanes Menzell
y Lorek, mecánico Hans Brandt y radiotelegrafista Berg. – Dada la complica-
ción que produciría la realización del supuesto proyecto de evasión de perso-
nas reclamadas por el Comité Aliado de Control para su inmediata repatriación
a Alemania, encarezco a V.E., de orden del Sr. Ministro, adopte cuantas medi-
das considere necesarias para impedir que los citados extranjeros, algunos
de los cuáles se hallan, al parecer, en paradero desconocido, puedan llevar a
cabo el plan que se les atribuye, disponiendo en cambio queden en régimen de
libertad vigilada a los efectos antes indicados de su repatriación urgente
a Alemania.

AIDE - MEMOIRE

It has been reported that certain prominent Germans as listed below are planning leave Spain illegally by ship destined for South America. This ship is to be provided by Lipperheide.

It is reported that the following are concerned:-

Naval Attaché - Meyer Doehner, and family
Air Attaché - Krahmer, and family
Military Attaché - Doerr, and family
Engineer - Dr. Vollhardt, and family
Commander - Brey, and family
Captain - Menzel, and family
Captain - Lorek, and family
Mechanic - Har Brandt
Wireless Operator - Berg

Information is not available regarding the port at which the ship is at present lying, nor is it known what her name is or her port of registration, but there is every indication that she is lying at a northern port.

ARCHIVO DE ... ENTRADA 26 ABR. 1946 Nº 50

BRITISH EMBASSY,
MADRID.
25th April, 1946.

PLAN DE FUGA

5 1 75

O. K. W. Berlin, den 5 April 1940.

A.Ausl./Abw. B.Nr. 560/40gKdos Ausl IV(a)

Geheime Kommandosache

An

~~O.K.M./M.Att.~~ ~~Prüf-Nr. 1~~

O.K.M./1.Abt.Skl. (nachrichtlich) Prüf-Nr. 2

O.K.M./P.A. (") ~~Prüf-Nr. 3~~

Betr.: Mil.Leiter der Großetappe Spanien/Portugal. 874/40 5.4.40

Vorg.: Schreiben 1.Skl.2378/40gKdos vom 23.2.40.

Der Oberbefehlshaber der Kriegsmarine hat dem Mil.Leiter der Großetappe Spanien/Portugal, rine-attaché Fregattenkapitän Meyer-Döhner, die nachstehende Anerkennung ausgesprochen:

"Ich spreche dem Marineattaché bei der Deutschen Botschaft, Madrid, Fregattenkapitän Meyer-Döhner, und dem ihm unterstellten Personal der Grossetappe Spanien/Portugal für die bisher im Etappendienst geleistete Arbeit, besonders bei der Durchführung des Versorgungsfalles "Moro", meine volle Anerkennung aus.

gez. R a e d e r
Grossadmiral, Dr.h.c. "

Das Anerkennungsschreiben ist dem Mil.Leiter persönlich am 3.4. durch den Chef des Amtes Ausl./Abw., Admiral Canaris, ausgehändigt worden.

Der Chef des Oberkommandos der Wehrmacht
Im Auftrage

Im Entwurf gez. C a n a r i s
Für die Richtigkeit:

Oberregierungsinspektor

Telegramm aus M a d r i d

Nr. 1010 vom 17.2.44. Cito! 115

Nachdem am 10. Februar morgens ein deutsches Unterseeboot havariert (Loch im Druckkörper) in den Hafen El Ferrol eingelaufen war, hat die Botschaft sofort beim Aussenministerium die Ansetzung einer Reparaturfrist zur Behebung der Schäden erbeten. Das Aussenministerium hat gestern abend nach Anhörung der spanischen Marinesachverständigen die Zustimmung der Regierung zur Reparatur im Dock von El Ferrol gegeben und die Reparaturfrist auf 4 Tage festgesetzt. Der Lauf der Frist beginnt 17. Februar 8 Uhrmorgens. Zu den 4 Tagen Reparaturfrist kommen noch weitere 24 Stunden Frist, innerhalb deren das Uboot auslaufen muss, sodass der letzte Termin zum Auslaufen der 22. Februar morgens 8 Uhr ist.

Alle Beteiligten wurden rechtzeitig verständigt, so dass die Arbeiten heute morgen um 8 Uhr beginnen konnten. Nach Auffassung des Marineattachés ist die gesetzte Frist von 4 Tagen angemessen.

Nach

1 Abt. 66289/44

Nach einer Anzahl von Fällen, in denen uns die spanische Regierung unter Berufung auf völkerrechtliche Bestimmungen bei der Freigabe von Ubootsbergungen bezw. beim Wiederauslaufen beschädigter Uboote Schwierigkeiten gemacht hat, ist im vorliegenden Falle erstmalig wieder entsprechend unseren Wünschen verfahren worden, trotz der üblichen Einwände der Engländer. Die Begleitumstände des Falles (Beschädigung auf hoher See, keine Kampfhandlungen innerhalb der Hoheitsgewässer, Anlaufen von El Ferrol lediglich als Nothafen zur Reparatur) waren allerdings so, dass die spanische Regierung die Berechtigung unseres Wunsches kaum hätte bestreiten können.

Dieckhoff.

Amtsgruppe
Wehrmachtnachrichtenverbindungen
Oberkommando der Wehrmacht
Chef

Berlin W 35, den 8. April 1944.
Bendlerstr. 11-13
Fernsprecher: 21 81 91

An den

Herrn Chef des Wehrmacht-Führungsstabes
z.Hd. Herrn Major i.G. W a i z e n e g g e r

Am 16.3. wurde nach mehrfachen Vorbesprechungen mit dem spanischen Generalstab in Madrid eine weitgehende Zusammenarbeit der deutschen Funkabwehr mit dem spanischen Generalstab vereinbart. Die in Spanien eingesetzten Teile von Funkabwehr arbeiten nach aussen im Auftrage des spanischen Generalstabes und erhalten durch diesen besonderen Schutz.

Der von U-549 versenkte US-Träger BLOCK ISLAND

Kapitänleutnant Krankenhagen, Kommandant von U-549

Indienststellung von U-867 am 12. Dezember 1943

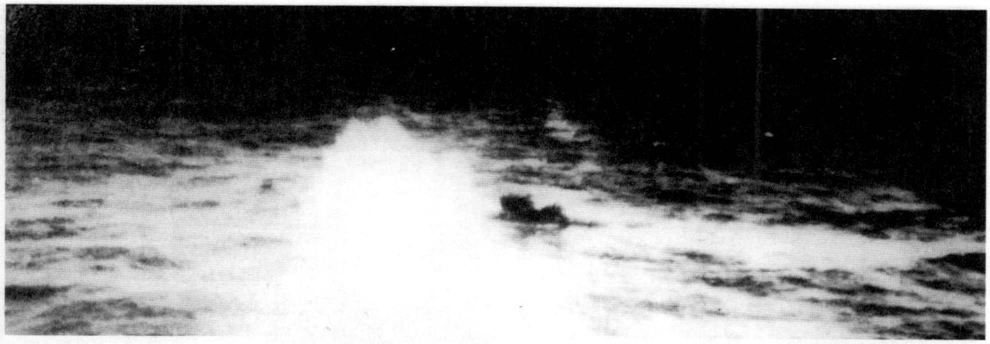

U-867 unmittelbar nach dem britischen Luftangriff. Das Boot wurde durch keine der beiden abgeworfenen Bomben getroffen.

U-867 nach dem britischen Luftangriff. Die Besatzung geht in die Boote.

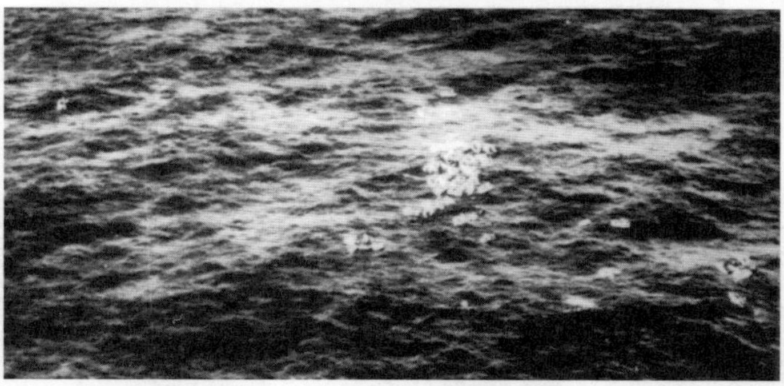

Die Besatzung ist in die Boote gegangen und gut von ihrem U-Boot abgekommen.

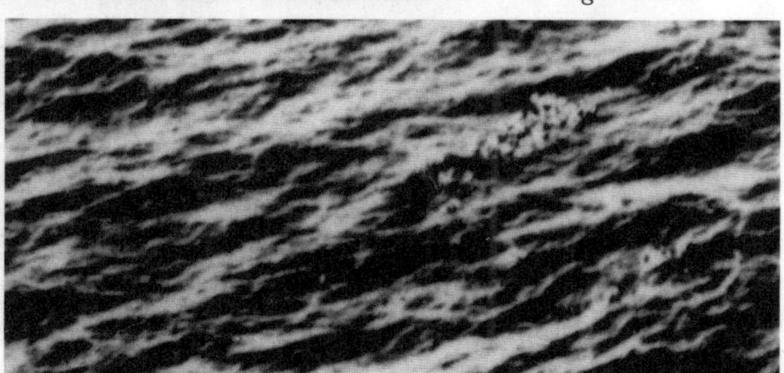

Ein vollbesetztes großes Schlauchboot

U-880, Kl. Schötzau. Typ IXc 40, Indienststellung am 11. Mai 1944/Bremen.

Die Indienststellung von U-242 am 14. August 1943 in Kiel

Die Indienststellung von U-242 am 14. August 1943 in Kiel

Oblt. Pancke mit KK. Dr. Richter

Oblt. Pancke mit einem der an Bord genommenen finnischen Offiziere (mit Pelzkappe) im Hafen von Windau

U-242 im Hafen von Windau

Zwei der an Bord genommenen finnischen Offiziere auf der Brücke von U-242

Ganz links die finnischen Offiziere – ganz rechts Dr. Richter, Oblt. Pancke mit weißer Mütze

Drei der an Bord genommenen Finnen mit Fkpt. Cellarius

Lange und Dreschel. Rückmarsch von U-260: September bis November 1944, La Pallice, La Porbelle, Bergen, Hovlen, Kristiansund, Norwegen, Frederikshavn, Kiel.

Lange und Dreschel in La Pallice

I. WO von M-260 Lt. z.S. Siegfried Dreschel

Im irischen Internierungslager April/Mai 1945
v.l.n.r.: II. W. O. Lt z.S. Gottfried Kuntze; I. W. O. Lt. z.S. Siegfried Dreschel, Kdt Obstn z.S. Klaus Becker, Lt. Ing. Friedrich Bieleke, L.J. Obltn. Ing Karl Nagel

Der Kommandant von U-711, Kptlt. Lange, mit anderen Offizieren im Sommer 1944

U-711 im Sommer 1944

U-278, Kommandant Kptlt. Franze

U-668 im Mai 1945 nach der Kapitulation

U-183

Kptlt. Schneewind, Kommandant von U-183

Steuermannsmaat Heribert Zopf. Gefallen an Bord von U-183

Obersteuermann Wisniewski, der einzige Überlebende von U-183

Die Siebel 204-D, mit der Dr. Dunant am 27.4.1945 von Prag nach Dübendorf geflogen wurde.

Anhang

Literaturauswahl

Gedruckte Quellen:

Schramm, Percy E. (Hrsg.), Das Kriegstagebuch des Oberkommandos der Wehrmacht, Bd. IV, Frankfurt/Main 1961

Das Kriegstagebuch der Seekriegsleitung, Bd. 65, Hamburg 1996

Pogue, Forrest C., The US-Army in World War II, The European Theater of Operations, the Supreme Command, Washington D. C. 1954

Ritschel, Herbert (Hrsg.), Kriegstagebücher folgender deutscher U-Boote: U-29, U-77, U-96, Eigenverlag, 1997 und 2000

Kaplan, K. (Hrsg.), Dva retribucni procesy, kommentovane documenty, Praha 1956

Cork Examiner v. 13. März 1945, Militärarchiv Dublin

Ungedruckte Quellen:

Die Kriegstagebücher folgender U-Boote: U-109, U-129, U-331, U-511
Ausbildungs-KTB U-880, U-204, U-68, U-105, U-263, U-566, U-218, U-357, U-858, U-Boot-Archiv Cuxhaven
Kriegstagebuch der Wetterstelle des BdU/hiervon Aufzeichnungen von Dr. L. Roux/ Archiv Selinger

Bestände: RM 102 und RM 12 II/BA-MA
KTB/BdU, BA-MA/RM 7-254
National Archives, Washington D. C.: Meldungen des Marinenachrichtendienstes an das OKW/WFSt.
Action Report/USS Frost, Serial 070/23. April 1945, Narrative Report of Anti-Submarine
Action by Surface Ships/War Diary USS Frost from 5.–16. April 1945 o. Sign.
Stellvertreter des Führers der NSDAP, in: 1 SKL E
OKM/2. SKL/BdU Op.Brief Nr./GKdos 626 v. 13.1.945 o. Sign.
KTB/USS Besugo o. Sign.
Ribbentrop an Frank v. 24.4.1945/Speer an Baumbach v. 23.4.1945/Rippentrop an Frank v. 23.4.1945, Herrn Staatsminister Frank o.D./T 77, Roll 775
Chef d. Op.Abt./BdU, GKdos 00529FS/o. Sign.

Militärarchiv Dublin:
Secret/Ref.No.SJ 781/CSO/i.e. G-2 Branch/Dep. of Defense, Park Gate Dublin v. 16.3.1945
Secret/Ref.No.SJ 781 G2 Staff Headquarters Southern Command, Collins Barracks, Cork to C.S.O. Dep. of Defense/G2/Park Gate Dublin, 15.3.1945
Sämtliche geheimen Unterlagen des deutschen U-Bootes U-260, das vor der irischen Küste von seiner Besatzung aufgeben wurde.
National Library Dublin
Dr. Richard Hayes Papers.
Public Record Office London
C.B.04050/45 (2) Monthly Anti-Submarine Report, February 1945 by Anti-U-Boat-Division, 15th March 1945, HMS VENTURER Report on Eleventh War Patrol/Adm. 223/18
U-Boat Situation and Trends/Weekend 22.5.1944/Adm. 223/18
Flugbericht Lt. Rayner/Def. 321/217
Aide-Mémoire/British Embassy Madrid v. 26. April 1946/FO/2643
Dommes an SKL v. 24.1.1945/DEF/743
Vom Gegner mitgehörte deutsche Funksprüche in DEF. 3/76

Südafrikanische Republik
A/S Diary (3) Naval/589 v. 26.9.1942 and Coastal Command Area Intelligence Summary v. 24. July 1942 – 24. November 1944, Department of Defense Documentations Center, Pretoria.

Schweizerisches Bundesarchiv, Bern:
Merkblatt für Neutralitätsverletzungen
Verletzung des schweizerischen Luftraumes v. 26./27.4.1945
Bestandsnr. 27, Archivnr. 14773
Brief des Präsidenten des IRK an den Schweizerischen Außenminister v. 27.4.1945
Antwortschreiben des Schweizerischen Außenministers an den Präsidenten des IRK v. 28.4.1945
Bundesratsbeschluß betreffend die Benutzung der Grenzflugplätze im internationalen Luftverkehr während des Aktivdienstes v. 16.6.1942

Spanische Quellen:
Ministerio Asuntos Exterriores/Europa/260/A-2/v. 28. April 1946/Archiv des Verfassers

Bundesarchiv Militärarchiv:
Das KTB des Marineattachés Madrid RM 12/149
KTB Admiral norwegische Westküste RM 45/III/133
OKW/Amt/Ausl./Abwehr/Ausl. IV Br.Nr. 3516/41 GKdos 24.12.1941/RM 7/1284
WMAA 12052/27.1020-15 OKM MA Att. III Nr. 144043gh./RM 7/1335
OKW Amt Ausl.Abwehr-Ag.Ausl.Abwehr III Br.Nr. 33/44 v. 10.1.1944/RM 7-1832
Tgb. Koller v. 26.6.1966 RL-I-24
sowie Dokumente aus den Beständen: RM 11, RW 5

Briefe, Mitteilungen und Berichte:
Mitteilung der deutschen Afrikalinien v. 9. Mai 2000
Brief des ehemaligen Kommandanten von U-858, Kptlt. Bode, an seinen ehemaligen Flottillenchef v. 22. Juni 1946/ Archiv Dr. Niestle
Brief von Bode an KK. Kuhnke v. 22. Juni 1946/Archiv Dr. Niestle
Mitteilung Willi Böttcher v. 9. August 2000
Bericht Siegfried Dreschel v. 11. August 1999
Schreiben von Großadmiral Dönitz an Frau Hoffmann v. 18. April 1957
Schreiben des Oberbootsmannsmaates Paul-Rudolf Hoffmann an seine Ehefrau v. 9. März 1945
Bericht v. Günter Jungjohann v. 23. August 2000
Mitteilung Rupert Hofer v. 11. Dezember 1999
Mitteilung Lange v. 3. Dezember 2000
Bericht von Kapitän Maak v. 11. Januar 2000
Mitteilung von Heinz Priesmeier v. 6. März 2001
Schreiben v. Reinhold Neumann v. 22. Juli 1999
Mitteilung Georg Ribbat v. 12. September 2000
Mitteilung Standler v. 13. Oktober 2000
Mitteilung Horst Schneewind v. 4. Juli 2000
Bericht Wibrow v. 2. November 2000
Brief Wisniewski für den Heimatstab Ausland v. 11. Januar 1945
Brief Wisniewski an Frau Willert v. 16. Februar 1947

Literatur:

Bartosch, Karel, Der Prager Aufstand, Deutscher Militär-Verlag, Ost-Berlin 1965

Beesly, Patrick, Geheimdienstkrieg der britischen Admiralität, Düsseldorf 1971

Douglas/Selinger, Marinerundschau 5/1982

Dönitz, Karl, Zehn Jahre und zwanzig Tage, Bonn 1985

Frank, Ernst, Karl-Hermann Frank, Staatsminister im Protektorat, Heusenstamm 1971

Geheime Kommandosache, Bd. I, Verlag Das Beste, Stuttgart 1965

Gellermann, Günther W., Der andere Auftrag. Agenteneinsätze deutscher U-Boote im Zweiten Weltkrieg, Bonn 1997

ders., Moskau ruft Heeresgruppe Mitte. Was nicht im Wehrmachtsbericht stand. Die Einsätze des geheimen Kampfgeschwaders 200, Bonn 1988

ders., Tief im Hinterland des Gegners. Ausgewählte Unternehmen deutscher Geheimdienste im Zweiten Weltkrieg, Bonn 1999

Lundeberg, Philip K., Operation Teardrop, Revisited in: Runyan, Timothy and Copes, Jan M., To Die Gallantly. The Battle Of The Atlantic, Boulder, Colo, West View Press 1994, S. 210–230

Nusser, Franz, Bericht des deutschen Wetterdienstes/Seewetteramt: Die Arktisunternehmen des deutschen Marinenachrichtendienstes, Hamburg 1979

Saint-Loup, Die Geisterschiffe Hitlers, Bergisch Gladbach 1978

Schmidt, Rainer F., Rudolf Heß, Botengang eines Toten, München 2000

Smith, Arthur, Churchills deutsche Armee, Bergisch Gladbach 1978

Speer, Albert, Erinnerungen, Gütersloh 1969

Standard Encyclopädia of Southern Africa, Volume 10, Petoria 1974

Suid Afrikaanse Biografiese Wordeboek, Deel IV, Pretoria 1974, S. 322 ff.

Turner, Steven, War in the Southern Oceans 1939–1945, London, N.Y. 1961

Wynn, Keneth, U-Boot, Operationen im Zweiten Weltkrieg, Bonn 2000

Abbildungen:

Archiv des Verfassers
Archiv Dipl.-Ing. K. Grützemacher (†)

Danksagung

Zu großem Dank bin ich meinem Freund und Kollegen Dr. Eberhard Schwarz verpflichtet, der das Manuskript auch dieses Buches sehr aufmerksam und kritisch durchlas und mir viele Anregungen gegeben hat.

Mein Dank gilt auch Herrn Werner K. Hoffmann, der mir manche Unterlage beschafft hat, die mir ohne seine Hilfe nicht zugänglich gewesen wäre.

Herr Döringhoff vom Bundesarchiv/Militärarchiv hat mich in vieler Hinsicht unterstützt; auch ihm bin ich sehr dankbar.

Günther W. Gellermann — Im Frühjahr 2002

Quellenbelege

1 Vgl. Der Stellvertreter des Führers der NSDAP v. 8. September 1939/Diese Dokumente befinden sich sämtlich in der 1. SKL E/NA Washington D.C.

2 Vgl. ebenda.

3 Vgl. ebenda.

4 Vgl. Der Stellvertreter des Führers der NSDAP/Geheime Reichssache, Abwurfminen gegen England, o. Datum/NA Washington D.C.

5 Diese Denkschrift ist nicht mehr erhalten.

6 Vgl. Abwurfminen gegen England, a.a.O., S. 4.

7 Es ergibt sich hier allerdings die Frage, ob diese Art der Kriegführung so hätte verstärkt werden können, daß der Nachschub nach England zu diesem Zeitpunkt eine ernsthafte Gefährdung erfahren hätte. Eine Voraussetzung dafür allerdings wäre sicherlich die Schwerpunktverlagerung der deutschen Rüstung auf den U-Boot-Bau gewesen, um die Zahl der deutschen U-Boote bereits zu diesem Zeitpunkt erheblich zu erhöhen.

8 Vgl. hierzu insgesamt die Personalangaben bei der WAST in Berlin.

9 Leibbrandt, ursprünglich Polizeibeamter und Amateurboxer, war 1936 als Mitglied der südafrikanischen Olympia-Mannschaft nach Berlin gekommen. In Deutschland wurde er zu einem großen Bewunderer Hitlers. Bereits vor Ausbruch des Krieges trat er in die Wehrmacht ein und erhielt dort eine Ausbildung im Fallschirmspringen und in Sabotagetechniken. Vgl. hierzu Standard Encyclopaedia of Southern Africa, Volume 10, Pretoria 1974, S. 617, und Suid-Afrikaanse Biografiese Woordeboek, Deel IV, Pretoria 1974, S. 322 ff., aber auch Saint-Loup, Die Geisterschiffe Hitlers, Bergisch Gladbach 1978.

10 Vgl. BdU/Gkdos Nr. 3181 v. 1. August 1942/Anhang Feindlage Ostafrika/National Archives/Washington D.C.

11 Ebenda.

12 Vgl. Beesly, Patrick, Geheimdienstkrieg der Britischen Admiralität, Düsseldorf 1972, S. 181 ff.

13 Vgl. ebenda.

14 Dönitz, Karl, Zehn Jahre und zwanzig Tage, Koblenz 1985, S. 287. Der BdU drückt hier klar aus, daß U-179 nicht zur Gruppe »Eisbär« gehörte. Seine Formulierung hier läßt auch die Vermutung zu, daß Sobe einen anderen Kampfauftrag hatte als den, sich etwa der vor Kapstadt operierenden Gruppe anzuschließen und die Schiffe des Gegners dort anzugreifen.

15 Vgl. Tunner, War in the Southern Oceans 1939–1945, London und New York 1961, S. 177 ff.

16 Mercator II war die Baarn/Köpf-Operation; vgl. dazu Gellermann, Günther W., Der andere Auftrag. Mercator III war ein Kanada-Einsatz, der ebenfalls mit einem Segelschiff durchgeführt werden sollte (der SANTA BARBARA oder der GINETTE); vgl. hierzu FBI-Report v. 1944/Archiv d. Verf.

17 Vgl. hierzu: Die Geisterschiffe Hitlers, a.a.O., S. 149 ff.

18 Vgl. ebenda.

19 Agenten wurden sehr häufig auf U-Booten im Offiziersrang eingeschifft. Vgl. hierzu auch Gellermann, Günther W., Der andere Auftrag, Bonn 1997.

20 Vgl. ebenda. An Bord dieses Bootes befand sich unter Führung von Leutnant Brügmann eine Gruppe von in Süd- und Ostafrika aufgewachsenen Brandenburgern mit einem Sabotageauftrag. U-200 wurde bereits beim Anmarsch auf Südafrika am 24.6.1943 südlich von Island versenkt.

21 Vgl. A/S Diary (3) Naval/58 S. v. 26.9.1942 und Coastel Command Area Intelligence

Summary/CSD (0) 17/1 v. 24. July 42–24. Nov. 1944/Department of Defense/Documentation Center, Pretoria, Südafrikanische Republik.

22 Dies gilt allerdings nur, wenn die entsprechende Eintragung der Positionsmeldung von U-179 im KTB/BdU v. 18.9.1942 korrekt war. Sollte es sich aber auch hier wie bei »Unternehmen Ursula« um eine mit Dönitz vor dem Auslaufen des Bootes aus Tarnungsgründen abgesprochene unrichtige Positionsmeldung gehandelt haben, könnte es sich durchaus bei dem von den Fischern am 20.9.1942 gemeldeten U-Boot um das Boot Sobes gehandelt haben. Der Fkpt. hätte nämlich nach einer Fahrt von 37 Tagen die von den Fischern angegebene Position durchaus erreichen können. Die Akten zum »Unternehmen Ursula«, das am 26.11.1936 mit dem Auslaufen der beiden deutschen U-Boote U-33 und U-34 in Richtung auf die spanischen Gewässer begann, weisen aus, daß auch diese beiden Boote aus Tarnungsgründen u.a. den Befehl hatten, falsche Positionsmeldungen abzusetzen.

23 Vgl. KTB/BdU v. 18.9.1942/BA-MA.

24 Als »Halsschmerzen« wurde das Drängen nach einem Ritterkreuz bezeichnet.

25 Wolfgang Lüth, am 1.9.1944 Kpt.z.S., erhielt bereits am 9. August 1943 die Brillanten zum Ritterkreuz des Eisernen Kreuzes.

26 Vgl. KTB U-43.

27 Vgl. ebenda.

28 Vgl. KTB/BdU-BA-MA RM 7.

29 Vgl. ebenda.

30 Vgl. KTB/BdU a.a.O.

31 Vgl. hierzu die Personalangaben bei der WAST.

32 Vgl. hierzu Gellermann, Günther W., Der andere Auftrag. Agenteneinsätze deutscher U-Boote im Zweiten Weltkrieg, Bonn 1997, S. 28. Auch an Bord von U-200 befand sich ein Kommando Brandenburger Küstenjäger unter Führung von Lt. Brügmann. In der Besatzungsliste des Bootes wurde aber nur der Name des Kommandoführers aufgeführt. Es ist daher nicht auszuschließen, daß auch Specht nicht allein an Bord des Bootes kam und auch hier nur er in der Besatzungsliste aufgeführt wurde. Die Küstenjäger hatten überdies in Langenargen am Bodensee eine ausreichende Anzahl von »Afrikanern« für solche Einsätze ausgebildet, die jederzeit eingesetzt werden konnten. Vgl. hierzu auch die Briefe eines »Ehemaligen«, Helmut Schönau, Uitenhage Südafrika, aus den Jahren 1974–1985/Arch. d. Verf.

33 U-200 wurde allerdings bereits am 24. Juni 1943 versenkt.

34 Vgl. Div. Brandenburg, Abt. Ia Nr. 200/43 g.Kdos v. 23.3. und 27.4.1943/Betr. Unternehmen »Reisernte«/NA/Washington.

35 Ebenda.

36 Div. Brandenburg, a.a.O.

37 Vgl. ebenda.

38 Vgl. hierzu die Koppelungen im KTB/BdU bis zum 18. August 1943.

39 Hierauf deutet nach Angaben des WAST der ungewöhnliche Vermerk über seinen Auslandsaufenthalt nach Beendigung seines Wehrdienstes in den Unterlagen dieser Dienststelle hin. Bemühungen, Angaben darüber zu erhalten, ob Specht während seiner Tätigkeit bei der Handelsmarine vornehmlich auf Schiffen der deutschen Afrika-Linien fuhr, waren leider vergeblich. Entsprechende Personalunterlagen der deutschen Afrikalinien sind sämtlich bei den Luftangriffen auf Hamburg während des Jahres 1943 verlorengegangen/Mitteilung der Deutschen Afrika-Linien v. 9. Mai 2000. – Leutnant Specht könnte aber auch der Ersatzmann für den 1943 in Accra verhafteten irischen Zahnarzt gewesen sein. Dieser hatte bis zu seiner Verhaftung die Auslaufzeiten

der für die alliierte Kriegswirtschaft wichtigen Manganfrachter an die Deutschen gefunkt. Dadurch war es dem BdU möglich gewesen, seine U-Boote auf diese Schiffe anzusetzen. Durch eine Kreuzpeilung war der Ire entdeckt worden. Ein alliierter Agent, der zu ihm geschickt wurde, um sich behandeln zu lassen, beklagte sich in einem Gespräch mit dem Zahnarzt über die hohen alliierten Schiffsverluste. Im Verlauf dieser Unterhaltung nannte der Agent dem Iren weitere, dieses Mal aber falsche Auslaufzeiten. Knapp eine Stunde später, so stellte die alliierte Funküberwachung fest, gab der Zahnarzt diese Auslaufzeiten an seine Auftraggeber weiter. Er wurde daraufhin verhaftet. Die deutsche Seite verfügte daher wahrscheinlich über keinen weiteren Agenten in dieser Region, der sie weiterhin über die Auslaufzeiten der Manganfrachter informieren konnte. Leutnant Specht aber war auch als Funker ausgebildet worden und hätte daher auch eine solche Aufgabe übernehmen können. Vgl. hierzu auch: Geheime Kommandosache, Bd. I, Verlag Das Beste, Stuttgart 1965, S. 333 ff.

40 Vgl. KTB/BdU v. 11.8.1944, a.a.O.

41 Vgl. ebenda. »... entlang der Küste von Trinidad bis Natal im wesentlichen Luftüberwachung mit großen Land- und Seemaschinen. Angriffsgelegenheiten daher verhältnismäßig gering. Die Verstärkung des feindlichen Lufteinsatzes ... zwang die Boote in den letzten Wochen, sich von der Küste abzusetzen. Von diesem Augenblick an wurden keine Erfolge mehr erzielt. ... Wie aus den Verlusten zu ersehen ist, hat sich die brasilianische Küste als ein sehr gefährliches Operationsgebiet gezeigt.« Ebenda v. 23.8.1943. Es kann davon ausgegangen werden, daß die Situation für deutsche U-Boote in diesem Seegebiet aufgrund einer noch weiter ausgebauten Luftüberwachung zwischenzeitlich noch gefährlicher geworden war.

42 Vgl. hierzu: Gellermann, Günther W., Tief im Hinterland des Gegners, Bonn 1999, S. 43 ff.

43 Vgl. hierzu KTB/BdU v. 20.7.1944. Offensichtlich stand U-539 im Juni 1944 in der Karibik und hatte dort einige Schiffe des Gegners versenkt. Diese deutschen Erfolge hatten die US-Marine veranlaßt, zur Sicherung dieses Gebietes einen Hilfsträger mit sechs Zerstörern dorthin zu entsenden. Krankenhagen hätte nach dem Ablaufen von der nordbrasilianischen Küste in ein Gebiet hineinlaufen müssen, das von den Amerikanern aufgrund der Versenkung von U-539 zusätzlich gesichert worden war. Noch im August 1943 hatte der BdU die Versenkungsmöglichkeiten für seine U-Boote in diesem Gebiet aufgrund der dortigen Luftdauerüberwachung als gering bezeichnet. Vgl. KTB/BdU v. 23.8.1943.

44 Vgl. U-Boot Situation und Trends/week ending 22.5.1943/Adm.223/18 PRO-London.

45 Vgl. Gellermann, Günther W., a.a.O.

46 KTB/BdU v. 26.5.1944.

47 Die nachfolgende Darstellung folgt einer amerikanischen Schilderung dieser Ereignisse. Die entsprechende Unterlage befindet sich ohne Signatur im US-Naval Institute und wurde 1953 herausgegeben. Die BLOCK ISLAND bildete mit ihren fünf Begleitzerstörern die 22.1 Task Force. Die Aufgabe dieser Gruppe bestand darin, im Bereich der Kanarischen Inseln, hier insbesondere im Raum des Monaco-Beckens, deutsche U-Boote abzufangen und zu vernichten.

48 KTB/BdU v. 12.7.1944.

49 KTB/BdU v. 28.7.1944.

50 KTB/BdU v. 11.8.1944. U-549 war bereits vor dem Erreichen von FC 7181 vernichtet worden. Da die Amerikaner aber erst nach Beendigung des Krieges diesen großen

Erfolg von U-549 gegen ihre »Task Force 22.1« bekanntgaben, wußte der BdU davon nichts. Krankenhagen wäre hierfür sicherlich mit dem Ritterkreuz und einer Beförderung ausgezeichnet worden.

51 Die amerikanische Darstellung des Kampfes läßt diesen Schluß zu.

52 Vgl. hierzu insgesamt: Nusser, Franz, Bericht des deutschen Wetterdienstes/Seewetteramt: Die Arktisunternehmen des deutschen Marinenachrichtendienstes Hamburg 1979.

53 Vgl. KTB von U-537 und Douglas/Selinger in der Marinerundschau 5/1982, S. 256 ff.

54 Es wurden zur Stromversorgung der Meßköpfe und der Schaltuhr sowie zur Heizung der Röhren des Senders Stahlakkumulatoren verwendet. Die Anodenspannung für den Sender (800 Volt) wurde Trockenbatterien entnommen. Ihre Betriebsdauer belief sich auf einige Monate. Ein Gerät sendete noch nach fast fünf Monaten.

55 Es handelte sich dabei wahrscheinlich um das in der Besatzungsliste unter dem Namen Mtrobgefr. Birger Anderson geführte Besatzungsmitglied. Im Gegensatz zu allen anderen Besatzungsmitgliedern verfügt die WAST über keinerlei Personalunterlagen von Anderson. Die auf seiner Erkennungsmarke angegebene Marinestammrollennummer gab es laut der WAST nicht. Sie war daher wahrscheinlich eine von der Abwehr erfundene Nummer.

56 Vgl. hierzu Gellermann, Günther W., Der andere Auftrag, a.a.O., S. 51 ff.

57 Vgl. KTB der Wetterwarte des BdU v. 20.7.1944. Zur Aufstellung der Wetterstation wurden der Regierungsrat Dr. Weis und der Marineingenieur Christian Werner an Bord des Bootes befohlen. Vgl. hierzu aber auch die Besatzungsliste von U-867 und die Personalunterlagen der beiden Vorgenannten bei der WAST in Berlin.

58 Vgl. zu den folgenden Angaben das KTB/BdU v. 17.–22. September 1944.

59 Vgl. ebenda.

60 Vgl. hierzu den Brief des dann auch mit zur Rettung von U-867 befohlenen Kommandanten von U-858, Bode, an seinen ehemaligen Flottillenchef KK Kuhnke v. 22. Juni 1946. Bode kritisiert hier auch den übermäßig langen Funkspruch v. Mühlendahls von 87 Gruppen/Archiv d. Verf.

61 Diese befohlene Standortmeldung der zur Rettung von U-867 anlaufenden Boote ermöglichte dem Gegner, der den deutschen Funkverkehr teilweise aufgrund der »geknackten« deutschen Funkschlüssel mitlesen konnte, die Positionen auch dieser Boote sofort zu orten und sie anzugreifen.

62 in: DEFE 3/76 Public Record Office.

63 KTB/Admiral norwegische Westküste v. 1.9.1944/BA-MA RM 45/III/133.

64 Vgl. hierzu Aufmarsch der fliegenden Verbände, Stand: 14.9.1944 BA-MA Karte 40/196.

65 KTB/BdU v. 18.9.1994, a.a.O.

66 Brief Bode, a.a.O.

67 Vgl. KTB/Admiral norwegische Westküste: Hiernach erfolgte die Sicherung des Bootes vom 20.9./12.00 Uhr an bis Bergen.

68 KTB/BdU v. 19.9.1944.

69 KTB/U-858.

70 Vgl. KTB/U-218.

71 KTB/U-858/Ft 21.9./10.51 Uhr

72 Mitteilung Willi Böttcher.

73 Vgl. Flugbericht v. Lt. Rayner/Def./PRO/London und Luftaufnahme Nr. 1.

74 Vgl. Luftaufnahme Nr. 2.

75 Vgl. Luftaufnahme Nr. 36.

76 KTB/BdU vom 20. und 21.9.1944, a.a.O.

77 Ein Sicherungsflugzeug hatte eigentlich die Aufgabe, Geleite, U-Boote u.ä. zu sichern. Das KTB/BdU enthält keinen Hinweis darauf, daß die Luftwaffe gebeten wurde,

Suchflugzeuge nach Überlebenden loszuschicken.

78 Seemännische Angaben hierzu von G. Ribbat, ehemaliger 1. WO/U-1230.

79 Vgl. hierzu insgesamt: Laufender Befehl Nr. 41, o.D./Kdo. der 6. U-Boot-Flottille/B.Nr.G/976/44/Stempel. Eingangsstempel von U-260 v. 17.4.44. Diese Unterlage befindet sich in der geheimen Kommandantenmappe von U-260. Sämtliche geheimen Dokumente dieses Bootes befinden sich im irischen Militärarchiv.

80 Vgl. ebenda.

81 Vgl. ebenda.

82 Vgl. die noch vorhandenen KTBs der an der Rettung beteiligten U-Boote.

83 Diese Vermutung ist deshalb zulässig, weil auch nach dem Untergang anderer deutscher U-Boote auf deren Besatzungen von alliierten Soldaten geschossen worden ist. Am 10. Juni 1944 wurde U-821 von vier Mosquitos der 248 Sqdr. und einer Liberator der 206. Sqdr. angegriffen und versenkt. Die Besatzung wurde im Wasser schwimmend weiter beschossen. Fünfzig Mann verloren dabei ihr Leben. Nur einem Besatzungsangehörigen gelang es, schwimmend die Küste zu erreichen. Vgl. hierzu Koop, Gerhard, Kampf und Untergang der deutschen U-Boot-Waffe, Bonn 1999, S. 84 f. – U-852 wurde am 3. Mai 1944 von Flugzeugen der südafrikanischen Luftwaffe angegriffen und dabei schwer beschädigt. Der Kommandant entschloß sich daher, sein Boot auf den Strand zu setzen. Die Besatzung wurde an Land von den angreifenden Maschinen weiter beschossen. Hierbei verloren sieben Besatzungsangehörige ihr Leben; ebenda, S. 123. Für dieses Verhalten alliierter Soldaten, auch noch Waffen gegen Schiffbrüchige Wehrmachtsangehörige einzusetzen, gibt es zahlreiche weitere Beispiele nicht nur aus dem Bereich des See-, sondern auch des Luftkrieges. Hier sind zahlreiche Beispiele dafür bekannt geworden, daß alliierte Piloten gezielt auf ausgestiegene, an Fallschirmen hängende oder bereits am Boden befindliche Flieger mit Deutschland verbündeter Staaten geschossen und viele von ihnen dabei getötet oder verwundet haben. Vgl. hierzu: Neulen, Hans Werner, Am Himmel Europas, Luftstreitkräfte an deutscher Seite 1939–1945, München 1998, S. 82, 143, 146 und 173.

84 Alle Angaben nach dem Volksbund Deutscher Kriegsgräberfürsorge und der WAST.

85 Nach ärztlichen Angaben konnte der Kopf nur durch Gewaltanwendung, wie z. B. eine Explosion, vom Rumpf abgetrennt worden sein. Leider konnten keine Obduktionsberichte der später angetriebenen Leichen ermittelt werden, denen die genaue Todesursache u.U. hätte entnommen werden können.

86 Hessler, Günter, Op.Abt./BdU

87 Godt/OKM/2.SKL-BdU, Chef d.Op.Abt.

88 Brief Bode, a.a.O.

89 Diese und die folgenden Angaben sind dem Ausbildungs-KTB von U-880 entnommen/U-Boot-Archiv Cuxhaven.

90 Eine solche gründliche Untersuchung fand vor und nach den Einsätzen statt. Es überrascht allerdings, daß zur Besatzung des Bootes ein Arzt und ein Sanitätsmaat gehörte. Dies war angesichts des Ärztemangels ungewöhnlich. Die Regel war daher, daß sich entweder ein Arzt oder ein Sanitäter an Bord befand.

91 Hierbei verwundert, daß nicht alle Arbeiten in Stettin durchgeführt wurden, das weniger luftgefährdet als Kiel war. Vgl. hierzu auch Schramm, P. E. (Hrsg.), Das Kriegstagebuch des OKW/Bd. IV, Frankfurt/M. 1961, S. 1626, Lagebesprechung v. 10. April 1945. Hiernach wurden durch Luftangriffe in der Zeit vom 30. März bis zum 14. April 1945 in Häfen und Werften insgesamt 24 U-Boote

vernichtet und 12 weitere beschädigt. Von den gesunkenen Booten waren neun vom Typ XXI, von denen vier im April auslaufen sollten.

92 Diese Angaben nach Aufzeichnungen von Selinger. Dieser konnte hierzu die private Niederschrift von Dr. Ludwig Roux von der Wetterstelle des BdU einsehen und abschreiben. Diese Wetterbojen hatten die Form eines Torpedos und einen Durchmesser von 50 cm. Sie hingen an einem Anker, der im allgemeinen in 200 Meter Tiefe auf Grund lag. Am Kopf dieser senkrecht im Wasser stehenden Geräte wurden Antennen befestigt. Die Bojen gaben etwa drei Monate Wettermeldungen ab.

93 U-170 verfügte im Gegensatz zu U-880 über keine Oberdecks-Tuben zum Transport von Wetterbojen. Diese Bojen konnten allerdings auch anstelle von Ersatztorpedos im Bootsinnern transportiert werden. Wenn aber die Bojen auch ohne den Einbau der Oberdecks-Tuben hätten transportiert werden können, wäre ihr Einbau nicht zwingend notwendig gewesen. Die deutschen Werften verfügten in dieser Zeit weder über ausreichendes Material noch über genügend Arbeitskräfte, um überflüssige Arbeiten durchführen zu können. Vgl. hierzu auch OKM/2. SKL/BdU/Op.Gkdos.St.Qu. »Koralle« d. 13. Jan. 1945/Wirkungsgrad der U-Boote ... NA/Washington; im Westen sind für den U-Bootkrieg im Atlantik fünf leistungsfähige U-Bootwerften verlorengegangen ... 7400 hochqualifizierte Arbeiter und Angestellte ... sind nicht in das Reich zurückgekehrt ... die dadurch in Deutschland und Norwegen zu bewältigenden U-Bootreparaturen können z.Zt. nicht mit der erforderlichen Schnelligkeit durchgeführt werden ... Mein Bestreben geht daher dahin, die Hafenzeiten der Boote ... zu verkürzen .../Dönitz. Hieraus folgt fast zwingend, daß die Oberdecks-Tuben auf U-880 nicht zum Transport der Wetterbojen eingebaut wurden. Der »Sonderauftrag« des Bootes bestand vermutlich daher auch nicht im Auswerfen dieser Bojen.

94 Vgl. KTB/BdU v. 11.1.1945.

95 Vgl. ebenda.

96 Vgl. Marinenachrichtendienst an OKW/WFSt./Gkdos. v 28.1.1945/NA/Washington D.C.

97 Vgl. ebenda v. 7. und 8.2.1945.

98 Vgl. Brief des ObtsMt. Paul-Rudolf Hoffmann v. 9. März 1945 an seine Frau/Kopie i. Archiv d. Verf. Es geht aus diesem Schreiben leider nicht hervor, wie viele der Soldaten an diesem Urlaub teilnahmen.

99 Vgl. Marinenachrichtendienst/OKW/WFSt./Gkdos. v. 15.3.1945/NA/Washington D.C.

100 Vgl. ebenda v. 24.3.1945.

101 Vgl. ebenda v. 30.3.1945. Diese vom BdU unvollständig aufgenommene Passiermeldung von U-880 wurde allerdings von der alliierten Funküberwachung vollständig erfaßt. Oblt. Schötzau, der Kommandant des Bootes, hatte seinen Standort mit 22 Grad westlicher Länge südlich von Reykjavik angegeben. Vgl. hierzu: Lundeberg, Philip, K., Operation Teardrop Revisited, in: Runyan, Timothy and Copes, Jan M. To Die Gallantly The Battle Of The Atlantik, Boulder, Colo, Westview Press 1994, S. 210–230.

102 Vgl. Marinenachrichtendienst/GKdos v. 23.4.1945 und Lundeberg, a.a.O., S. 211 ff.

103 Die Planungen für diesen Einsatz hatte Großadmiral Dönitz Hitler im Führerhauptquartier bereits am 1. und 16. März 1945 angekündigt. Am 7. April trug der Ob d.M. dem Führer die endgültige Einsatzplanung der Gruppe »Seewolf« für den »Harkeneinsatz« vor, die von Hitler offensichtlich in dieser Form gebilligt

wurde. Vgl. hierzu Schramm, P. E. (Hrsg.), Das KTB/OKW, Bd. IV, Frankfurt/M. 1961, S. 1625.

104 Vgl. ebenda v. 3.4.1945. Da entsprechende Befehle an die eingesetzten Boote per Funk durchgegeben wurden, waren die diesen Funkverkehr abhörenden Gegner über den geplanten deutschen Einsatz hervorragend informiert.

105 Es ergibt sich hier die Frage, ob der »Sonderauftrag« zwischenzeitlich so unwichtig geworden war, daß unbedingt dieses und nicht ein anderes Boot zur Gruppe »Seewolf« kommandiert werden mußte.

106 Vgl. Lundeberg, a.a.O., S. 213 f.

107 Der Hintergrund hierfür war, daß im Mai/Juni 1942 entsprechende deutsche Versuche mit U-511 (vgl. hierzu das KTB/U-511 Mai-Juni 1942) durchgeführt worden waren. Kommandant des Bootes war zu dieser Zeit Kptlt. Fritz Steinhoff, dessen Bruder Dr. Ernst Steinhoff Leiter des Lenkungs- und Steuerungslabors in Peenemünde war. Anfang 1943 wurden die entsprechenden Versuche allerdings eingestellt, da die Seegängigkeit der Boote durch den Aufbau von Abschußvorrichtungen wesentlich beeinträchtigt wurde. In der Folgezeit erhielten die Amerikaner durch Vernehmungen deutscher Agenten wie Mantel (vgl. hierzu: Gellermann, Günther W., Der andere Auftrag, a.a.O., S. 77 f.) und Gimpel (vgl. ebenda, S. 86 ff.) weitere Hinweise auf einen solchen, von deutscher Seite angeblich geplanten Raketeneinsatz.

108 Vgl. Marinenachrichtendienst/GKdos v. 4.4.1945/NA/Washington.

109 Vgl. ebenda v. 11.4.1945.

110 Vgl. ebenda v. 16., 18. u. 20.4.1945.

111 Vgl. hierzu auch: Action Report/USS FROST/Serial 070/23.4.1945/NARRATIVE Report of Anti-Submarine Action by Surface Ships and Antisubmarine Action by Surface Ship/War Diary USS FROST 5./16.4.1945/NA o. Sign. Washington D.C. und Lundeberg, a.a.O.

112 Offensichtlich wurden aber weder Sinkgeräusche noch andere Anzeichen für die Vernichtung eines U-Bootes registriert. Trotzdem geben Lundeberg und andere diesen Wasserbombenangriff mit nachfolgenden Explosionen als Zeitpunkt für die Vernichtung von U-1235 an.

113 Es wurden auch hier von den Amerikanern keine Anzeichen einer U-Boot-Vernichtung wahrgenommen. Der Dieselgeruch konnte bei entsprechender Wetterlage auch von den Dieseln der beiden Zerstörer herrühren.

114 Bei diesem Boot könnte es sich um U-858 (Bode) gehandelt haben. Dieses Boot befand sich nach Notizen seines Kommandanten, die er nach dem Krieg anfertigte und in einem Brief vom 22.6.1946 seinem ehemaligen Flottillenchef mitteilte, um diese Zeit in diesem Seegebiet »... 15.4.45/ nach Auftauchen abends später zwei Mal Adisc und Schraubengeräusche, dann Wabos weiter und näher. Boot auf großer Tiefe ...«/Archiv Dr. Niestle. Die Amerikaner haben ganz offensichtlich – nach ihren Aufzeichnungen – die Anwesenheit eines weiteren deutschen Bootes nicht wahrgenommen.

115 Diese Explosion erfolgte 29 Minuten nach dem letzten Wasserbombenwurf der beiden Zerstörer.

116 Auch nach diesen Explosionen wurden von den Amerikanern keine Anzeichen für eine U-Boot-Vernichtung wahrgenommen.

117 Das aufgetauchte und beschossene U-Boot war nach US-Annahmen das beschädigte U-880, das durch die folgenden Wasserbombenangriffe vernichtet wurde. Beweise hierfür fehlen allerdings.

118 Vgl. a.a.O.

119 Die angebliche Versenkung von U-880 wurde der FROST erst nach Beendigung des Krieges zugeordnet. Die Amerikaner haben wahrscheinlich, nachdem sie die Unterlagen des BdU erbeutet hatten, den Kurs von U-880 weitergekoppelt. Hierbei sind sie zu dem Ergebnis gelangt, daß Schötzau sich am 15./16. April im Operationsgebiet der USS FROST aufgehalten haben mußte. Das gleiche dürfte für U-1235 gelten.

120 Bericht des Sohnes von Hoffmann, dem diese Ereignisse von seiner Mutter mitgeteilt wurden.

121 Frau Hoffmann notierte sich diese Angaben auf der Rückseite des Umschlags des letzten Briefes ihres Mannes. S auch Anhang.

122 Vgl. Brief Dönitz im Anhang.

123 KTB/Skl v. 22.1.1945, Bd. 65. Es wurde bei diesem Einsatz lediglich ein Agent abgesetzt. Mitteilung Günter Jungjohann.

124 Mitteilung Jungjohann.

125 Mitteilung Jungjohann. Es könnte sich um den im MOK-Ost als F 1a eingesetzten Dr. Curt Richter, Kptlt.d.R., gehandelt haben, wenn der an Bord geführte Name richtig war. Der Sohn des Kommandanten erinnert sich, daß nach Berichten seines Vaters Richter Ende 1945/Anfang 1946 bei ihnen in Husum erschienen sei und seinen Vater gefragt habe, »ob er im Auftrag einer kleinen, aber effektiven, sehr einflußreichen Gruppe bereit sei, wieder ein U-Boot zu führen«. Sein Vater habe Richter, der sich zu diesem Zeitpunkt »Alarich Proff« nannte, geantwortet, nur wenn er die Möglichkeit erhielte, mit seiner Familie in die USA zu gelangen.

126 Mitteilung Jungjohann.

127 Der Grund hierfür war wahrscheinlich, daß Pancke mit dem Kutter auch den ihm sehr gut bekannten Fkpt. Alexander Cellarius erwartete. Dieser war der ehemalige Leiter der Abwehrstelle Estland von Juni 1941 bis September 1944. Danach führte er das Sonderkommando Finnland. Der Oberleutnant berichtete seinem Sohn diese Geschichte deshalb, weil Cellarius sie nach dem Krieg häufig in Husum besuchte.

128 Die neuen »Gäste« wurden der Besatzung als »finnische Offiziere« vorgestellt. Einer von ihnen war aber mit Sicherheit Fkpt. Cellarius.

129 Mitteilung Jungjohann.

130 Der Artilleriemechaniker Günter Jungjohann überlebte den Untergang seines Bootes deshalb, weil er mit einer Beinentzündung am 20. Februar 1945 in Kiel ein Lazarett aufsuchen mußte.

131 Mitteilung Jungjohann, der an Bord zweimal Gelegenheit hatte, einen Blick in einige der geöffneten Koffer zu werfen.

132 Angaben nach einer Mitteilung der WAST/Berlin v. 4. Juli 2000. Die Unterlagen des deutschen Militärattachés in Tokio weisen allerdings weder den Dienstantritt der beiden Offiziere aus, noch geben sie einen Hinweis auf eine Abordnung zu einer anderen Dienststelle.

133 Vgl. Kopie des Seefahrtbuches im Dokumententeil. Die Unterlage befindet sich bei der WAST.

134 Vgl. hierzu: Bericht des Kapitäns der TANNENFELS in BA-MA/RM 12 II.

135 Vgl. zur Ladung: Angaben des Kapitäns in: BA-MA/RM 12 II sowie Brice, Martin, Blockadebrecher, Stuttgart 1984, S. 184 f. Es ist hierbei zweifelhaft, daß Traktoren nach Japan geliefert wurden, da die Japaner vordringlich kriegswichtige Güter benötigten. Es ist daher denkbar, daß bestimmte Teile der Fracht nicht offen deklariert wurden und die TANNENFELS daher noch andere Güter an Bord hatte.

136 Über die Ladung dieses Schiffes ist nichts bekannt. Laut Mitteilung der Hapag-Lloyd AG Hamburg v. 14. Juli 2000 wurde fast das gesamte Archiv des NDL am 10. Oktober 1944 durch Brandeinwirkung nach einem Luftangriff vernichtet. Kapitän Harder konnte nicht befragt werden, da er zwischenzeitlich verstorben ist.

137 Vgl. hierzu seinen Personalvorgang/Blatt 25 v. 24. Oktober 1955/PS 1./160 BA-MA.

138 Da der Oberst Fachmann für Sprengstoffe (vgl. ebenda), aber nicht Waffen war, macht die o. a. Tätigkeitsbeschreibung Niemöllers keinen Sinn.

139 Mitteilung des Sohnes von Dr. Niemöller v. 2. August 2000, der überdies schreibt: »... Es liegen auch keine Schriftstücke oder Dokumente vor, aus denen man etwas über seine Tätigkeit dort entnehmen könnte...« Selbst Heinz Priesmeier, damaliger Adjutant des Marineattachés in Tokio, der Dr. Niemöller sehr gut kannte und häufiger sogar dessen Pferd ritt, konnte zu den Aufgaben Niemöllers in Japan keine Angaben machen. Mitteilung vom 6. März 2001.

140 Die Ladeliste des Bootes ist nicht mehr erhalten.

141 Vgl. hierzu Messerschmidt AG, Vertriebsbericht 1939–1945, Jettingen 1945/Archiv MBB.

142 Dieses geschah deshalb, damit, wenn diese Zivilisten in die Hand des Gegners fielen, sie als Kriegsgefangene behandelt wurden.

143 Vgl. Vertriebsbericht, a.a.O.

144 Vgl. Gellermann, Günther W., Der andere Auftrag, a.a.O. Außerdem wäre es denkbar, daß die Lieferung dieses Flugzeuges aus Geheimhaltungsgründen im Vertriebsbericht nicht genannt wurde, sondern hier statt dessen nur »Komponenten« und »Ausrüstungen« auftauchen.

145 Vgl. Vertriebsbericht, a.a.O.

146 Vgl. ebenda. Die beiden Boote liefen dann allerdings aufgrund nicht vorhersehbarer Verhinderungen später aus.

147 Diese Zusammenstellung zur Ladung gehörender Gegenstände erfolgte aufgrund von »Ultra-Funksprüchen«. Dieses sind vollständige oder teilweise von den Engländern und Amerikanern dekodierte deutsche Funktsprüche, die sich in den National Archives in Washington D.C. und dem PRO in London befinden.

148 Ob U-864 darüber hinaus auch noch – wie U-234 – Uranoxyd oder andere für die Atomforschung oder die Herstellung der Atombombe wichtige Materialien oder Geräte an Bord hatte, konnte nicht ermittelt werden.

149 Die BOGOTA war allerdings bis zum 6. Mai 1945, dem Tag ihrer Beschlagnahme durch die Japaner in Batavia, voll einsatzfähig. Der damalige 2. Offizier des Schiffes, Kapitän Maak, schließt allerdings nicht aus, daß solche Zeichnungen für den Eventualfall angefordert worden sind. Mitteilung Maak v. 11.1.2000.

150 Die anderen Mtrgfr. der Besatzung waren sämtlich zwischen 19 und 25 Jahre alt.

151 Sämtliche Angaben nach der WAST.

152 Die relativ lange Liegezeit läßt mehrere Erklärungen zu. Häufig wurden von hier aus Tieftauchversuche unternommen. Es ist aber auch möglich, daß in Horten auch noch auf Ladung gewartet wurde. Mitteilung Hoffmann v. 27.8.97: Bei einem Treffen der U-Boot-Kameradschaft in Kiel im Jahre 1982 habe ihm ein alter U-Boot-Fahrer, der 1944 zur U-Bootfahrer-Personalreserve in Horten gehört habe, berichtet, es wäre dort in grauen Stahlflaschen »schweres Wasser« auf ein U-Boot verladen worden. Sie alle hätten damals, und deshalb sei ihm dieser Vorgang noch erinnerlich, sehr gelacht und sich

gefragt, welches Wasser denn schwerer als Wasser sein könnte.

153 Alle Angaben nach dem KTB/BdU.

154 Vgl. Marinenachrichtendienst/BdU Lage 760 g. K. v. 6.2.1945/NA.

155 Vgl. ebenda, Lage 762 g. K. v. 8.2.1945/NA.

156 Vgl. ebenda, Lage 766 g. K. v. 12.2.1945/NA.

157 Vgl. zur Versenkung von U-864: C.B. 04050/45(2) Monthly Anti-Submarine Report, Februar 1945, by Anti-U-Boat-Division, 15th March 1945 HMS VENTURER Report of Eleventh War Patrol/-PRO/o.Sign.

158 Vgl. H.M.S. VENTURER, a.a.O.

159 Vgl. ebenda.

160 Vgl. ebenda.

161 Von den Amerikanern dekodierter deutscher Funkspruch vom 8. März 1945/NA.

162 Mitteilung Siegfried Dreschel v. 11.8.1999. Dreschel fuhr als WO auf dem Boot. Er war bei der letzten Fahrt von U-260 1. WO.

163 Rupert Hofer, Maschinen-Obergefreiter, gibt Stavanger als letzten Hafen an, in dem Treibstoff und Proviant übernommen wurden. Mitteilung v. 11. Dezember 1999.

164 Diese und die folgenden Angaben folgen der Darstellung von Dreschel. Reinhold Neumann, der San.Maat des Bootes, gibt die Explosionszeit mit »gegen 19.00 Uhr, kurz vor dem Abendessen« an. Mitteilung v. 22.7.99.

165 Das Boot war auf eine Grundmine in einem von der englischen APOLLO kurz vorher gelegten Grundminenfeld gelaufen. Das Feld bestand aus 156 MK-XVII Minen, die in 66/67 Meter Tiefe lagen./Unterlage o. Sign. im Militärarchiv in Dublin.

166 Mitteilung Hofer, a.a.O.

167 Hofer/Zentralegast gibt die Tauchtiefe des Bootes zur Zeit der Explosion mit 30 Meter an.

168 Aufgrund dieses Sachverhaltes hätte die jederzeitige Vernichtung der Schlüsselunterlagen bereits vorbereitet sein müssen. »Bei Operieren auf flachem Wasser muß die Vernichtung der Schlüsselunterlagen vorbereitet sein, besonders Rotdruckunterlagen so lagern, daß Wasser hinzutreten kann.« BdU/GKdos 3181 v. 1.8.1942/NA.

169 Marinenachrichtendienst Anlageblatt v. 12.3.1945/GKdos 13.3.1945/513/45MND/Chefs. Nur durch Offizier 1. SKL/CIV an 1. SKL/ID an: OKW/WFST/Op./M Kpt.z.S. Assmann vorlegen/Führerhauptquartier Adm. Voss/NA.

170 Ebenda.

171 Ebenda. Da die Geheimsachen bis auf das KTB des Bootes nicht vernichtet worden sind, ist dieser Teil der Meldung falsch. Es ist allerdings davon auszugehen, daß Becker, nachdem er die entsprechenden Befehle erteilt hatte, davon ausgehen mußte, daß diese auch sorgfältig befolgt wurden. Die Zuständigkeit für die Vernichtung der Geheimsachen oblag auf allen deutschen U-Booten dem 2. WO, der auch spöttisch »Schreiboffizier« genannt wurde. An Bord von U-260 war Lt. G. Kuntze als 2. WO für die Vernichtung der Geheimunterlagen verantwortlich.

172 Vgl. Anm. 7 Mitteilung Dreschel, a.a.O. Hier irrt der 1. WO.

173 Darstellung Dreschel, a.a.O.

174 Vgl. Cork Examiner v. 13. März 1945/MA-Dublin o. Sign.

175 Die Darstellung folgt zunächst einer Aufzeichnung im Militärarchiv in Dublin, die weder eine Unterschrift noch eine Signatur hat.

176 Es handelte sich hierbei offenbar um das Schlauchboot von Lt. Kuntze, in dem sich u.a. auch der Mtr. Wellesen und der Obermaat Neumann befanden. Diese weiteren Berichte befinden sich in: Secret/Ref.No.:

SJ 781 CSO/i.e. G-2 Branch/Dep. of Defense Parkgate Dublin v. 16. März 1945/ MA Dublin o. Sign.

177 G-2 entspricht dem deutschen Ic/Feindlage. Vgl. hierzu: Secret/Ref.NO.SI/781 G 2 Staff Headquarters Southern Command Collins Barracks, Cork/To: C.S.O. i./c. Department of Defense, G 2 Branch, Parkgate Dublin, 15. March 1945, Salvage of Items from Sea near Glandore on 13th March 1945/MA Dublin o. Sign.

178 Gageby wurde am 18.10.99 vom Verfasser brieflich um Auskunft über den Metallbehälter gebeten. Der Brief wurde leider nicht beantwortet.

179 Vgl. hierzu die Dr. Richard Haye Papers in der National Library, Dublin, und die Angaben, die er hier zu den Papieren von U-260 macht. Bei diesen Unterlagen befindet sich auch die Karte mit den Marinequadraten von U-260. Hayes war Direktor der Dubliner Nationalbibliothek. Im letzten Krieg wurde er vom irischen G-2-Dienst dienstverpflichtet und erwarb sich einen »legendären« Ruf als »Code-Knacker« nicht nur deutscher Funksprüche (OSS/Office of Strategic Services-US Geheimdienst) während des Zweiten Weltkriegs. – Da sich die Originale der Geheimunterlagen von U-260 heute im Militärarchiv in Dublin befinden, müssen die Amerikaner, nachdem sie die Papiere kopiert hatten, diese an die Iren zurückgegeben haben. Die Iren haben offensichtlich, bevor sie die Unterlagen abgaben, ein Verzeichnis von ihnen angefertigt. Hiernach fehlen heute bestimmte der »gefundenen« deutschen Dokumente im Militärarchiv. Es ist daher zu vermuten, daß die Amerikaner die ihnen überlassenen Papiere aus unbekannten Gründen nicht vollständig zurückgegeben haben. Vgl. hierzu auch den Dokumentenanhang.

180 Vgl. Erfahrungs-FT Nr. 136 v. 9. Januar 1945: »Interesse des Gegners an neuen Einrichtungen, Schlüssel M und Schlüsselmittel ist so groß, daß er mit allen Mitteln versucht, auf tauchunklare, manövrierunfähige, teils sogar sinkende Boote zu kommen. Lehre: Muß kampf- und manövrierunfähig in Nähe von Feindstreitkräften zum Aussteigen der Besatzung auftauchen, sofortiges Sinken unter allen Umständen mit letztem Einsatz sicherstellen.« Der BdU wollte durch dieses FT die Vernichtung der Geheimunterlagen selbst in Notsituationen sicherstellen. Eine solche Notsituation gab es für U-260 nicht. Da die Besatzung des Bootes in aller Ruhe ihr Schiff verlassen konnte, hätte der für die Vernichtung der Geheimunterlagen zuständige Offizier auch ausreichend Zeit gehabt, die Papiere zu vernichten bzw. ihre Vernichtung sorgfältig zu überwachen. Das geschah offenbar nicht. Die entsprechenden Papiere befinden sich heute im Militärarchiv in Dublin.

181 Die Schlüsselmittel brauchten nur kurzzeitig mit Wasser in Kontakt zu kommen, um unleserlich zu werden.

182 Der für die Vernichtung der Geheimunterlagen zuständige Offizier, Lt. Kuntze, gibt hierzu keine Auskunft.

183 Vgl. hierzu GKdos Nr. 20, Laufender Befehl Nr. 25, Januar 1945. Dieser Befehl befindet sich in der geheimen Kommandantenmappe von U-260. Jetzt MA-Dublin, o. Sign.

184 Vgl. hierzu GKdos Nr. 32, Januar 1945/ Geheime Kommandantenmappe/U-260, jetzt MA-Dublin, o. Sign.

185 Ab der zweiten Kriegshälfte (1944 rd. 130 Stück) wurden vom BdU diese sogenannten Erfahrungs- bzw. Ermahnungsfunksprüche an die im Einsatz befindlichen U-Boot-Kommandanten gefunkt. In ihnen wurden für wichtig gehaltene Erkenntnisse

von Kommandanten wie Abwehr- und Minenlage in bestimmten Einsatzgebieten den anderen U-Boot-Kommandanten mitgeteilt.

186 Lagemeldung Nr. 7 GKdos, Geheime Kommandantenmappe U-260/MA-Dublin o. Sign.

187 Ebenda.

188 Vgl. ebenda.

189 Lagemeldungen lt. F.T. Halm I-VII aus Kommandantenmappe von U-260/MA-Dublin o. Sign.

190 Verfaßt vom Oberbefehlshaber der Kriegsmarine, Großadmiral Dönitz/GKdos 231, Pr. Nr. 3/Eingangsstempel v. U-260/6.12. 1944. Der Spruch enthält keinen Vermerk darüber, wann er abgesetzt worden ist.

191 Geheim/Persönlich Prüf. Nr. 213 ausgefertigt/Oktober 1944 an Bord der OTTO WÜNSCHE (U-Boot-Begleitschiff). Verfasser: Kommandierender Admiral der Unterseeboote v. Friedeburg. Es darf vermutet werden, daß Dönitz als der Ob.d.M. seinen Erfahrungsfunkspruch vor dem Appell von v. Friedeburg verfaßte. Beide Dokumente stehen insoweit in einem Zusammenhang, weil sie weitgehend inhaltsgleich sind. Zum Teil werden sogar dieselben Worte und Begriffe verwendet. Beide Unterlagen befanden sich im Militärarchiv Dublin, sind aber in den Beständen von U-260 heute dort nicht mehr auffindbar. Ein irischer Journalist, der vor mir den Bestand einsah und beide Unterlagen noch kopieren konnte, machte mir diese zugänglich.

192 Vgl. hierzu den Text beider Dokumente im Anhang.

193 Die Darstellung folgt einer handschriftlich angefertigten Aufzeichnung über die Gespräche mit Besatzungsmitgliedern von U-260 unmittelbar nach deren Landung am 13./14.3.1945. Es ist leider nicht vermerkt, wer diese Befragungen durchführte. Dieses Dokument befindet sich ohne Signatur im MA/Dublin.

194 Ebenda.

195 Ebenda.

196 Ebenda.

197 Der Kommandant des Bootes ist bereits verstorben. Er konnte daher hierzu nicht befragt werden. Der 1. WO verstarb am 16.11.1999, bevor ein für den 3.1.2000 verabredetes persönliches Gespräch stattfinden konnte. Den irischen Unterlagen war zu diesem Problem nichts zu entnehmen.

198 Vgl. hierzu den Bericht des 1. WO Leutnant Dreschel, der angibt, daß U-260 einen solchen Kurs gelaufen ist. Das KTB von U-260 befindet sich nicht im MA/Dublin. Der 1. WO konnte über den Verbleib des Dokumentes keine Angaben machen. Es muß daher vermutet werden, daß Becker, der sich des Problems seiner Neutralitätsverletzung bewußt war, daß hierfür wichtigste Beweismittel persönlich vernichtete.

199 Secret/Ref.No. S.I./781, a.a.O.

200 Vgl. Lagemeldungen Halm I–VII a.a.O., aber auch der von Dönitz abgesetzte Erfahrungsrundspruch Nr. 171 weist noch einmal nachdrücklich auf die Möglichkeiten hin, mit dem Schnorchel in küstennahen Gewässern zu operieren. Eine Aufforderung, vor der Küste von Eire in den Hoheitsgewässern dieses Staates zu laufen.

201 GKdos für Meldung No. 25/Obl.Becker/U-260 v. 12. März 1945 Leitnummer 49 und Funkspruch v. 13. März 1945 Leitnummer 62/Lagemeldungen/Lagemappe BdU NA/Washington.

202 KTB/SKL v. 4/1945, Bd. 68, S. 115, Mittler & Sohn, Berlin 1997.

203 Marinenachrichtendienst/GKdos.Chefs. an OKW/WFSt. v. 8.4.45/Nat.Arch.

204 Vgl. Marinenachrichtendienst/GKdos. Chefs. an OKW/WFSt. v. 10.4.1945/Nat.-Arch.

205 Marinenachrichtendienst, GKdos.Chefs. an OKW/WFSt. v. 11.4.1945/Nat.Arch.

206 Vgl. ebenda.

207 Vgl. Bericht Wibrow.

208 Vgl. ebenda.

209 Mitteilung Wibrow sowie anderer Besatzungsmitglieder.

210 Vgl. ebenda.

211 Mitteilung des Funkers Standler.

212 Vgl. Marinenachrichtendienst, GKdos. Chefs. an OKW/WFSt. v. 18.4.1945/ Nat.-Arch.

213 Vgl. Mitteilung Lange. U-711 wurde am 4. Mai 1945 im Hafen vor Harstadt versenkt. Die meisten Besatzungsangehörigen kamen bei diesem Angriff ums Leben. Der einzige heute noch lebende kompetente Zeuge dieser hier dargestellten Vorgänge ist der Kommandant, dessen Angaben hier daher zugrunde gelegt werden.

214 Vgl. ebenda.

215 Lange berichtet, daß er einen der abgesetzten Soldaten nach dem Krieg zufällig in Kiel getroffen habe. Dieser habe ihm erzählt, daß sie den Auftrag gehabt hätten, Telegrafenmasten und Eisenbahnschienen zu sprengen. Nachdem sie über Funk von der deutschen Kapitulation erfahren hätten, wären sie im Fußmarsch zurückgekehrt. Er selbst sei zwei Jahre gefangen gesetztworden. Dieser ehemalige Soldat betrieb in Nordnorwegen ein Geschäft für Schiffsausrüstungen.

216 Schäfer verstarb auch dort am 8. Januar 1944/Mitteilung Wilhelm Osterfeld/10. Dezember 1999.

217 Hierzu gehörten u.a. Chinin, Opium und Rohgummi.

218 Vgl. hierzu KTB/U-511.

219 Vgl. ebenda.

220 Diese Darstellung folgt dem KTB von U-511.

221 Die dem KTB des Bootes beigefügte Schilderung dieser Zeit, die von Kptlt. Schneewind verfaßt wurde, wird im folgenden übernommen.

222 Vgl. hierzu: Wynn, Kenneth, U-Boot-Operationen im Zweiten Weltkrieg, Bonn 2000.

223 Vgl. ebenda.

224 Diese Angaben sind den beiden amerikanischen Vernehmungsprotokollen Wisniewkis v. 23. April 1945 an Bord der BESUGO und v. 21. Mai 1945 im 126th General Hospital Leyte entnommen. Eine Reihe seiner hier gemachten Angaben sind sicherlich nur mit Vorsicht zu verwenden, da er keinen Grund hatte, dem ihn vernehmenden Gegner richtige Antworten auf bestimmte Fragen zu geben. Es muß aber angenommen werden, daß U-183 im Oktober tatsächlich in Singapore lag. Es liegen keine anderen weiteren Angaben über die Bewegungen des Bootes zwischen dem 7. Juli und Oktober 1944 vor.

225 Die nachfolgende Darstellung folgt den Angaben Wisniewskis in den Vernehmungsprotokollen.

226 Zum Leiter des Stützpunktes Kobe war der ehemalige Kommandant von U-196, Kkpt. Kentrat, ernannt worden, der am 22. September 1944 wegen Nachtblindheit als Kommandant seines Bootes abgelöst werden mußte.

227 Zopf war mit einem Hilfskreuzer nach Japan gekommen. Später diente er auf einem Handelsschiff, das vor der chinesischen Küste torpediert wurde. Unverletzt erreichte er nach sieben Tagen in einem Rettungsboot die chinesische Küste. Von dort wurde er zurück nach Japan geleitet. Brief von K. Wisniewski an Frau Willert v. 16. Februar 1947.

228 Vgl. ebenda.

229 Vgl. Dommes an SKL v. 24.1.45 in/PRO-DEF/743.

230 Vgl. ebenda.

231 Ebenda.

232 Dommes an SKL, a.a.O.

233 Vgl. hierzu die Angaben Wisniewskis v. 23. April und 21. Mai 1945, a.a.O.

234 Brief v. Karl Wisniewski an Frau Willert v. 16. Februar 1947.

235 Ebenda.

236 Vgl. hierzu die Angaben Wisniewskis in den Vernehmungsprotokollen. Hierbei muß allerdings berücksichtigt werden, daß der Obersteuermann keinen Grund hatte, das Fahrziel, wenn er es kannte, seinen Vernehmern gegenüber anzugeben.

237 Wisniewski v. 16. Februar 1947 sowie v. 11.1.1945 für den Heimatstab Ausland in Kiel über das Schicksal von U-183 und seine Angaben in den Vernehmungsprotokollen.

238 Wisniewski v. 16. Februar 1947.

239 Vgl. hierzu auch das KTB/USS-BESUGO v. 23. April 1945, 14.40 Uhr.

240 Vgl. KTB/BESUGO v. 23. April 1945, 15.10 Uhr.

241 Vgl. KTB/BESUGO v. 22. April 1945, 21.05 u. 21.15 Uhr; 23. April 1945, 4.00 Uhr.

242 Vgl. ebenda.

243 Zu diesem Zeitpunkt befanden sich an deutschen U-Booten zwei Kampf- und zwei Transportboote in Ostasien. Von ihnen war lediglich U-183 eingesetzt. Daher konnte Schneewind keinen Versorgungsauftrag wahrnehmen. Vgl. Chef der Op.Abt. beim BdU/GKdos 00529 FS v. 5.5.45/Nat.Arch./Washington.

244 Der Großneffe des gefallenen Steuermannmaates Heribert Zopf teilt hierzu folgendes mit: Er habe von seinem Vater erfahren, daß Heribert Zopf nur auf Überwasserschiffen gefahren sei und über keine U-Boot-Ausbildung verfügte. Er wurde nur deshalb auf U-183 versetzt, um einen Heimaturlaub antreten zu können. Dieser war ihm bewilligt worden, weil sein letztes Schiff torpediert worden war. Diesen Sachverhalt habe der Steuermanns-Maat seiner Familie aus Japan noch mitteilen können. (Eine schriftliche Unterlage hierüber fehlt allerdings.)

245 Dieser wurde von einer deutschen Funkstelle, die unter englischer Aufsicht in Oslo arbeitete, abgesetzt.

246 Der Kapitänleutnant war mit der Tochter des »deutschen Admirals Tokio«, Jutta Wennecker, »so gut wie verlobt«. Diese wurde nach Beendigung des Krieges von dem Bruder des Gefallenen, Horst Schneewind, danach gefragt, ob sie das Fahrziel von U-183 gekannt habe. Ihre Antwort: Ihr Vater, der Admiral, habe ihr gesagt, daß der Kapitänleutnant befehlswidrig ausgelaufen sei. Die Frau des Obersteuermanns erinnert sich ebenfalls daran, daß ihr Mann nach dem Krieg berichtet habe, daß sie keinen Befehl zum Verlassen des Hafens gehabt hätten. Diesen Angaben stehen allerdings die bereits zitierten Einsatzfunksprüche für Schneewind gegenüber.

247 Vgl. hierzu 1. SKl. 1043/45 GKdos v. 6. Mai 1945: »Stellvertreter ObdM. Gen. Adm. Warzecha hat nach Vortrag am 6.5. abends entschieden ... die Boote sind an die Japaner zu übergeben, die Besatzungen müssen aber aussteigen.« Nach dieser Entscheidung hätte Schneewind U-183 spätestens am 6.5.45 an die Japaner übergeben müssen.

248 Vgl. hierzu: Frank, Ernst, Karl Hermann Frank, Staatminister im Protektorat, Heusenstamm 1971, S. 148 ff.

249 Vgl. ebenda, S. 51.

250 Vgl. hierzu: Dva retribucni procesy. Komentovane dokumenty, ed. K. Kaplan, Praha 1992.

251 Vgl. Frank, Ernst, a.a.O., S. 151.

252 Ebenda, S. 152.

253 Ebenda, S. 153.

254 Ebenda, S. 154. Frank hatte Speer über dessen Mitarbeiter Sauer gebeten, sich bei Hitler noch einmal für seinen von diesem abgelehnten Vorschlag einzusetzen. Speer stellt diesen Sachverhalt allerdings so dar, als stamme die Idee einer Kontaktaufnahme zu den Amerikanern von ihm, Speer. Er erwähnt daher mit keinem Wort, daß der Staatsminister ihn gebeten hatte, sich bei Hitler noch einmal für seinen Vorschlag einer Kontaktaufnahme zu den Amerikanern durch von Frank ausgewählte und beauftragte tschechische Persönlichkeiten einzusetzen. Es entsteht daher hier der völlig falsche Eindruck, daß es Speer war, dem es gelang, eine vielleicht mögliche Waffenstillstandsinitiative durch diese bei Hitler erreichte Genehmigung des Fluges der Tschechen zu den Amerikanern durchzusetzen.

255 Nach den vorliegenden tschechischen Quellen und der Darstellung Franks hat es sich nur um einen Direktor der Skoda-Werke, nämlich Vambersky, gehandelt.

256 Es kann nirgendwo nachgewiesen werden, daß ein Flug nach Paris in das US-Hauptquartier geplant war.

257 Speer, Albert, Erinnerungen, Gütersloh 1969, S. 486.

258 Ribbentrop an Frank v. 24.4.45/National Archive, Washington.

259 Hierbei muß allerdings unterstellt werden, daß Hitler der Befehl Eisenhowers an die US-Truppen nicht bekannt war, über die Linie Budweis – Pilsen – Karlsbad hinaus nicht weiter nach Osten vorzustoßen. Vgl. hierzu: Pogue, Forrest C., US Army in WW II/The European Theater of Operations, Bd. IV, The Supreme Command, Washington D.C. 1954, S. 469.

260 Speer, a.a.O., S. 487.

261 Vgl. hierzu: Gellermann, Günther W., Moskau ruft Heeresgruppe Mitte. Was nicht im Wehrmachtsbericht stand: die Einsätze des geheimen Kampfgeschwaders 200 im Zweiten Weltkrieg, Koblenz 1988.

262 Vgl. hierzu Gellermann, Günther W., Moskau ruft Heeresgruppe Mitte, a.a.O., S. 202. Das Winnetouspiel. Da Speer und Baumbach in den letzten Kriegswochen zu engen Vertrauten wurden, redete Speer Baumbach mit Winnetou und Baumbach Speer mit Old Shatterhand an.

263 Es bleibt unklar, weshalb als Ziel des Fluges der Tschechen Paris angegeben wurde.

264 BA/R3/1001.

265 Vgl. Speer, a.a.O., S. 487.

266 Hier bezeichnet Speer als Ziel des Fluges lediglich Frankreich und nicht mehr gezielt Paris.

267 National Archives, T 77/Roll775/Washington.

268 National Archives, T 77/Roll775/Washington.

269 Der Verfasser dieses Schreibens ohne Datum, das sich aber ebenfalls auf den hier behandelten Flug der Tschechen bezieht, konnte nicht ermittelt werden.

270 Eine Anfrage nach Unterlagen zu diesem Vorgang beim Sohn des verstorbenen Generalfeldmarschalls blieb ergebnislos. Tel. Mitteilung v. Dr. Rainer Kesselring v. 10.2.2000.

271 Die Siebel 204-D, um eine solche Maschine konnte es sich hier nur handeln, verfügte insgesamt über sieben und nicht, wie hier angegeben, acht bis zehn Plätze.

272 Ein Vermittler für die Kontakte zu den Alliierten kann weder in den tschechischen Quellen noch bei Frank nachgewiesen werden.

273 Mitteilung Schulte/Besatzung Leutnant Wichmann von der I/KG 200. Da das

Geschwader zu diesem Zeitpunkt über eine Siebel mit der militärischen Kennzeichnung A3-LB verfügte, könnte es sich um dieses Flugzeug, das einen Zivilanstrich mit entsprechender Kennung erhalten hatte, gehandelt haben. Diese Vermutung liegt deshalb nahe, weil Oberstleutnant Baumbach von Speer mit der Beschaffung eines entsprechenden Flugzeuges beauftragt worden war. Baumbach aber hatte zunächst nur Zugriffsmöglichkeiten auf Maschinen des KG 200.

274 Auf welche Weise und wann Frank diese Kontakte aufgenommen hat, war nicht zu ermitteln.

275 Vgl. Frank, a.a.O., S. 155.

276 Vgl. hierzu: Bericht über das in Dübendorf am 27.4.1945 05.08 Uhr gelandete Vekehrsflugzeug Si 204 D-1 Nr. D-OWKA 27/14773 Bundesarchiv Bern u. Notice/ C.16.110.2.-CG Atterissage à Dubendorf d'un avion civil allemand amenant de Prague 1 delegue du C.I.C.R./Berne, le 28 avril 1945/Bundesarchiv Bern.

277 Vgl. ebenda.

278 Vgl. ebenda.

279 Dieses wäre der 28. April gewesen. Tatsächlich startete die Maschine erst am 29. April um 2.30 Uhr.

280 Brief des Präsidenten des IRK an den Schweizer Außenminister Dr. W. O. Stucki v. 27. April 1945/Bundesarchiv Bern.

281 Vgl. hierzu: Bartosek, Karel, Der Prager Aufstand, Deutscher Militärverlag, Berlin-Ost 1965, S. 89. Die Tschechen sollen bereits am 25. April 1945 mit einem Flugzeug von Prag in das Hauptquartier Kesselrings geflogen worden sein, das sich zu diesem Zeitpunkt in Pullach befand. »... Dieses Unternehmen scheiterte aber, Frank beschwerte sich, daß bei Kesselring nichts vorbereitet war ...« Die Namen der Tschechen werden hier mit Vambersky und Klecanda als einflußreiche Vertreter der tschechischen Industrie und Bienert und Hruby von der Protektoratsregierung angegeben.

282 Vgl. hierzu auch Bartosek, a.a.O., S. 89. Es ist bedauerlich, daß das IRK in Genf eine Anfrage des Verfassers v. 6. Januar 2000 nach entsprechenden Dokumenten zu diesem Sachverhalt unbeantwortet ließ. Es ist daher zu vermuten, daß die diesbezüglichen Papiere der historischen Forschung verschlossen bleiben sollen, was wenig verständlich ist.

283 Vgl. hierzu: Gellermann, Günther W., Die Armee Wenck. Hitlers letzte Hoffnung, Koblenz 1990, S. 62 ff.; Smith, Arthur, Churchills deutsche Armee, Bergisch Gladbach 1978.

284 Vgl. Frank, a.a.O., S. 155. Leider war die Einsicht in die entsprechenden Akten des IRK in Genf nicht möglich. Eine entsprechende Anfrage des Verfassers dort wurde nicht beantwortet.

285 Vgl. Frank, a.a.O., und Dva retribucni, a.a.O.

286 Vgl. ebenda.

287 Vgl. ebenda.

288 Vgl. ebenda.

289 Vgl. ebenda, aber auch Bartosek, Karel, Der Prager Aufstand 1945, Berlin-Ost 1965. – Eine Bestätigung dafür, daß ein solches Schreiben den Nuntius Orsenigo bzw. den Vatikan überhaupt erreicht hat, war nicht zu erhalten. Vgl. Schreiben des Archivio Segreto Vaticano v. 23. September 2000.

290 Vgl. hierzu: Aidemémoire/British Embassy Madrid, 26. April 1946/Archiv d. Verf. – Vgl. zu Lipperheide: Lista Negra de Agentes Nazis en Espana/ Archiv d. Verf. Hiernach war Lipperheide SS-Angehöriger und Mitglied einer Spionageorganisation, die den Hafen von Bilbao aufklärte.

291 Mindestens Fkpt. Alfred Menzell hatte offenbar nicht die Absicht, Spanien zu verlassen. Er war mit einer Spanierin, Consuelo Casasus, verheiratet. Aufgrund dieses Sachverhalts bestand für ihn keine Gefahr einer Überstellung an die Alliierten in Deutschland. Sein Wohnort war und blieb daher bis zu seinem Tod Madrid. Hier war er Mitinhaber einer Metallfirma/Karteiblatt der MOV/Bonn.

292 Ministerio Asuntos Exterriores/Europa/260/A-2 vom 28. April 1946/No. 2348/Archiv d. Verf.

293 Hierzu Aussagen des Sohnes des Marine-Attachés Meyer-Döhner, der hierzu folgendes angibt: Pläne, nach Argentinien auszuweichen, hätte es in seiner Familie nicht gegeben. Sein Vater sei 1946/47, wahrscheinlich auf britischen Druck, freiwillig nach London geflogen und habe sich dort einer Vernehmung durch die Briten gestellt und dabei den Engländern sein von ihm bis zu diesem Zeitpunkt verwahrtes Kriegstagebuch übergeben. Danach habe er nach Spanien zurückkehren können. Die gesamte Familie sei erst 1950 wieder in die Bundesrepublik zurückgekommen. Auch Fkpt. Lorek, mit dessen Kindern er in Madrid die Schule besucht habe, sei erst 1950 nach Argentinien gegangen. Einzig der Luftwaffenattaché, Gen.Lt. Krahmer, scheint sich im April 1946 als Luftwaffenberater der argentinischen Regierung bereits in Buenos Aires befunden zu haben (vgl. hierzu handschriftlichen Vermerk auf dem Aide-mémoire). Hierzu ist festzustellen, daß Krahmer ausweislich seines Lebenslaufes (vgl. Pers.6/83 BA-MA) über sehr gute Verbindungen nach Südamerika verfügte, die es ihm leichtmachten, in ein Land dort auszuweichen. Er war 1892 geboren und 1910 als Fahnenjunker in das 1. Pommersche Feldartillerie-Rgt. eingetreten. Während des Ersten Weltkrieges war er auch als Flugzeugbeobachter und Lichtbildflieger ausgebildet und eingesetzt worden. Nach entsprechenden Einsätzen wurde Krahmer als 1. Adjutant beim Inspekteur des Luftbildwesens verwendet. Nach Beendigung des Krieges gehörte er als Beobachter und Bildoffizier der Flugstaffel der Sicherheitspolizei beim Polizeipräsidenten in Berlin an. 1920 wurde er aus der Armee entlassen. Bis 1927 arbeitete Krahmer in der Privatwirtschaft. Hier war er ausschließlich in Betrieben beschäftigt, die mit Luftbildaufnahmen und Luftvermessung befaßt waren. 1928/29 war er als Major in peruanischen Diensten und hier als Chef der »photogrammetrischen Abteilung« des Heeres in Lima tätig. Zu seinen Aufgaben hier gehörte es auch, Ausbildungskurse in Lichtbildwesen und Artillerieeinschießen durchzuführen. In den Jahren 1927–1931 bereiste Krahmer fast alle europäischen Länder mit Ausnahme von England und Dänemark. In Südamerika lernte er durch Reisen Peru, Bolivien, Argentinien und die Panama-Kanalzone kennen. Auch Kuba und die USA besuchte er in dieser Zeit. In den genannten Ländern stellte er zu den dortigen Militär-, Marine- und Fliegerbehörden sehr enge Kontakte her. In vielen Ländern hielt Krahmer Vorträge über Luftbildvermessungs- und Fliegerlichtbildwesen und veröffentlichte zu diesen Bereichen auch Artikel in zahlreichen Fachzeitschriften. 1929 kam er nach Deutschland zurück und arbeitete zunächst wiederum in entsprechenden Fachbetrieben. 1933 bewarb sich Krahmer um Wiederverwendung bei dem Leiter der Abteilung »Fremde Heere« im Reichswehrministerium. Er wurde im Rang eines Hauptmanns von der Reichswehr eingestellt und zunächst als Referent im Ministerium beschäftigt. 1934 wechselte er zur Luftwaffe

und wurde hier als Staffelkapitän und Gruppenkommandeur verwendet. Nach einem Lehrgang an der Wehrmachts-Kriegsakademie 1937/38 erfolgte seine Weiterverwendung nur noch in Stabsstellungen, bis er 1939 zum Luftwaffenattaché in Madrid ernannt wurde. Nach einer Zwischenstation in derselben Funktion in Lissabon kam er 1942 als Luftwaffenattaché zurück nach Madrid, wo er bis zur deutschen Kapitulation in dieser Stellung tätig war. Auf welche Weise der Gen.Lt. Spanien verlassen hat, konnte nicht ermittelt werden. Rätselhaft ist nur, warum Krahmer nie die ihm zustehende Pension beantragt hat. 1952 erkundigte sich eine Frau Krahmer aus Lübeck bei den zuständigen Behörden nach den Wegen der Beantragung einer Pension für den Gen.Lt., ohne daß ein entsprechender Antrag gestellt wurde. 1957 erkundigt sich wiederum ein Offizierskamerad nach den Möglichkeiten einer Pensionsbeantragung. Auch dieses Mal wurde kein entsprechender Antrag gestellt. Es bleibt rätselhaft, weshalb Krahmer sich nicht selbst oder mit Hilfe eines deutschen Rechtsanwaltes um seine Pension bemüht hat. Der Generalleutnant verstarb am 26. Oktober 1978 in Buenos Aires. Ob der zum 1.11.1944 zum Luftwaffenattaché versetzte Major Franz Brey mit Gen.Lt. Krahmer nach Argentinien gegangen ist, war nicht zu ermitteln. Brey wohnte 1974 in Madrid. Dieser Wohnsitz schließt allerdings nicht aus, daß er sich zwischenzeitlich in Argentinien aufgehalten hat.

294 Vgl. hierzu u.a. auch das KTB/Marineattaché Madrid v. 28. August 1942/BA-MA RM 12/149.

295 Vgl. ebenda v. 22. September 1942.

296 Vgl. ebenda v. 21.12.1941. Überdies war aus den erbeuteten Berichten des ehemaligen französischen Marineattachés in Berlin für die Zeit bis zum September 1939 deutlich geworden, daß der Nachrichtendienst der Gegner bis zum Ausbruch des Krieges über die bereits in dieser Zeit organisierten deutschen Versorgungsmaßnahmen in spanischen Häfen nicht unterrichtet war. Diesen Berichten war ebenfalls zu entnehmen, daß die spanischen Marinedienststellen gegenüber den gegnerischen Attachés über diese ihnen bekannten deutschen Maßnahmen geschwiegen hatten./KTB-Marineattaché Madrid v. 22.9.1942.

297 Vgl. KTB/U-29 in: Ritschel, Herbert, Kurzfassung der Kriegstagebücher deutscher U-Boote, Bde. 1 u. 2, Eigenverlag, 1997 und 2000.

298 Vgl. KTB/U-30, in: Ritschel, a.a.O.

299 Vgl. KTB/Marineattaché v. 18. März 1941.

300 Vgl. KTB/U-109 v. 22. Juli 1941/U-Boot-Archiv, Cuxhaven.

301 Vgl. KTB/Marineattaché v. 19. Juli 1941.

302 Die nachfolgende Darstellung folgt dem KTB/U-331/U-Boot-Archiv, Cuxhaven.

303 Vgl. KTB/U-331, a.a.O.

304 Vgl. ebenda.

305 Lorek organisierte offenbar fast immer solche und ähnliche Aktionen und war daher über die sehr enge Zusammenarbeit der deutschen mit den spanischen Dienststellen ausgezeichnet informiert.

306 Vgl. KTB/U-331.

307 Ebenda.

308 Vgl. KTB/U-129 sowie das KTB/Marineattaché.

309 KTB/U-129.

310 Vgl KTB/U-77 bei: Ritschel, a.a.O.

311 PK = Abkürzung von Propaganda-Kompanie.

312 Vgl. KTB/U-96 bei: Ritschel, a.a.O.

313 Vgl. Deutsche Botschaft/Marineattaché Nr. 569/41 v. 2.12.41/BA-MA/RM 7/1284

314 Aus diesem Grund hatte Meyer-Döhner dieses Schreiben auch nicht an die ihm vorgesetzte Seekriegsleitung, sondern an den

Chef des Amtes Ausland/Abwehr, Admiral Canaris, gerichtet.

315 Vgl. OKW/Amt/Ausland/Ausl.IV/B.Nr. 3516/41 GKdos v. 24.12.41/BA-MA/RM 71284

316 Es kann unterstellt werden, daß es hinsichtlich dieses Aufgabenzuwachses im Bereich des Luftwaffenattachés ähnlich war. Leider liegt hierfür das KTB nicht vor. Es wird allerdings in diesem Zusammenhang das Interesse der Alliierten an Vernehmungen der Waffenattachés nach der Kapitulation verständlich. Sie vermuteten wahrscheinlich zu Recht, daß nicht alles, was sie an der deutsch-spanischen Zusammenarbeit interessierte, in den von ihnen erbeuteten deutschen Papieren dokumentiert war.

317 Vgl. hierzu KTB/U-204/U-Boot-Archiv und KTB/Marineattaché, Madrid.

318 Vgl. ebenda v. 16.10.1941.

319 Vgl. ebenda.

320 Vgl. ebenda v. 18.5. »Ausgezeichnete spanische Unterstützung«, KTB/U-68/U-Boot-Archiv.

321 KTB/Marineattaché, a.a.O.

322 Vgl. KTB/Marineattaché und KTB/U-105.

323 Vgl. KTB/Marineattaché v. 25. September 1942. Offenbar gab es eine deutsch-spanische Vereinbarung, und das ist sehr wichtig, nach der deutsche U-Boote jederzeit, ohne zuvor eine besondere Genehmigung einholen zu müssen, spanische Häfen anlaufen konnten.

324 Vgl. KTB v. 11. November 1942.

325 Ebenda.

326 Ebenda.

327 Vgl. ebenda u. KTB/U-263/U-Boot-Archiv.

328 Vgl. KTB/Marineattaché, a.a.O.

329 Vgl. KTB/U-566 bei: Ritschel, a.a.O.

330 Vgl. KTB/Marineattaché.

331 Vgl. ebenda u. WMAA 12052/27/10 20.15 OKM MA Att. III Nr. 144043 geh. Bln. 28.10.43/BA-MA/RM 7/1335.

332 Träger des Eichenlaubs zum Ritterkreuz. Am 24.11.1944 wurden ihm noch die Brillanten zum Ritterkreuz, die höchste deutsche Tapferkeitsauszeichnung, verliehen.

333 Vgl. Funkspruch v. 28.10.1943 in BA-MA/RM 7/1832.

334 Vgl. Marineattaché III Nr. 2349/43 GKdos v. 1.10.1943/BA-MA/RM 7/1832.

335 Vgl. ebenda.

336 Marineattaché Madrid 1981/43 GKdos v. 30.9.43/BA-MA/RM 7/1832.

337 Vgl. Marineattaché III Nr.2439/43 GKdos v. 13.10.1943/BA-MA/RM 7/1832.

338 Alexander Brendel war eigentlich Vertreter der Firma Zeiss, arbeitete aber außerdem seit langen Jahren vertrauensvoll mit der spanischen Kriegsmarine zusammen.

339 Vgl. hierzu KTB/Marineattaché, a.a.O., und das KTB von U-193.

340 Vgl. KTB/U-193. Es kann davon ausgegangen werden, daß Kkpt. Lorek auch mit dieser Angelegenheit befaßt war, obgleich es sich um einen »Seenotfall« gehandelt haben dürfte.

341 Dieckhoff an das AA Nr. 1010 v. 17.2.1944/BA-MA/RM 7/1834. Das Telegramm zeigt, wie schwierig es offenbar zwischenzeitlich für die Spanier geworden war, der deutschen Seite zu helfen. Ihre völlige Abhängigkeit von der Öleinfuhr gab den Alliierten die Möglichkeit, die spanische Regierung bei fehlendem »Wohlverhalten« ständig mit einer Unterbrechung dieser Einfuhren zu bedrohen.

342 Spanien war am 1. Oktober 1943 auch von der Politik der »Nichtkriegsführung« zu der »wachsamen Neutralität« übergegangen. In diesem Zusammenhang wurde auch die aus Freiwilligen bestehende, an der Ostfront eingesetzte spanische »blaue Division« nach Spanien zurückbefohlen.

343 Vgl. Auswärtiges Amt Nr. Pol.IM 4824 g v. 20. Dezember 1943/Pol.Archiv des AA/-IM.

344 Vgl. Marineattaché AH III Nr. 1171 GKdos v. 10.2.1944/BA-MA/RM 7/1837.

345 Vgl. SKL, Chef MND 4297/44 GKdos v. 10.2.1944/BA-MA/RM 7/1837.

346 Marineattaché III Nr. 1174/44 GKdos v. 28. Juli 1944/BA-MA/RM 7/1834.

347 OKW/Amt Ausland/Abwehr-Ag.Ausl.-Abt.Ausl. III B. Nr. 33/44 v. 10.1.1944/BA-MA/RM 7/1832.

348 Vgl. ebenda.

349 Da kein KTB des Luftattachés Madrid vorliegt, gibt es keine Übersicht über die Anzahl entsprechender Notlandungen.

350 Vgl. hierzu auch: Gellermann, Günther W., Moskau ruft Heeresgruppe. Was nicht im Wehrmachtsbericht stand: Die Einsätze des geheimen Kampfgeschwaders 200 im Zweiten Weltkrieg, Koblenz 1988, S. 31 ff.

351 Tagebuch Koller v. 27. Juni 1944 BA-MA/RL2 I/24.

352 Vgl. hierzu Tgb. Marineattaché, a.a.O. v. 18.1.1942, 15.2.1942 und 11.11.1942.

353 Vgl. hierzu das KTB des Chefs des Wetterdienstes der Luftwaffe v. 15.09.1944/RL BA-MA.

354 Vgl. ebenda v. 23.09.1944. »Madrid meldet die Landung eines Wetterflugzeuges der WeFlug Madrid mit Nachschub wichtiger Geräte aus Speyer.«

355 Vgl. ebenda v. 12.10.1944.

356 Vgl. hierzu die Bilder von den Räumen dieser Station, die kurz nach Beendigung des Krieges aufgenommen worden sind./Archiv d. Verf.

357 Vgl. OKW/Abt.Ausland Abwehr B.Nr. 33/42 GKdos.Ausl.IV(n) v. 29. Januar 1942/BA-MA RM 11/31.

358 Vgl. Amt Ausland/Abwehr Abt.Abw. III Nr. 2980/43 GKdos III (F5) Berlin, den 25. Juli 1943/BA-MA/RW 5/430.

359 Es kann vermutet werden, daß die zur Anpeilung dieser Sender benötigte Technik von der Abwehr zur Verfügung gestellt wurde.

360 Es verwundert, daß das Material nicht den spanischen Behörden, sondern der faschistischen Partei übergeben wurde.

361 Es verwundert, daß hier keine weiteren Namen von an diesen Vorbereitungen beteiligten »Monarchisten« genannt werden.

362 Auch hier werden keine Namen angegeben.

363 Diese Zusammenarbeit verwundert deshalb, weil Admiral Canaris die Nationalsozialisten in Deutschland ablehnte, die ihm unterstellte Abwehr in Spanien aber offenbar mit der Falange eng zusammenarbeitete.

364 Vgl. hierzu: Amtsgruppe Wehrmachtsnachrichtenverbindungen/Oberkommando der Wehrmacht/Chef v. 4. April 1944 RW 5/430/BA-MA.

365 Diese Abmachung bedeutete, daß die deutsche in Spanien arbeitende Funkabwehr selbst für alliierte Proteste nicht mehr erreichbar war, da die spanische Armee sie jetzt jederzeit als eigene militärische Dienststelle bezeichnen konnte.